ANDREAS DOHMEN

Wie digital wollen wir leben?

ANDREAS DOHMEN

Wie digital wollen wir leben?

Die wichtigste Entscheidung
für unsere Zukunft

Patmos Verlag

VERLAGSGRUPPE PATMOS

PATMOS
ESCHBACH
GRUNEWALD
THORBECKE
SCHWABEN
VER SACRUM

Die Verlagsgruppe
mit Sinn für das Leben

Verlagsgruppe Patmos in der Schwabenverlag AG, Ostfildern
www.patmos.de

Umschlaggestaltung: Finken & Bumiller
Umschlagabbildung: © andras vas / unsplash
Satz: Schwabenverlag AG, Ostfildern
Druck: Finidr s. r.o., Český Těšín
Hergestellt in Tschechien
ISBN 978-3-8436-1151-0 (Print)
ISBN 978-3-8436-1153-4 (eBook)

Inhalt

Einleitung   11

Kapitel 1
Digitalisierung – Die Grundlagen

1. Was versteht man unter Digitalisierung und digitaler Transformation?   13

2. Wodurch unterscheidet sich Digitalisierung von früheren technologischen Entwicklungen?   15

3. Ist Digitalisierung nur ein Zukunftsthema oder findet sie schon statt?   17

4. Warum passiert das alles gerade jetzt und gibt es erkennbare Grenzen der technologischen Entwicklung?   19

5. Welche Chancen und Risiken ergeben sich aus der digitalen Transformation?   25

6. Was versteht man unter dem Darknet?   29

7. Was bedeutet Künstliche Intelligenz (KI), was heißt in dem Zusammenhang Intelligenz und wie leistungsfähig ist KI?   32

8. Warum hört man oft: »Daten sind das neue Öl«?   37

9. Was versteht man unter Big Data und Smart Data?   39

10. Was versteht man unter Virtual und Augmented Reality?   41

11. Was ist das Internet der Dinge?   44

12. Was versteht man unter Industrie 4.0?   46

13. Was bedeutet 3D-Druck und was kann man damit drucken?   49

14. Warum spricht man von Arbeit 4.0?   51

15. Was hat es mit dem bedingungslosen Grundeinkommen auf sich? 56

16. Welche Anforderungen ergeben sich in einer digitalen Welt für die Bildung? 59

17. Was bedeutet die Digitalisierung für die Berufswahl unserer Kinder und Enkel? 62

18. Was ist »Cloud-Computing«? 65

19. Was versteht man unter E-Sports? 67

20. Was hat es mit Kryptowährungen wie Bitcoin auf sich? 69

21. Wie kann man in Bitcoin oder andere Kryptowährungen investieren? 75

22. Warum hört man immer wieder den Begriff Blockchain? 78

23. Was bedeutet autonomes Fahren und was hat das mit Digitalisierung zu tun? 82

Kapitel 2
Digitalisierung in Wirtschaft, Gesellschaft und Politik

1. Welche Chancen und welche Risiken ergeben sich aus der Digitalisierung für die deutsche Wirtschaft? 87

2. Was sind Plattform-Geschäftsmodelle und warum haben sie eine so große Bedeutung? 91

3. Was sind die bedeutendsten Firmen im Bereich Digitalisierung und speziell des Plattformgeschäftes? 94

4. Warum ist China wirtschaftlich so stark geworden und welche Rolle spielt das Land bei der Digitalisierung? 99

5. Wo steht Deutschland im internationalen Vergleich – und gibt es einen digitalen Masterplan für Deutschland bzw. Europa? 103

6. Wie schaut die deutsche Gesellschaft auf die Digitalisierung und wie digital ist sie?   114

7. Was tut sich in der deutschen Startup-Szene?   117

8. Wie werden Startups vom Staat und anderen Institutionen gefördert?   123

9. Wie verändert die Digitalisierung die Demokratie?   126

Kapitel 3
Künstliche Intelligenz und Roboter

1. Was sind Algorithmen und wieso haben sie so eine große Bedeutung?   133

2. Was sind neuronale Netze und warum können Computer auf einmal lernen?   135

3. Wo ist KI schon im Alltag zu finden und was sind die Haupteinsatzfelder?   138

4. Wieso investieren viele Unternehmen und Länder so viel Geld in KI und wie sehen einzelne Länderstrategien aus?   141

5. Wie weit ist man bei der Entwicklung von Robotern, wo werden sie eingesetzt und welche Szenarien sind für die Zukunft denkbar?   143

6. Wo steht Deutschland im Bereich Robotik im internationalen Vergleich?   149

7. Können Roboter und KI bald alles, was Menschen können, also zum Beispiel auch denken und fühlen, und welche Rolle spielt dabei der rasante Fortschritt der letzten Jahre im Bereich der Neurowissenschaften?   151

8. Droht die Übernahme der Welt durch eine Super-KI?   158

Kapitel 4
Digitalisierung und Medizin

1. Welche Bedeutung hat die Digitalisierung für die Gesundheit und die Medizin?   161

2. Wo steht Deutschland in Bezug auf die digitale Transformation des Gesundheitswesens?   168

3. Wohin geht die digitale Reise der Medizin?   175

4. Welche Ziele verfolgt der Transhumanismus?   178

Kapitel 5
Datenschutz und Cybersecurity

1. Wie anfällig ist die zunehmende Vernetzung der Welt für Angriffe durch Hacker und Cyberterroristen und wie ist die Situation in Deutschland?   183

2. Wie hilft die neue europäische Datenschutz-Grundverordnung (DSGVO), die Bürger besser vor Datenmissbrauch zu bewahren, und was bedeutet sie für die Unternehmen?   189

3. Was sind die wesentlichsten Dinge, die der Einzelne selbst tun kann und sollte, um sich besser zu schützen?   192

4. Drohen künftig Kriege zwischen Ländern im Internet?   194

Kapitel 6
Digitalisierung und Nachhaltigkeit

1. Kann Digitalisierung helfen, die Welt zu einem nachhaltigeren Ort zu machen, und wie nachhaltig ist sie eigentlich selbst?   199

2. Was müsste sich unter dem Aspekt der Digitalisierung an unserem Wirtschaftsmodell ändern, um es »nachhaltiger« zu gestalten?   204

3. Was sind Schlussfolgerungen aus den Vor- und Nachteilen der Digitalisierung im Hinblick auf eine nachhaltigere Entwicklung von Wirtschaft und Gesellschaft, und was müsste geschehen, um die beiden Prozesse positiv zu verknüpfen?   205

Kapitel 7
Digitalisierung und Ethik

1. Welche grundsätzlichen ethischen Fragen ergeben sich bei der digitalen Transformation?   211

2. Wie und wo werden die ethischen Themen von Politik und Wirtschaft adressiert?   216

3. In welchen Gebieten werden ethische Fragen bei der Digitalisierung aktiv behandelt?   218

Fazit

1. Wohin geht die digitale Reise?   225

2. Gibt es erkennbare Gegentrends und was könnte die Digitalisierung stoppen?   226

3. Wie digital wollen wir leben?   229

Anhang

Was sind die zehn wesentlichsten Dinge, die der Einzelne heute schon selbst tun kann und sollte, um sich besser zu schützen?   233

Danke   249

Anmerkungen   251

Quellennachweis für die Angaben in den Abbildungen   271

Für das größte Geschenk in meinem Leben

NIKLAS

Einleitung

In den zahlreichen Vorträgen und Vorlesungen, die ich in den letzten Jahren zum Thema »digitale Transformation« gehalten habe, kristallisierte sich eine Frage immer mehr heraus: »Wie digital wollen wir eigentlich leben ... und haben wir überhaupt eine Chance, die rasante Entwicklung, die viele Menschen überfordert, zu beeinflussen?« Dieser Frage möchte ich in diesem Buch nachgehen, und zwar vor allem durch Aufklärung und Anregung zum Reflektieren, Diskutieren und Handeln!

Viele und sehr gute Bücher wurden über das Thema Digitalisierung geschrieben, meistens mit dem Fokus auf einem oder zwei Aspekten dieses Megatrends. Auf den folgenden Seiten möchte ich daher vor allem versuchen, Verbindungen zwischen den verschiedenen Themen aufzuzeigen und dabei die wesentlichsten Begriffe einfach und verständlich zu erläutern. Über viele Fragen könnte man jeweils ein eigenes Buch schreiben, und ich werde auch immer wieder auf aus meiner Sicht sehr gute Literatur zur Vertiefung hinweisen. Dabei versuche ich so kurz und so anschaulich zu sein wie möglich, um den Kern des jeweiligen Themas zu erfassen. Mir liegt vor allem daran, einen kleinen Beitrag zum besseren Verständnis dieser faszinierenden, komplexen, aber auch polarisierenden Thematik zu leisten und die Leserinnen und Leser in die Lage zu versetzen, besser über die Konsequenzen der digitalen Transformation und unsere eigene Rolle nachdenken zu können, um gegebenenfalls künftig anders oder überhaupt aktiv zu handeln.

Ich möchte keinen Anspruch auf Vollständigkeit und absolute Aktualität der vielen Facetten der Digitalisierung erheben (dafür ist das Thema zu schnelllebig). Und meine teilweise kritischen Kommentare – gerade was die Umsetzung in Deutschland betrifft – sollten als Hinweis mit einem Augenzwinkern wahrgenommen werden. Wir schreiben gerade Geschichte, davon bin ich zutiefst überzeugt. Seien wir froh, dass wir daran teilnehmen dürfen, und lassen Sie uns die große Verantwortung für unsere Kinder und künftige Gesellschaften annehmen. Digitalisierung kann uns helfen, die Welt zu einem besseren Ort für alle zu machen, aber nur dann, wenn wir sie lenken und gestalten. Ansonsten wird sie bestehende Unwuchten noch verstärken.

Ich wünsche Ihnen viel Spaß beim Lesen, Lernen und Reflektieren.

München, im Juli 2019
Andreas Dohmen

Kapitel 1

Digitalisierung – Die Grundlagen

1. Was versteht man unter Digitalisierung und digitaler Transformation?

Wie die zunehmenden Auswirkungen durch die Klimaveränderungen sowie die steigenden sozialen Spannungen in vielen Ländern durch die ungleiche Verteilung der Vermögen, ist auch die Digitalisierung bzw. die digitale Transformation ein sogenannter Megatrend. Laut Matthias Horx, Leiter des Zukunftsinstituts in Frankfurt, bauen sich diese über Jahre, manchmal Jahrzehnte auf und beeinflussen dann – gefühlt manchmal fast schlagartig – massiv die Entwicklungen in Wirtschaft, Gesellschaft und Politik.[1] Auch an anderen Beispielen wie der demographischen Entwicklung sowie der Migrationsthematik kann man solche Entwicklungen und deren Konsequenzen sehr gut erkennen.

Der Begriff *Digitalisierung* steht im Prinzip für die Umwandlung von analogen Werten in digitale Darstellungen, also sozusagen in »Nullen und Einsen«. Diese Daten kann man dann in Rechnern aller Art verarbeiten und entsprechend weiternutzen. Oft verwendet man den Begriff auch, um der rasanten technologischen Entwicklung einen Namen zu geben, und spricht von der *digitalen Revolution*. Es wird geschätzt, dass 2007 bereits 94 Prozent der weltweiten technologischen Informationskapazität digital war (nach lediglich 3 Prozent im Jahr 1993).[2] Und 2002 gilt sozusagen als Beginn des »digitalen Zeitalters«, da in diesem Jahr erstmals mehr Information in digitaler Form als in analoger vorlag.[3]

Die durch die Digitalisierung bedingten und teilweise massiven Veränderungen in Gesellschaft und Wirtschaft etc. bezeichnet man oft als *digitale Transformation*. Denn hier wird etwas Bestehendes in etwas Neues und oft vollkommen »anderes« umgewandelt. Nehmen Sie zum Beispiel die Veränderungen in der Automobilindustrie, eine der tragenden Säulen unserer Wirtschaft (und von der noch des Öfteren die Rede sein wird). Vom reinen »Produkthersteller« verändert die Digitalisierung die Konzerne in sogenannte »Mobilitätsunternehmen«. Denn zunehmend vielen Menschen, vor allem den jungen, geht es nicht mehr um das Auto selbst, um PS, Hubraum etc., sondern darum, flexibel, bequem und vor allem »digital« von A nach B zu kommen. Autos werden nicht mehr gekauft, sondern mit anderen geteilt (»geshared«) und über eine App auf dem Smartphone gebucht. Fahrzeuge der Zukunft ähneln eher coolen Wohnzimmern mit permanentem Internetanschluss und Fenstern, die als Bildschirme für den Laptop dienen können. Das Auto ist dann quasi ein Smartphone auf Rädern.[4] Und deswegen fordern auf einmal Digitalkonzerne, vor allem die aus den USA sowie zunehmend auch die aus China, die Platzhirsche des Automobilsektors heraus und zwingen sie, sich quasi komplett neu zu erfinden, also sich zu *transformieren*. Und dies zusätzlich zu der Frage, mit welchem Antrieb dann diese »autonom« fahrenden Fahrzeuge bewegt werden. Diese Herausforderung ist in erster Linie eine rein »physikalische« und hat mit der Digitalisierung recht wenig zu tun. Denn Google zum Beispiel will vor allem die Daten des Fahrers und des Fahrzeugs und kann durch seine massiven Investments in Künstliche Intelligenz und Rechenzentren all die digitalen Dienste anbieten, die zur automatischen Verkehrsflusssteuerung notwendig sind. Mit welchem Antrieb das Auto bewegt wird, ist dem Unternehmen dann wahrscheinlich recht egal. Sein Ziel und das von einigen anderen Technologiekonzernen ist es, die Nummer 1 im Markt für *digitale Dienste* (Social Media, Carsharing, Navigations- und Lokalisierungsdienste etc.) zu werden und weitere Millionen Datenpunkte zu den bereits existierenden Datenprofilen der »Fahrer« hinzuzufügen, um sie dann zu vermarkten.

2. Wodurch unterscheidet sich Digitalisierung von früheren technologischen Entwicklungen?

Die Antwort mag überraschen: So spektakulär manche digitalen Innovationen erscheinen und auch sind, so ist es doch vor allem *die Zeit*, die eine wesentliche Rolle spielt bei der quasi parallelen Umwälzung von fast allen Wirtschaftszweigen sowie der massiven Veränderung des sozialen, aber auch wirtschaftlichen Verhaltens der Gesellschaft. So hat es zum Beispiel fast 50 Jahre gebraucht, bis nach der Erfindung des Telefons durch Alexander Graham Bell 1878 50 Millionen Nutzer telefonierten.[5] Lediglich ein Jahr dauerte es allerdings, bis die gleiche Anzahl an Nutzern beim Messengerdienst WeChat des chinesischen Technologiekonzerns Tencent registriert war, und lediglich sieben Jahre brauchte man, um eine Milliarde (!) Teilnehmer registriert zu haben[6] (siehe Abbildung 1). Auch die Zyklen zwischen neuen, bahnbrechenden Innovationen werden immer kürzer, sodass die Beteiligten und Verantwortlichen

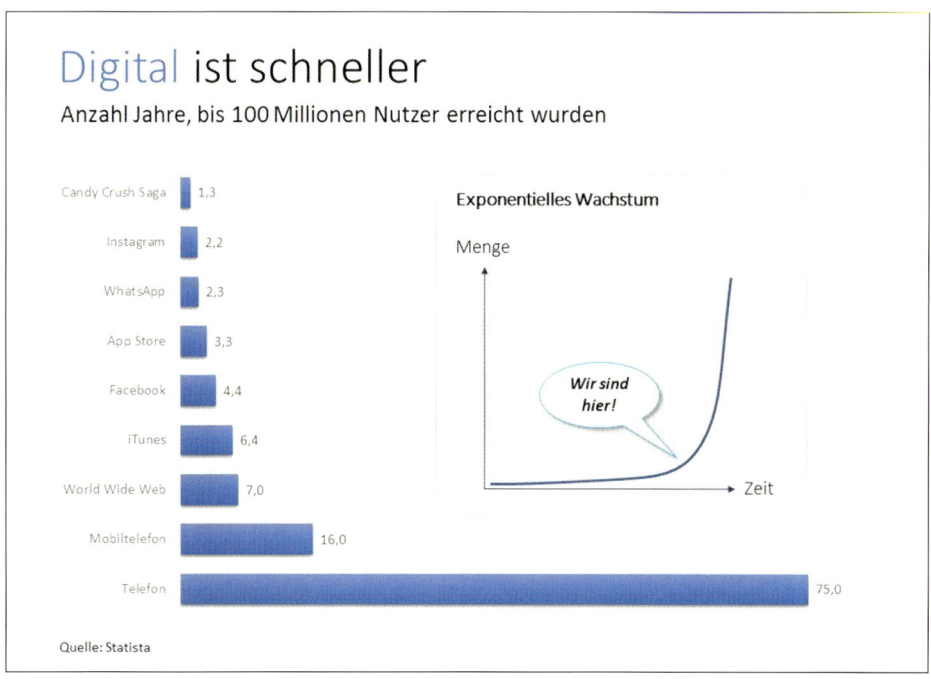

Abbildung 1

in Wirtschaft und Politik massive Schwierigkeiten haben, damit Schritt zu halten. Der Einfluss der digitalen Medien auf die Flüchtlingsthematik und Migrationsbewegungen ist dafür nur ein Beispiel. Die exponentiell zunehmenden technischen Weiterentwicklungen der letzten Jahre auf den Gebieten der Rechnerleistung, der Speicherkapazität, der mobilen Endgeräte sowie der immer schneller werdenden Datenautobahnen liefern die Grundlage für eine wahrlich historische Entwicklung (siehe auch Frage 4).

Die Innovationstiefe innerhalb der Digitalisierung ist an vielen Stellen schier atemberaubend und stellt den Menschen heute vor fundamentale Fragen. Die Entwicklung im Bereich Künstliche Intelligenz (KI) ist exemplarisch für Möglichkeiten, die vor einiger Zeit noch ins Reich der Fantasie bzw. der Science Fiction verwiesen worden wären. Man denke nur an den Wettbewerb zwischen »Mensch und Maschine« in dem asiatischen Brettspiel Go, in dem eine KI nicht nur wesentlich schneller war als der bis dahin amtierende Weltmeister, sondern auch Züge machte, die bis dahin noch kein Mensch gemacht hatte.[7] Die hier aufscheinenden neuen Fähigkeiten von Computern, die die des Menschen – auf einem allerdings noch sehr eng definierten Feld – nicht nur in quantitativer, sondern auch in qualitativer Form zunehmend überragen, sind exemplarisch für die Ambivalenz der Digitalisierung. Und sie zeigen die Verantwortung des Menschen, die rasanten Entwicklungen aktiv zu begleiten und zu steuern.

Eine der wesentlichen Auswirkungen des Faktors Zeit liegt in der oft gefühlten Überforderung der Menschen, aber wohl auch der Gesellschaft im Allgemeinen. Und auch die Politik und die Wirtschaft erscheinen oft getrieben von der Schnelligkeit der teilweise massiven Veränderungen. Manches scheint irgendwie »aus der Zeit gefallen«, sei es der föderalistische Ansatz der Bildungsverantwortung in Deutschland, der einer schnellen Umsetzung einer »digitalen« Schulausbildung unserer Kinder im Wege zu stehen scheint, oder die nationale und internationale Gesetzgebung, die zum Beispiel fast verzweifelt versucht, durch eine Digitalsteuer und ähnliche Konzepte den Steueroptimierungsmodellen der Plattformfirmen wie Amazon etc. Einhalt zu gebieten. In einer digitalen

Welt ist das nächste »Steuer- oder auch Datenschutzparadies« halt nur einen Mausklick entfernt. Viele Gesetze und auch die Gesetzgebungsverfahren selbst sind nie für die digitale Welt gemacht worden. Da wird sich noch viel Handlungsdruck für eine geeignete Anpassung ergeben.

Offen sind auch noch die Konsequenzen für die »Psyche« der Menschen, sei es für Kinder und Jugendliche, die heute ca. vier Stunden täglich im Internet verbringen[8], oder auch für Erwachsene, die beruflich, aber auch zunehmend privat »permanent« online sind. Warnende Stimmen von Psychologen häufen sich und sogenannte »Digital Detox«-Seminare, in denen man lernt (!), eine Woche lang abstinent in Bezug auf die Online-Welt zu leben, erfreuen sich großer Nachfrage.[9] Teilnehmer sprechen von »Phantombrummen« in der Seitentasche ihrer Hose, denn dort befindet sich ja normalerweise das am Anfang der Woche abgegebene Smartphone. Klingt fast so wie bei Django, der in den Western seinen Colt beim Betreten des Saloons am Eingang abgeben musste und sich wohl immer irgendwie »naked« fühlte.

Vielleicht ist das alles aber auch einfach der Übergang von einer analogen zu einer digitalen Gesellschaft, und nur »wir«, die sich gerade so zwischen den Welten bewegen, kämpfen damit. Die heutigen Kinder, voll digital aufgewachsen, empfinden das in 20 Jahren im Erwachsenenalter eventuell gar nicht so, für sie war die Welt schon immer »always on«. Wir werden sehen.

3. Ist Digitalisierung nur ein Zukunftsthema oder findet sie schon statt?

Diese Frage wird mir oft gestellt. Und die Antwort ist zweigeteilt: Zum einen sind wir »mittendrin«, wie Sie in Ihrem Leben fast täglich erkennen können. Sei es das Smartphone mit all seinen Anwendungen; der elektronische Handel, wenn wir »online« bestellen; Tickets oder Fahrkarten, die wir auf unserem Handy statt in Papierformat für Konzerte, Flüge und U-Bahn nutzen; Bildungsangebote, die über das Internet abgerufen werden können; das E-Book zum elektronischen Lesen von Büchern oder auch das zunehmende Angebot an Onlinespielen, mit denen unsere Kinder oft Stunden am Tag verbringen. Abbildung 2 zeigt Ihnen, was bereits heute in lediglich einer Minute (!) weltweit im Internet passiert. Andererseits fangen viele Entwicklungen der digitalen Welt gerade erst an bzw. kommen in den nächsten Jahren verstärkt auf uns zu. Das Auto verfügt zunehmend über sogenannte Assistenzsysteme, die uns beim Fahren unterstützen: Sie signalisieren uns, wenn wir die Spur nicht gut genug halten oder zu dicht auf den Vordermann auffahren, und sie greifen in die Lenkung ein, sollten manche Bewegungen zu abrupt erscheinen. In der Medizin sind seit einiger Zeit Behandlungen über Videokonferenzen möglich und erlaubt und helfen so, Diagnosen schneller und für den Patienten weniger zeit- und vor allem weniger stressaufwendig zu gestalten. Mehr und mehr werden automatische Systeme, intelligente Computerprogramme, eingesetzt, um den Arzt bei der Diagnose zu unterstützen, und hoffentlich werden bald – unter Wahrung des Datenschutzes – alle Patientendaten so zur Bearbeitung zusammengefasst, dass die verschie-

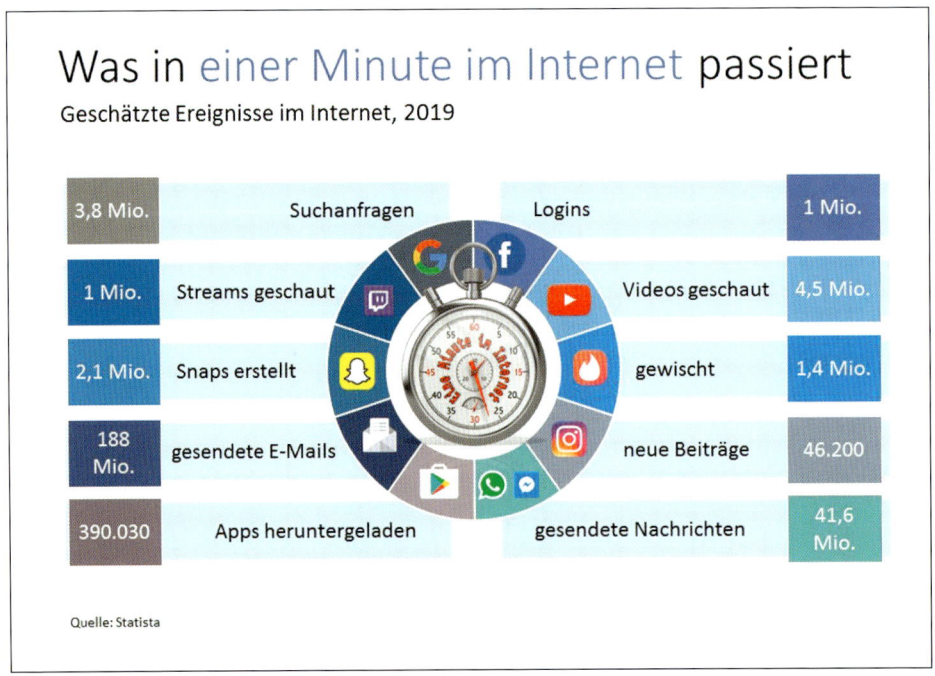

Abbildung 2

denen Ärzte im Rahmen einer Behandlung nicht jedes Mal quasi das Rad neu erfinden müssen, indem sie uns nochmal zum Röntgen schicken oder andere Analysen machen, die woanders längst erfolgt sind.

Im Alltag werden wir zunehmend mit den »Systemen« sprechen, denn die Entwicklung von Spracherkennungssoftware ist so rasant, dass ein quasi »kryptisches« Eingeben von Zahlen und Buchstaben auf Ihrem Gerät, sei es PC oder Handy, der Vergangenheit angehören wird – so wie mein Rechenschieber und die berühmte Logarithmentafel, mit denen ich 1978 mein Abitur in Mathe absolviert habe.

Die Arbeitswelt wird sich auch massiv verändern. Neue Berufsbilder entstehen, und bisherige Tätigkeiten verändern sich zum Teil gravierend oder fallen ganz weg (siehe Frage 14). Und die Bildung wird sich ebenfalls den neuen Gegebenheiten und Anforderungen anpassen müssen. Schaut man sich zum Beispiel an, wie der größte Teil unserer Kinder in den Schulen auf diese Veränderungen vorbereitet bzw. nicht vorbereitet wird, so kommt man mehr als nur ins Grübeln. Denn die Schulen sind meilenweit davon entfernt, einen »digitalen« Unterricht zu halten, in dem unsere Kinder mit Laptop, Smartphone und digitalen Tafeln agieren können und der Inhalt der Fächer sowie die Ausbildung der Lehrer der Digitalisierung angepasst worden ist (siehe Frage 17).

All diese Entwicklungen folgen dem exponentiellen Verlauf einer Kurve (siehe Abbildung 1), die auf jedem nächsten Punkt auf der Kurve eine höhere Steigung repräsentiert. Und ich glaube, wir befinden uns gerade erst am unteren Beschleunigungspunkt dieser rasanten Entwicklung. Und die folgende Frage drängt sich förmlich auf.

4. Warum passiert das alles gerade jetzt und gibt es erkennbare Grenzen der technologischen Entwicklung?

Der Grund für die digitale Transformation und deren rasante Ausbreitung liegt – wie könnte es auch anders sein – in dem schier unglaublichen Fortschritt der Technologie in den letzten Jahren und Jahrzehnten. Dabei kommen einige wesentliche Punkte zusammen.

Beginnen wir mit der Basis für »fast alles«: den Halbleitern, gemeinhin auch Chips genannt. Eine der entscheidenden Größen dabei ist die Packungsdichte, definiert als die Anzahl der Transistoren (Schaltkreise), die auf einen Chip passen und die die Grundlage für Rechenoperationen in digitaler Form (Einsen und Nullen = Strom fließt oder nicht) bilden. 1965 postulierte Gordon Moore, einer der drei Gründer von Intel, dass sich die Anzahl der Transistoren auf einem Prozessorchip voraussichtlich alle 18–24 Monate verdoppeln würde. Diese Vorhersage wurde später als »Moore's Law« bekannt und gilt im Ansatz bis heute, auch wenn man den Zeitraum nun eher mit 24–36 Monaten beziffert. So passten auf einen Intel-Prozessor 1971 ca. 2300 Transistoren, während man inzwischen bei weit über 12 Milliarden angekommen ist.[10] Eine wahrlich exponentielle Entwicklung!

So langsam kommt man nun an physikalische Grenzen, da die geringen Abmessungen mehr und mehr zu Effekten aus der Quantenmechanik führen. Je weiter man sich nämlich den Atomen und deren Bausteinen nähert, desto mehr zeigen diese sowohl Teilchen- als auch Wellencharakter. Denn der Mikrokosmos ist nicht einfach »schwarz oder weiß« bzw. »entweder oder«; auf kleinster Ebene können die Bausteine der Materie beides sein, je nachdem, wie man in die Natur hineinschaut! Es ist halt – wie im wahren Leben – alles eine Frage der Perspektive! Diese durch viele geniale Physiker wie Werner Heisenberg und Erwin Schrödinger in den 20er-Jahren erforschten Effekte revolutionierten das Bild der Menschheit von der Natur[11] und bringen uns immer wieder zum Staunen (bzw. brachten vielen von uns damals im Physikunterricht Kopfschmerzen ☺). Heute arbeitet man mit Hochdruck an sogenannten Quantencomputern. Sie basieren im Kern auf optischen statt elektrischen Verbindungen und nutzen die eben erwähnte »Wahrscheinlichkeitslehre« der Quantenmechanik aus, nach der Nullen und Einsen gleichzeitig möglich sind. Aus Bits werden dann Q-Bits. Erste Prototypen gibt es, und es scheint wieder mal lediglich eine Frage der Zeit, bis diese Art der Rechner, die wiederum exponentiell schneller rechnen können als heutige Supercomputer, zum Einsatz kommen.[12] Die EU hat dafür 2016 ein Milliardenprojekt aufgesetzt, um im globalen Wettbewerb nicht den Anschluss zu verlieren.[13] Die Technologieunternehmen haben ebenfalls Riesensummen in diese vielversprechende Technologie investiert. Und das Militär erhofft sich neue Möglichkeiten zur abhörsicheren Kommunikation, Quantenkryptographie genannt. Alles wieder mal ein Beispiel dafür, dass der Mensch permanent vermeintliche Grenzen verschiebt und überwindet, und uns, wenn wir denken, jetzt ist aber Schluss, eines Besseren belehrt.

Ähnliches passiert beim Thema Halbleiter. Im Rahmen des europäischen Forschungsprojektes *Human Brain*[14] (mehr darüber in Kapitel 4) beschäftigen sich Tausende von hochqualifizierten Wissenschaftlern mit dem Aufbau und der Funktionsweise unseres Gehirns. Eines der ersten Ergebnisse sind sogenannte *neuromorphe* Chips[15], die der Architektur der Nervenzellen sowie ihrer Vernetzung mit anderen Nervenzellen in unserem Gehirn nachempfunden sind und die wesentlich dazu beitragen, dass unsere »Zentraleinheit« trotz ca. 90 Milliarden Nervenzellen, die jede mit bis zu 10.000 anderen vernetzt sind, selbst bei höchster Anstrengung lediglich ca. 30 Watt Energie verbraucht.[16]

Auch auf dem wichtigen Gebiet der Speicherkapazität hat man in den letzten 50 Jahren signifikante Fortschritte erzielen können. Während 1971 auf eine 8-Zoll-Diskette ca. 0,08 Megabyte passten, waren es 2017 ca. 2 Millionen MB, die auf einem wesentlich kleineren USB-Stick Platz fanden. Um das ein wenig einordnen zu können: Der Bordcomputer von Apollo 11, mit der man die erste Mondlandung unternahm, hatte eine Speicherkapazität von 32.000 Byte, ein iPhone 5 im Jahr 2012 verfügte über das Zweimillionenfache davon! Was für eine Ingenieursleistung, denn der Prozessor war ca. 1300-mal langsamer als der des besagten iPhones. Da man aber nun ebenfalls allmählich die Grenzen der klassischen Physik erreicht und vor der Herausforderung steht, dass diese Art von Speicher nur ca. 10–15 Jahre die Daten konservieren kann, um dann durch einen »frischen« Datenträger ausgetauscht werden zu müssen, bedient man sich auch hier der faszinierenden Prozesse in der Natur. So ermöglicht die DNA (Doppelhelix in jeder Zelle, verantwortlich für den genetischen Code eines Lebewesens), Daten quasi für unbestimmte Zeit zu speichern, und zwar theoretisch bis zu einer Trillion

Byte pro Gramm DNA! Dies zeigte eine Reihe von Versuchen in den letzten Jahren an künstlich hergestellter DNA sowie an der DNA von Bakterien. In kühler und trockener Umgebung erwarten die Forscher eine Haltbarkeit von Hunderttausenden von Jahren. Die Annahme begründen sie mit einem Fund intakter DNA in Knochen von Frühmenschen, die vor etwa 430.000 Jahren im heutigen Spanien gelebt hatten.[17] Also auch hier: eine exponentielle Entwicklung und keine Grenzen erkennbar.

Ähnliches gilt für die Entwicklung von sogenannten Supercomputern, die bei der komplizierten Berechnung aller möglichen Probleme wie Klimavorhersagen, Flugzeug- und Waffenentwicklungen eine unverzichtbare Rolle einnehmen, aber die auch zunehmend für die Analyse der extrem anwachsenden Datenmengen eingesetzt werden. Die Maßeinheit für die Leistungsstärke sind FLOPs (= floating operations per second, also nicht, was Sie und ich sonst mit »Flop« assoziieren). Ein FLOP steht für einen mathematischen Rechenschritt wie »+, -, :«. Konrad Zuse, ein deutscher Ingenieur und Informatiker, baute 1941 den ersten programmierbaren Computer, der zwei von diesen FLOPs beherrschte. Damals eine Sensation. Heutige Hochleistungsrechner können Millionen Milliarden mal mehr als Zuses Z3! Und Deutschland steht mit seinen heutigen Superrechnern gar nicht mal so schlecht da; immerhin liegt im Herbst 2018 der Münchner Superrechner SuperMUC-NG in Garching unter den Top 10 der Welt, wo seit einigen Jahren immer mehr chinesische elektronische »Rechengehirne« zu finden sind.[18]

Ein weiterer Baustein für die rasche Verbreitung des Internets und seiner Anwendungen liegt in dem starken Ausbau der »Datenautobahnen« in den letzten Jahren. Einige von Ihnen mögen sich noch an die Zeiten erinnern, als unter dem Schreibtisch das mühsame Ächzen eines Modems erklang, um Ihnen mit 64 Kbit (ca. 1/15 Mbit) den Zugang zu der weiten Welt des Internets zu ermöglichen. Seit den frühen 90ern hat sich auch das vervielfacht; manche Länder wie Südkorea verfügen schon über Durchschnittsgeschwindigkeiten für die gesamte Bevölkerung von ca. 30 Mbit. In einzelnen Teilregionen ist man beim 30-Fachen davon, also 1 Gbit/s, angekommen – eine Geschwindigkeit, die viele als *die* Basis für künftige Anwendungen wie autonomes Fahren, Telemedizin etc. be-

trachten. In einer Reihe von Ländern hat man erkannt, dass die Bereitstellung eines Hochgeschwindigkeitsnetzes genauso ein wichtiger
Standortfaktor ist wie der Ausbau von anderer Infrastruktur wie Straßen,
Eisenbahnen und Schulen. Deutschland hinkt hier leider seit vielen Jahren, vor allem in den ländlichen Gebieten, massiv hinterher. Im Kapitel 2
findet sich dazu und generell zum Stand der Digitalisierung in Deutschland noch einiges mehr.

Wenn Sie sich im Alltag umschauen, so sehen Sie einen weiteren
Grund für die rasante digitale Entwicklung: Immer mehr Online-Aktivi-
täten werden über mobile Endgeräte abgewickelt. Wie erwähnt, über-
trifft die Leistungsfähigkeit der Smartphones und Tablets die von früheren stationären Rechnern weit, die integrierten Kameras fordern die
Hersteller von klassischen Foto- und Filmgeräten massiv heraus, und die
mobilen Datennetze der nahen Zukunft wie 5G (= Fünfte Generation)
versprechen den nächsten Sprung[19]:

- Reaktionszeit (Latenzzeit) des Netzes bis ca. 1 Millisekunde
- bis zu 100-fach höhere Datenrate als heutige Mobilfunknetze
  (also bis zu 10.000 MBit/s)
- rund 1000-fach höhere Kapazität
- weltweit 100 Milliarden Mobilfunkgeräte gleichzeitig an-
  sprechbar
- 90 Prozent geringerer Stromverbrauch je Mobildienst

Ohne diese Hochleistungsnetze wird zum Beispiel autonomes Fahren
(siehe Frage 23) so nicht möglich sein, denn die Millionen von Daten, die
durch Sensoren, Kameras und Laser pro Sekunde (!) gemessen und eingesammelt werden, um den Fahrer zu ersetzen, benötigen eine Bandbreite und eine »Latenzzeit«, die mit der heutigen Infrastruktur in keiner
Weise gewährleistet ist. Die Latenzzeit ist die Reaktions- bzw. die Verzö-
gerungsgeschwindigkeit des Netzes. Und die ist enorm wichtig, denn
bitte unterschätzen Sie nicht, was Sie und Ihr Gehirn leisten beim Autofahren. All das muss man in den Rechnern des Autos, der zentralen Steuerung sowie dem »Netz« abbilden, sonst fahren die so schönen »Wohn-

zimmer auf Rädern« lediglich mit 10 km/h, denn alles andere würde die Komponenten der Geräte und die Infrastruktur komplett überlasten. Für Deutschland rechnet man mit dem ersten Einsatz von 5G-Anwendungen ab dem Jahr 2020. Dabei wird in erster Linie die Industrie – zum Beispiel im Hinblick auf »digitale Fabriken« – davon profitieren; der private End-kunde wird noch eine Weile warten müssen, bis neue Anwendungen ver-fügbar sind. Und vielleicht schafft man es dann, die noch immer so zahl-reichen Funklöcher zu »stopfen« und den Vorsprung vieler anderer Regionen auf der Welt im Bereich des breitbandigen Anschlusses der Unternehmen und Bürger aufzuholen. Die Lizenzen für die Errichtung von 5G-Netzen wurden wie bei den Vorgängern in einem Bieterverfahren versteigert und der Staat kann sich über 6,5 Milliarden Euro an zusätzli-chen Steuereinnahmen freuen.[20] Die Einnahmen sind durchaus ambiva-lent zu betrachten: Auf der einen Seite will die Regierung sie nutzen, um die zahlreichen »Breitbandlöcher« zu stopfen, auf der anderen Seite feh-len den Unternehmen diese Gelder nun für den schnellen, flächende-ckenden Ausbau der Netze (ähnlich wie bei den im Nachhinein aberwit-zigen fast 100 Milliarden DM, die bei der UMTS-Auktion im Jahr 2000 von den Gewinnern an den Staat bezahlt werden mussten und die mitver-antwortlich sind für den mäßigen Platz, den Deutschland heute im inter-nationalen Vergleich einnimmt).[21]

All die Hochleistungsinfrastruktur wird »beliefert« mit immer mehr digital zur Verfügung stehender Information. So soll es zum Beispiel weltweit im Jahr 2020 ca. 50 Milliarden Sensoren geben, die analoge Werte zur digitalen Auswertung bringen. Seien es die rund 200 Sensoren an heutigen Autos (Abstandswarner etc.), die »Fühler« in Maschinen oder auch an Fenstern im sogenannten »Smart Home«, dem intelligen-ten Zuhause (siehe Frage 11). Abermillionen von Büchern wurden u. a. von Google digitalisiert[22], E-Books und natürlich Musik und Filme in di-gitalisierter Form sind zum Alltag geworden.

Sämtliche oben angeführten Faktoren kommen in den letzten Jahren zusammen und bedingen einander natürlich auch. Die angesprochene exponentielle Entwicklung der digitalen Transformation hat ihre Basis darin, und – wie Sie wahrscheinlich nun schon ahnen –: Wir stehen trotz allem gerade erst am Anfang! Kaum zu glauben, aber wahr. Also am besten anschnallen, die Fahrt in die Zukunft ist ziemlich rasant!

5. Welche Chancen und Risiken ergeben sich aus der digitalen Transformation?

Abbildung 3 gibt einen Überblick über eine Reihe von Chancen und möglichen Risiken bei der digitalen Transformation. Die Liste ist bestimmt nicht vollständig, versucht aber, einige wesentliche Punkte herauszugreifen. Grundsätzlich liegen bei jeder neuen technologischen Entwicklung Chancen und Risiken oft nahe beieinander. Das ist auch bei der Digitalisierung nicht anders! Und wie immer liegt es an uns, was wir aus diesen manchmal ja bahnbrechenden Erfindungen des menschlichen Geistes machen. Technik als solche ist an und für sich wertneutral. So banal es klingen mag: Mit dem Hammer kann man einen Nagel in die

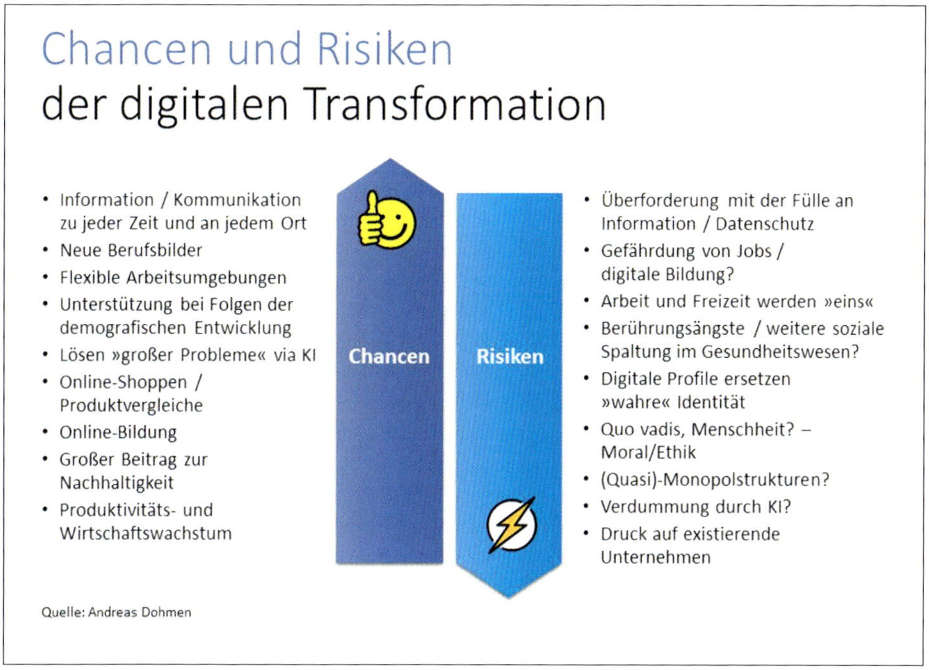

Chancen und Risiken
der digitalen Transformation

Chancen
- Information / Kommunikation zu jeder Zeit und an jedem Ort
- Neue Berufsbilder
- Flexible Arbeitsumgebungen
- Unterstützung bei Folgen der demografischen Entwicklung
- Lösen »großer Probleme« via KI
- Online-Shoppen / Produktvergleiche
- Online-Bildung
- Großer Beitrag zur Nachhaltigkeit
- Produktivitäts- und Wirtschaftswachstum

Risiken
- Überforderung mit der Fülle an Information / Datenschutz
- Gefährdung von Jobs / digitale Bildung?
- Arbeit und Freizeit werden »eins«
- Berührungsängste / weitere soziale Spaltung im Gesundheitswesen?
- Digitale Profile ersetzen »wahre« Identität
- Quo vadis, Menschheit? – Moral/Ethik
- (Quasi)-Monopolstrukturen?
- Verdummung durch KI?
- Druck auf existierende Unternehmen

Quelle: Andreas Dohmen

Abbildung 3

Wand schlagen oder auch einem Menschen massive Verletzungen zufügen. Dafür kann aber dann der Hammer nichts.

Nun ist die Digitalisierung aber bei Weitem mehr als nur ein weiteres technisches Tool, sondern, wie in Abbildung 4 dargestellt, eine sehr facettenreiche Thematik. Sie berührt den technologischen Fortschritt genauso wie die Gesellschaft an sich, die Wirtschaft, die Politik und jeden Einzelnen. Sie transformiert den Arbeitsmarkt genauso wie die dazu not-

Abbildung 4

wendigen Bildungskonzepte, und sie führt uns spätestens beim Thema KI und Robotik an Grenzen, die letztmalig bei den ersten Durchbrüchen der Gentechnologie sichtbar wurden. Der italienische Philosoph Luciano Floridi[23] verortet sie daher in der gleichen Kategorie wie die Auswirkungen der Lehren von Kopernikus, Darwin und Freud. Alle drei veränderten durch ihre Thesen und Forschungsergebnisse fundamental das jeweils herrschende Weltbild der Menschheit: Sei es die Ablösung des Glaubens, dass die Erde und damit der Mensch im Mittelpunkt des Kosmos stehen, oder die Konsequenzen der Darwin'schen Evolutionslehre oder die Lehre über die Macht des Unbewussten bei Freud – der Blick auf die Welt wurde immer ein anderer. Und Ähnliches geschieht jetzt wieder, so Floridi. Er spricht in seinem Buch »Die 4. Revolution« von der »Infosphäre«, denn die Grenze zwischen online und offline ist ihm zufolge längst verschwunden, wird doch mit all den über uns gesammelten Daten munter weitergearbeitet und gehandelt, auch wenn wir glauben, »offline« zu sein. Neben unsere analoge Identität tritt damit die *digitale Identität*. Sie besteht aus all den Informationen, die wir beim Einkaufen im Netz, beim Nutzen der sozialen Netzwerke, in Blogs und Nachrichtenforen hinterlassen haben.

Neben diesen nachdenklich machenden Gedanken treten weitere Punkte, die man als Risiken oder auch einfach als Themen bezeichnen könnte, über die wir – die Gesellschaft, die Politik und die Wirtschaft – einmal intensiver diskutieren sollten. Sei es die weiter unten behandelte Thematik der Arbeit in einer digitalisierten Welt sowie der dafür notwendigen Veränderungen in der Bildung oder die enorme Schnelligkeit der ganzen Entwicklung, die vielen Menschen Angst macht, »abgehängt« zu werden, weil man scheinbar ohne Smartphone oder Automat demnächst nicht mal mehr eine Fahrkarte für Bus und Bahn kaufen kann. Oder auch die Frage, ob denn die enormen – im Prinzip ja durchaus positiven – Möglichkeiten der Digitalisierung in der Medizin (siehe Kapitel 4) auch allen gleichberechtigt zur Verfügung stehen werden. Und schließlich eine ganze Reihe von ethischen und moralischen Fragen, die sich u. a. bei der Auseinandersetzung mit KI, Robotik und Big Data ergeben.

Aber – und das soll durchaus ein *großes* Aber sein – es gibt mindestens eine ebenso große Anzahl von positiven Aspekten der Digitalisierung. So ermöglicht sie zum Beispiel den Zugriff auf Informationen zur Aus- und Weiterbildung an jedem Ort der Welt, der über einen einigermaßen schnellen Internetanschluss verfügt. Tausende Menschen in Deutschland studieren neben dem Beruf und absolvieren einen Großteil der Kurse online. Und immer noch ist Bildung generell die beste Möglichkeit, benachteiligenden Verhältnissen zu entkommen. Viele Unternehmen ermöglichen mittels Digitaltechnik flexible Arbeitsverhältnisse, sodass sich Eltern gemeinsam besser um die Kindererziehung kümmern können, ohne komplett aus dem Beruf und beruflichen Weiterentwicklungen austeigen zu müssen.

In der Medizin eröffnen sich viele Möglichkeiten, den Herausforderungen von Krankheiten wie Krebs, Demenz etc. durch bessere Datenanalysen zu begegnen und hoffentlich bald dafür zu sorgen, dass Röntgenbilder und andere Diagnosedaten nicht immer wieder neu erstellt bzw. erhoben werden müssen. Über den Datenschutz wird in Kapitel 5 ausführlicher gesprochen. Die aus meiner Sicht gravierendste Herausforderung von fast allen westlichen und zum Teil auch östlichen Industrieländern ist die demographische Entwicklung. Die gute Nachricht ist, dass wir alle älter werden; die »schlechte« ist, dass wir alle älter werden und unsere Sozialsysteme darauf nicht vorbereitet sind! Speziell bei der Pflege, die gern als »tickende Zeitbombe« bezeichnet wird, kann der Einsatz digitaler technischer Hilfsmittel massiv unterstützen. Seien es digitale Armbänder, die die Angehörigen via App alarmieren, sollte der Träger gestürzt sein und keine unmittelbare Hilfe vor Ort sein, oder »Roboter«, die den oder die Pfleger(in) bei schweren oder rein logistischen Arbeiten unterstützen, sodass dann hoffentlich mehr Zeit für den Menschen an sich bleibt. Im Kapitel 4 (Digitalisierung und Medizin) wird darauf näher eingegangen.

In der Wirtschaft erhofft man sich durch den Einsatz der Digitalisierung das Erreichen neuer Wachstumsziele und Produktivitätsschübe. Hier liegen Chancen und Herausforderungen auch sehr nah beieinander. Denn zum einen wandeln sich durch die digitale Transformation komplette Gebiete unserer Wirtschaft, und zwar fundamental, und es wird zu erheblichen Verwerfungen kommen, die auch die Zukunft der Arbeit (siehe Frage 14) betreffen; auf der anderen Seite eröffnen sich neue Chancen, um in diesem massiven globalen Wettbewerb zu bestehen. Am Beispiel der Automobilindustrie kann man das gut erkennen.

Insgesamt also ein durchaus positives Bild, aber mit einigen wesentlichen Punkten, die viel stärker als bisher konstruktiv und offen in Gesellschaft, Politik und Wirtschaft diskutiert werden sollten. Wir kommen darauf am Schluss des Buches zurück.

6. Was versteht man unter dem Darknet?

Bevor wir uns dem »dunklen Netz« näher widmen, schauen wir uns das Internet und seine Struktur etwas genauer an. Stellen Sie sich dazu einen Eisberg vor ... Lediglich ca. ein Siebtel des Kolosses befindet sich oberhalb des Meeresspiegels, der Rest unterhalb. So ist es auch mit dem Web. Was Sie und ich täglich u. a. mithilfe von Suchmaschinen, Kaufportalen und Social-Media-Plattformen wahrnehmen, ist der sichtbare Bereich. Darunter befindet dich das »Deep Web«, die Tiefen sozusagen, und ein kleiner Teil davon ist dort zu finden, wo es wirklich »dunkel« ist. Alle drei Bereiche gehören zum Internet, dessen Basis und Infrastruktur aus Tausenden von Rechnerknoten besteht. Die Geschichte dieser revolutionären Erfindung geht zurück bis ins Jahr 1969, als die erste Mail zwischen zwei Rechnern der Universitäten Los Angeles und Stanford verschickt wurde. Diese Verbindung war Teil eines Forschungsnetzwerkes, das u. a. vom US-Militär finanziert wurde (so wie einige andere bahnbrechende Erfindungen der Digitalisierung) und unter dem Begriff ARPANET (Advanced Research Projects Agency Network) fungierte. Erst 1989 wurde das Netz für die öffentliche Nutzung freigegeben und der nächste große, die Welt verändernde Schritt konnte erfolgen: Der damals am Großforschungsinstitut CERN in Genf arbeitende Physiker Sir Dr. Tim Berners-Lee (heute Professor am MIT in Boston und in Oxford) erfand, was wir alltäglich benutzen: das World Wide Web in seiner heutigen Form mit dem HTML (Hypertext Markup Language)-Code, der es ermöglichte, Daten einfach und u. a. in Bildform zu übermitteln.[24] Dabei hatte er dieses Netz in erster Linie für den besseren Austausch der am 27 km langen Teilchenbeschleuniger anfallenden Datenmengen zwischen Wissenschaftlern erfunden, und nicht, um damit Anwendungen wie Amazon, Facebook etc. zu ermöglichen. Seit Anfang der 90er-Jahre nahm die exponentielle Entwicklung des »Netzes« ihren Lauf. Bedenken Sie: All das, was aus unserem privaten und beruflichen Alltag nicht mehr wegzudenken ist, benötigte dafür lediglich 25 Jahre. Wo werden wir wohl am Ende der nächsten 25 Jahren stehen? Ich komme am Schluss des Buches darauf zurück.

Heute nutzen ca. 4 der ca. 7,6 Milliarden Menschen auf unserem Planeten das World Wide Web, und davon sind ca. 3,1 Milliarden auf sozialen Netzwerken zu finden.[25]

Nun war und ist aber beileibe nicht alles, was im Internet gespeichert wird, für alle Ohren bzw. Augen geeignet bzw. zugelassen. Dazu gehören u. a. Informationen von Regierungen genauso wie von Archiven der Staatsbibliotheken oder von Forschungseinrichtungen. Vieles, was an Webseiten (bzw. Websites; ich benutze die eingedeutschte Form) existiert, ist nicht mit Indices (quasi »Hausnummern«) versehen, sodass die klassischen Suchmaschinen und -algorithmen darauf nicht zugreifen können. Oft benötigt man spezielle Zugangssoftware und Passwörter dafür.

Genauso verhält es sich mit besagtem »Darknet«. Dieser ursprünglich vom FBI/CIA erfundene »untere« Bereich des Eisberges ermöglicht die anonyme Kommunikation zwischen Menschen und Gruppierungen unterschiedlicher Herkunft und Interessenlage. Dabei reicht das Spektrum von Menschenrechtsgruppen, die in totalitären Staaten einigermaßen sicher kommunizieren wollen, über Journalisten, die dort von Informanten bestimmte Hintergrundinformationen erhalten, bis zu Dealern von Waffen, Kinderpornos, Drogen u. v. m. Aber auch Menschen wie Sie und ich, denen das Netz oberhalb des Wasserspiegels zu stark von der Dominanz der großen Player aus den USA und zunehmend aus China geprägt ist, »wandern dorthin aus«. Insgesamt ist das aber ein recht kleiner Teil der Internet-Community, denn man spricht von ca. 50.000 Adressen, davon lediglich ca. 5000 mit Inhalten. Den Hauptzugang zum Darknet bildet – wie im wahren Leben – ein »Tor«, sprich: TOR, eine Browsersoftware, die man sich aus dem Netz auf seinen Rechner herunterladen kann. TOR bedeutet: »The Onion Router« (engl. »der Zwiebel-Router«). »Zwiebel« ist hier ein Bild für die verschiedenen Schichten, die die Daten durchdringen müssen. Denn im Gegensatz zum klassischen Surfen verbindet sich der Computer nicht direkt mit dem Server, auf dem die Webseite liegt. Vielmehr ist eine ganze Reihe von Rechnern in den Kommunikationsaufbau involviert, um durch Verwischung der Spuren maximale Anonymität herzustellen. Nach dem Eintritt in »die dunkle

Seite der Macht« ist es wie so oft im Alltag: Um weiterzukommen, muss man jemanden kennen, der einen kennt, der einen kennt ..., denn nur so kann man sich dort das, was man eventuell haben möchte, besorgen. Aber Achtung: Während der Besuch des Darknets mittels TOR nicht direkt strafbar ist, so ist es spätestens dann gefährlich, wenn man manche Webseiten besucht, und wenn es auch aus reinem Zufall ist. Finden Ermittler Spuren, die zu Ihrem PC führen, dann sind Sie auf jeden Fall schon verdächtig, falls sich bestimmte Links in Teilen Ihres Speichers wiederfinden.

Abbildung 5 gibt Ihnen einen Überblick über das, was sich da unten alles so findet. Eine interessante Mischung und sicherlich auch ein weiteres Beispiel für die Ambivalenz der Digitalisierung: Das »Gute« (wie die Möglichkeit von Menschenrechtsgruppen, sich dort geschützt zu treffen) liegt direkt neben den »dunklen« Seiten der menschlichen Seele. Alles menschlich, ob wir es mögen oder nicht; es war wohl etwas dran an der Geschichte mit der Vertreibung aus dem Paradies ...

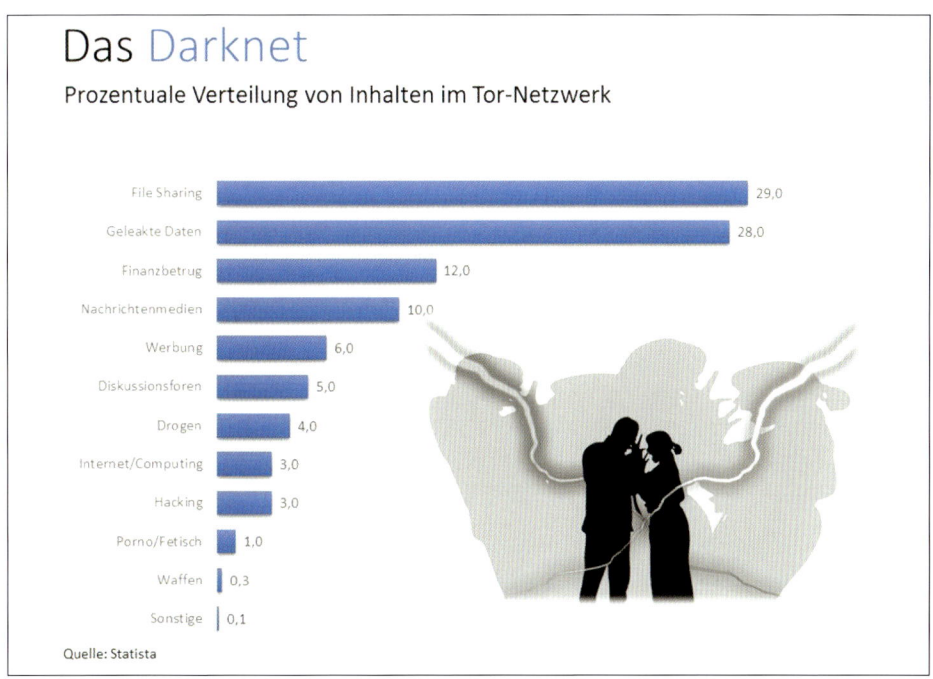

Das Darknet

Prozentuale Verteilung von Inhalten im Tor-Netzwerk

File Sharing	29,0
Geleakte Daten	28,0
Finanzbetrug	12,0
Nachrichtenmedien	10,0
Werbung	6,0
Diskussionsforen	5,0
Drogen	4,0
Internet/Computing	3,0
Hacking	3,0
Porno/Fetisch	1,0
Waffen	0,3
Sonstige	0,1

Quelle: Statista

Abbildung 5

! Sie wollen mehr über diese durchaus spannende Unter(wasser)welt wissen? Hier ein weiterer Buchtipp: *Steffen Mey, Darknet. Waffen, Drogen, Whistleblower; C. H. Beck Verlag, München 2018.* Ein gut recherchiertes Buch, gut zu lesen.

7. Was bedeutet Künstliche Intelligenz (KI), was heißt in dem Zusammenhang Intelligenz und wie leistungsfähig ist KI?

Allgemein beschreibt der Begriff KI den Versuch, Entscheidungsprozesse des Menschen so zu simulieren, dass sie durch Programmierung einem Computer »beigebracht« werden können und dieser dann Probleme jeglicher Art selbstständig bearbeiten kann. Darin findet sich auch die historische Vorstellung aus der Aufklärung wieder, Menschen seien nichts anderes als »Maschinen«.

Dementsprechend hat sich die sogenannte starke KI zum Ziel gesetzt, eine Intelligenz zu erzeugen, die das menschliche Denken vollständig mechanisiert nachvollziehen soll, bzw. eine Maschine zu bauen, die intelligent ist und wie ein Mensch agiert. Die sogenannte schwache KI, bei der sich entsprechende Systeme wie Menschen verhalten und Intelligenz simulieren, ist in multipler Form längst Bestandteil unseres Alltags – von Suchalgorithmen über Navigationssysteme bis hin zu Spracherkennungssystemen auf Ihrem Handy oder Ihrem PC. Ob sich ein starkes KI-System überhaupt jemals realisieren lässt, daran scheiden sich die Geister, und wie es so schön heißt: »Die einen sagen so, die anderen so.« Wir kommen in Kapitel 3 darauf zurück.

Der Begriff KI findet sich fast jeden Tag in den Medien. Zahlreiche Unternehmen – auf jeden Fall die börsennotierten – weisen in Quartals- und/oder Jahresberichten auf die Bedeutung der KI sowie auf die damit verbundenen Wachstumschancen hin. Viele neue Produkte werden explizit mit »KI- Eigenschaften« beworben, etwa automatische Haushaltshelfer wie sich selbst steuernde Rasenmäher oder Handys, die mit »neuronalen Prozessoren« Gesichtserkennung ermöglichen und auf diese Art und Weise den mobilen Zugang zum weltweiten Netz ermöglichen. Um das einzuordnen, lohnt sich der Blick auf einige der mit dem Begriff Intelligenz beim Menschen verknüpften Eigenschaften. Sie umfasst mindestens:

- logisches Denken
- Treffen von Entscheidungen bei Unsicherheit (Fakten und Emotion)
- planen
- lernen
- Kommunikation in natürlicher Sprache
- Interaktion über Handlungen
- alle diese Fähigkeiten zum Erreichen eines gemeinsamen Ziels einsetzen
- ... und natürlich emotionale Intelligenz.

Diese Liste ist bei Weitem nicht vollständig, aber sie liefert einem einen guten Anhalt, wenn es um die »intelligenten« Eigenschaften von Geräten, Maschinen und Computerprogrammen geht. Denn schnell stellt man fest, dass die KI in Spracherkennungssystemen wie Alexa und Siri zwar eine Art von Kommunikation in »natürlich klingender Sprache« ermöglicht, aber in keiner Weise über einige andere der aufgeführten Punkte verfügt, so verblüffend manche Ergebnisse auch sind. Sie basieren einfach auf grundlegenden Prinzipien der Physik. Aber mit Hochdruck arbeitet die Forschung in der Wissenschaft und der Industrie daran, unserer Intelligenz so nahe wie möglich zu kommen und – wie wir in Kapitel 3 sehen werden – die »Limitationen« des Menschen sogar zu überwinden.

So ist die Geschichte der KI[26] zwar einerseits recht lang, weil schon in der Antike an »intelligenten« und sogar »gottähnlichen« Maschinen gebaut wurde (siehe Kapitel 3), andererseits aber auch kurz, da sie erst vor ca. 60 Jahren »gegründet« wurde.[27] Insofern ist vieles Sensationelle in der Forschung im Prinzip lediglich der Versuch, mit gewaltiger Innovationskraft alte Träume zu realisieren. Denn (erst) seit einigen Jahren ist die

KI so leistungsfähig, dass die Ergebnisse selbst Fachleute zum Grübeln bringen.

Ausgangspunkt dafür war vor allem die breite philosophische und mathematische Basis der Logik, die durch Forscher und Genies wie Gottfried Wilhelm Leibniz, George Boole und Gottlob Frege gelegt worden ist. Doch man suchte auch immer nach dem »Behältnis«, analog zum Gehirn, in dem man dann diesen Formalismus implementieren konnte. Einfache Apparate schienen dafür nicht geeignet, und man musste bis zur Erfindung der Rechenmaschine warten, um den nächsten Schritt machen zu können.

Alan Turing (1912–1954) war dann derjenige, der mit seiner Erfindung einer *universellen* Rechenmaschine den nächsten Meilenstein setzte. Turing war von Winston Churchill beauftragt worden, zusammen mit einem Team von Experten den bis dahin als »unknackbar« geltenden Verschlüsselungscode der Deutschen im Zweiten Weltkrieg zu dechiffrieren. In dem grandiosen Film »Enigma« (so der Name der deutschen Verschlüsselungsmaschine) wird dieses Unterfangen hervorragend beschrieben und der Genius von Turing deutlich. Dessen zentrale Erkenntnis – seiner Zeit weit voraus, aber bis heute prägend im gesamten Bereich der KI und seiner Implikationen – lautete: »Eine solche Maschine (die ›Turing Maschine‹) ist fähig, jedes Problem zu lösen, sofern es durch einen Algorithmus darstellbar und lösbar ist.« Was so einfach klingt, war wegweisend, denn die Konsequenz im Hinblick auf die menschliche Intelligenz war weitreichend: Sind also kognitive Prozesse zerlegbar in endlich viele und klar definierte Einzelschritte, so können diese auch auf einer Maschine ausgeführt werden!

Denken Sie nicht nur an rein »logische« Dinge, die Sie bearbeiten, sondern auch daran, was die heutigen Neurowissenschaftler intensiv beschäftigt: Ist ein Gefühl wie Trauer oder Freude in Wirklichkeit nichts anderes als ein biochemischer Prozess, der ebenfalls zerlegbar ist in einzelne Schritte und somit ebenfalls durch Algorithmen abbildbar? Wir kommen auch darauf noch detaillierter in Kapitel 3 zurück.

Turings Maschine gelang es schließlich, den Enigma-Code zu entschlüsseln, und sie gilt als der Grundbaustein von KI.[28] Diese erlebte ihre

»offizielle Gründung« dann auf einer legendären KI-Konferenz in Dartmouth, USA, wo sich die führenden Köpfe zu diesem Thema 1956 zusammenfanden und KI als »Wissenschaft« implementierten. Dabei stand die These »Denken kann auch außerhalb des Gehirns stattfinden« im Mittelpunkt der Diskussion; nur über das Wie – sprich: die Umsetzung – war man sich nicht einig.[29] Jedoch folgten nach der Konferenz und einer großen Euphorie keine messbaren Ergebnisse, und Forschungsgelder wurden massiv gekürzt. Der erste »KI-Winter« begann, und KI bekam erst durch die Entwicklung von sogenannten *Expertensystemen* wieder Aufwind.

Der Mathematiker und Informatiker Joseph Weizenbaum entwickelte in den 60ern ein System, das als erster »Chatbot« in die Geschichte der KI einging: ELIZA, so der Name, simulierte einen Psychotherapeuten; der Klient konnte sich mit ihm via Texteingabe unterhalten, nicht ahnend, dass sich am anderen Ende der Leitung kein Mensch befand, sondern ein Rechner, der vorgab, besagter Therapeut zu sein.[30] Auch wenn Weizenbaum geschockt war, wie einfach es gelang, Menschen zu täuschen, und auch deshalb später zu einem der großen Kritiker der KI wurde, so begann trotzdem eine große Euphorie über diese Expertensysteme, nach dem Motto: Man muss es nur schaffen, das Wissen eines Experten in einen Computer zu bringen, dann haben wir das Problem gelöst. Eine Reihe von neuen Computersprachen wie LISP und PROLOG wurden dazu entwickelt, und als ich in den 80ern Informatik mit dem Schwerpunkt KI als Nebenfach studierte, war die Euphorie riesig. Doch auch hier waren die Erwartungen weit höher als das, was die Wissenschaft an Konkretem liefern konnte, und wieder kam es zu einer »Pause«, bevor man sich dann an die Theorie der neuronalen Netze erinnerte, quasi eine Simulation des menschlichen Lernens (nicht des Gehirns im Gesamten!). Auch wenn zu Beginn noch nicht ausreichend Datenmaterial zum Training dieser Netze (mehr darüber in Kapitel 3) vorlag – das Zeitalter von Big Data war noch nicht angebrochen – und die Leistungsfähigkeit von Rechnern noch sehr beschränkt war, so legten diese Konzepte dennoch den Grundstein für den massiven Aufstieg der KI in den späteren Jahren.

1997 gewann ein KI-System erstmals gegen den amtierenden Schach-weltmeister; allerdings war das eher Resultat einer riesigen Datenbank von vorher eingepflegten Schachspielen, die die KI bei jedem Zug nach analogen Spielsituationen und erfolgversprechenden Lösungen durch-suchte.[31] Die Überlegenheit gegenüber dem Menschen resultierte also aus der vorher eingegebenen Informationsmenge und aus der Geschwin-digkeit, diese zu analysieren und zu nutzen. 2016 aber schlug ein KI-Sys-tem namens AlphaGo von Google erstmals den Weltmeister in einem japanischen Brettspiel namens Go.[32] Dieses Spiel ist vielfach komplizier-ter als Schach und es gibt unglaublich viele verschiedene Züge und Mög-lichkeiten, die Spielsteine des Gegenübers in den eigenen Besitz zu brin-gen. Man hatte dem KI-System alle vorhandenen, bis dahin gespielten Partien eingegeben, um das Programm damit zu trainieren und es lernen zu lassen. Aber man war dann trotzdem mehr als überrascht, als die KI nicht nur mit 4:1 gewann, sondern Züge und Kombinationen machte, die bis dahin noch kein Go-Spieler gemacht hatte! Hoppla! Und bis heute können sich selbst die Programmierer des Systems nicht erklären, wie AlphaGo auf diese Entscheidungen kam – zu komplex sind die Vorgänge in diesen »selbstlernenden neuronalen Netzen«, die in Kapitel 3 näher erklärt werden.

Und das war bei Weitem noch nicht alles: Google entwickelte sein System so weit, dass es nur noch mit den Regeln des Spiels »trainiert« werden musste, um ebenfalls Go spielen zu können. 2017 ließ man dann KI gegen KI antreten. Das Spiel endete 100 : 0 für das nur mit den Regeln trainierte Programm. All das war der Beginn einer – bis heute fortgeführ-ten – Diskussion unter Informatikern, Neurowissenschaftlern und Phi-losophen über die alte Frage, ob Maschinen »denken« können. Denn plötzlich schien »das Neue« nicht mehr nur durch die Kreativität des Menschen in die Welt zu kommen, sondern auch durch lernende Algo-rithmen. Was würde das zum Beispiel für den Arbeitsmarkt bedeuten? Werden uns die Maschinen nun nicht mehr nur bei rein körperlichen Tä-tigkeiten unterstützen bzw. sogar Konkurrenz machen, sondern auch bei Aufgaben, die viele gut ausgebildete Akademiker heute ausüben (mehr dazu in Frage 14)? Und wer meinte, dass so ein Algorithmus lediglich bei rein logischen Aufgaben erfolgreich sein würde, wurde 2017 eines Besseren belehrt. So gewann das KI-System *Libratus* in einem legendären Pokerspiel haushoch gegen vermeintlich unschlagbare Poker-Profis, die anschließend davon sprachen, dass die KI mit Blättern weitergespielt hatte, die sie zurückgegeben hätten, gemäß dem Motto: »3 Neue bitte«.[33] Die KI bluffte also und hatte den Profis »die Hosen ausgezogen« (wie würde eigentlich eine KI ohne Hose aussehen? ☺). Ups …

Wir finden KI in vielen Produkten des Alltags: in der personalisierten Werbung, die Ihnen am PC begegnet, in den Suchmaschinen, mit denen Sie die weiten Sphären des Internets durchforsten, in »Chat-Bots«, mit denen Sie kommunizieren, in den Computerspielen Ihrer Kinder, bei Preisvergleichen im Netz und in vielen anderen Anwendungen. Noch ist KI zum Teil nichts anderes als ein weiteres »IT-Tool«. Aber die Entwicklung ist rasant und mit Hochdruck und Milliarden von Dollar wird an der nächsten Stufe der KI gearbeitet: Die »Verschmelzung« von Software und Hardware in Form von »intelligenten« Robotern. Mehr dazu in Kapitel 3 (Anmerkung: Im Folgenden habe ich »meine KI« *Andrea* genannt).

8. Warum hört man oft: »Daten sind das neue Öl«?

Daten als solche waren »schon immer« von großer Bedeutung, nicht erst, seit die Digitalisierung der Welt begonnen hat. So benötigen Wissenschaftler Daten aus Experimenten, um Theorien von Kollegen bestätigen oder widerlegen zu können. Mediziner brauchten schon immer Informationen, um die geeignete Therapie vorzuschlagen, und die Wirtschaft wollte spätestens seit der Verbreitung des Kapitalismus so viel wie möglich über den Konsumenten erfahren, um noch mehr Produkte zu entwickeln, die auf die Bedürfnisse der Verbraucher abgestimmt sind.

Auch der Staat wollte schon immer etwas über seine Bürger wissen. So geben historische Tonscherben Auskunft darüber, dass bereits 3800 v. Chr. eine Volkszählung im antiken Babylon stattfand. Statistische Ermittlungen von Bevölkerungszahlen fanden auch um 3050 v. Chr. in

Ägypten statt. Die wohl umfangreichsten Zählungen wurden in der Antike im Römischen Reich durchgeführt.[34]

Einige werden sich noch an die Preisausschreiben in Form von Kreuzworträtseln etc. erinnern, mit deren Hilfe man früher Adressen sammelte, um ihnen anschießend per Post Werbematerial zukommen zu lassen. Schon damals wurde eifrig mit diesen Daten gehandelt. Was also ist nun neu? Es sind zum einen die immensen Möglichkeiten, die die Digitalisierung bietet, Daten jeglicher Art zu sammeln sowie die technologischen Fähigkeiten zur Speicherung und vor allem zur Auswertung dieses Informationsuniversums. Hier sind einige Beispiele: Google sammelte 2015 mehr als 20 Petabyte (eine 1 mit 15 Nullen daran!) Daten jeden Tag[35], bei Facebook gibt es täglich ca. 350 Millionen Fotos, die hochgeladen werden, und stündlich ca. 240 Millionen »Likes«, die alle Rückschlüsse auf das soziale Profil der jeweiligen Nutzer ermöglichen.[36] Google sammelt mit seinem voll autonom fahrenden Versuchsauto in Kalifornien ca. 1,3 Millionen Messdaten je Sekunde[37], und bei Twitter gibt es mehr als 500 Millionen Nachrichten pro Tag (nicht erst seit Trump).[38] 90 Prozent aller Daten der heutigen Welt, so einige Studien aus dem Jahr 2015, waren in den voraufgegangenen zwei Jahren entstanden.[39]

Das Sammeln der Daten ist kein Selbstzweck, sondern es geht um die darin verborgenen Informationen, die es erlauben, Schlüsse zu ziehen und Entscheidungen zu treffen. In einer wettbewerbsorientierten Welt (nicht nur zwischen Unternehmen, sondern auch zwischen Staaten und Regionen) ist »vorn«, wer die meisten und entscheidenden Daten vor allen anderen hat, um dann zum Beispiel früher als andere mit innovativen Produkten/Lösungen in den Markt zu gehen. Daten werden dadurch zu dem, was früher – und heute ja zum Teil auch noch – das Öl war, das Energie für unsere »analoge« Welt der Maschinen, Autos, Städte etc. liefert(e). Nun geht diese zunehmend über in eine digitale Welt, in der Informationen der »Treibstoff« sind. Und in der Schlüsseltechnologie KI stellen die Daten die unabdingbare »Nahrung« für die KI-Systeme dar, denn diese müssen intensiv trainiert werden, um dann zum Einsatz zu kommen.

9. Was versteht man unter Big Data und Smart Data?

Eigentlich interessant sind nicht die immensen Mengen an sogenannten Rohdaten, die oft unter dem Sammelbegriff »Big Data« geführt werden, sondern die Informationen, die sich aus der Auswertung der Datenberge ergeben. Denn ca. 90 Prozent der gesammelten Datenmenge, schätzt man, ist »unstrukturiert«, das heißt in einer Form, die so gar nicht verarbeitbar ist und zudem keine Aussagekraft hat – und die ist ja das, was die Datensammler eigentlich wollen.[40] Also muss man versuchen, diese riesigen Informationsmengen irgendwie zu ordnen sowie Muster zu erkennen, um dann eventuelle Verbindungen zwischen den einzelnen Datenpunkten zu erkennen. Denn nur so ergeben sich etwaige Schlüsse und mögliche Handlungskonsequenzen. Stellen Sie sich einfach vor, Sie hätten ein Puzzle mit einer Million Teilen auf Ihrem Boden im Wohnzimmer verteilt und hätten keine Ahnung, welches Bild sich daraus ergeben würde. Was würden Sie machen? Sehr wahrscheinlich beginnen Sie mit dem Versuch, einzelne Teile gewissen Merkmalen zuzuordnen: Farbe, Muster, Form etc … sie würden also anfangen, die Teile (= Daten) zu strukturieren. Irgendwann erkennen Sie dann immer besser, was ungefähr zu was gehört, und schlussendlich zeigen sich erste Ansätze eines Bildes.

Genauso gehen sogenannte Datenwissenschaftler bei ihrer Arbeit vor, eine Gruppe von Menschen, die zum Beispiel den noch seltenen Studiengang *Data Science*[41] studiert haben. Zunehmend werden auch intelligente Computerprogramme aus der KI dafür eingesetzt. In das »Chaos« wird damit eine Struktur gebracht, aus Unordnung wird Ordnung, und es ergeben sich einzelne Gruppierungen, Untergruppen und Muster: Aus »Big Data« werden »Smart Data«.

Spätestens dann schlägt die große Stunde der »Korrelationsanalyse«. Was ist das nun wieder? Nun, mit einer gewissen Wahrscheinlichkeit haben Sie schon mal bei Amazon eingekauft. Erinnern Sie sich noch daran, was ganz unten stand? »Die, die das kaufen, kaufen auch das«, lautet es sinngemäß. Und diese Hinweise werden natürlich nicht von Sachbearbeitern im Amazon-Headquarter gemacht, sondern durch intelligente

Programme, die aus den immensen Kaufdaten der Millionen von Kunden herausgefunden haben, dass zum Beispiel Männer, die gelbe Schuhe gekauft haben (so wie ich ☺), auch grüne Hosen kaufen. Und Amazon geht dann einfach auch den nächsten Schritt: Neben dem Hinweis an die Käufer besagter Schuhe geht die Information auch an das Waren- und Lagermanagement, doch schon mal die grüne Hose in das nächstgelegene Auslieferungslager zu senden.

Denn, so haben die Datenanalysten oder die Computerprogramme herausgefunden: Die Wahrscheinlichkeit, dass besagtes Kleidungsstück bestellt wird, ist relativ hoch. Tausende andere Käufer haben es genauso gemacht. Korrelationsanalyse bedeutet also vereinfacht, Zusammenhänge zwischen einzelnen Datenpunkten herauszufinden: Wenn A und B, dann auch C, könnte das Ergebnis lauten. Diese Aussage ist allerdings – und das ist wichtig – nur mit einer gewissen, wenn auch manchmal hohen Wahrscheinlichkeit richtig. Genau hier zeigt sich nämlich ein aufkeimender Disput zwischen den Wissenschaftlern, die ihre Forschungsergebnisse nach dem klassischen Grundprinzip »Ursache und Wirkung« bewerten, und denen, die aus Millionen gesammelter Datenpunkte durch Analyse zu ihren Schlüssen und Thesen kommen, den Korrelationswissenschaftlern. Die Ersteren wollen herausfinden, was genau denn nun die Ursache dafür ist, dass zum Beispiel der berühmte Apfel vom Baum fällt und sich nicht der unten liegende Apfel auf wundersame Weise nach oben bewegt. Was ist eventuell das »Naturgesetz« dahinter? Den Algorithmus bei Amazon hingegen interessiert nicht, *warum* komischerweise die Käufer gelber Schuhe auch grüne Hosen bestellen. Wichtig ist dort nur die Verbindung zwischen den Ereignissen.

Nun gibt es allerdings auch eine gigantische Menge an Korrelationen, die bei näherer Betrachtung überhaupt keinen »Sinn machen«. Einer meiner Professoren an der Hochschule für Philosophie in München meinte kürzlich dazu: »Also, wenn in Manchester morgens um 8.00 Uhr die Glocken klingeln und um 8.00 Uhr die Menschen in London zur Arbeit gehen, wo bitte ist dort ein Zusammenhang, der ›Sinn macht‹? Denn die Arbeitnehmer in London würden wohl auch ohne das Ereignis in Manchester in Autos und U-Bahnen steigen, oder?« Warum betone ich das so? Nun, in einer Welt, die im Jahr 2020 laut Gardner Group mit ca. 50 Milliarden »Dingen« wie Sensoren an Autos, Maschinen und Kleidung versehen ist[42] und wo die gesammelten Datenmengen ins schier Unfassbare steigen, werden wir Menschen auf unterschiedlichen Ebenen immer mehr mit Informationen und Entscheidungen konfrontiert, die auf Korrelationsanalyse beruhen. Und während viele dieser Ergebnisse sicherlich »Sinn machen«, wird es immer wichtiger, die Analyse vor dem persönlichen Erfahrungs- und Bildungshintergrund zu reflektieren und gegebenenfalls Vorschläge der »Maschinen« zu verwerfen. Oder wünschen Sie sich nicht einen Arzt, der trotz digitalisierter Analyse Ihrer kompletten Gesundheitsdaten und der darauf basierenden Empfehlung zu einer OP seine langjährige Erfahrung und eventuell nur das »gewisse Gefühl« einbringt, um Ihnen gegebenenfalls zu einer alternativen Behandlung zu raten? Dieser Aspekt wird im Kapitel 7 über KI und Ethik in der Digitalisierung noch eine große Rolle spielen.

! Buchtipp: Es gibt eine ganze Reihe von guten Büchern zum Thema Big Data; eines davon möchte ich Ihnen empfehlen: *Klaus Mainzer, Die Berechnung der Welt. Von der Weltformel zu Big Data.* Der Professor für Philosophie und Wissenschaftstheorie beschreibt hervorragend, wie die Bedeutung von Daten über die Jahre zu dem anwuchs, was sie heute sind: *der* zentrale Baustein für eine digitale Welt. Richtig gut!

10. Was versteht man unter Virtual und Augmented Reality?

Fangen wir mit dem letzten der beiden Begriffe an. Schon mal gehört oder gelesen: AR? Nein? Aber ich denke, Sie kennen es trotzdem: Denn eventuell haben auch Sie einen Sohn (oder Sie sind/du bist der Sohn ☺), der wie meiner damals im Sommer 2016 abends noch loswollte, um »Pokemons« zu jagen. Auf meinen verdutzten Blick und meine Frage, ob er sich mit Freunden trifft, um mit denen zu spielen, meinte er Nein, und er müsse dann noch weiter zum Marienplatz, um dort »die Roten« zu jagen.

Vollkommen verwirrt, fragte ich nach einer Auflösung des Rätsels und so lernte ich, was AR ist. Denn dieses Spiel für Mobilgeräte wie Smartphones und Tablets kombiniert die reale Welt mit der sogenannten Virtuellen Realität (VR), also einer durch Computer und zum Beispiel VR-Brille erzeugten vollkommen künstlichen Umgebung. Soll heißen: Während mein Sohn zusammen mit vielen anderen Kids loslief (die gute Nachricht war: er bewegte sich ☺), nutzte das auf seinem Handy installierte Spiel PokemonGo aus, dass sein Handy ja »wusste«, wo er war. (Früher wussten wir, wo das Handy ist; heute weiß das Handy, wo wir sind.) Es spielte ihm also an bestimmten Koordinatenpunkten gewisse Figuren, eben besagte Pokemons, aufs Handy, die er dann mittels anderer Spielfiguren auf seinem Display fangen musste. Aber eben nur zum Beispiel bei 48° 8' 14.615" N / 11° 34' 31.613" O. Um »die Roten« zu fangen, marschierte also die ganze Truppe zum Marienplatz, usw.

Dieses Grundprinzip der Vermischung der Realitäten benutzt man nun mit verschiedenen Technologien in zahlreichen Gebieten. Es wird viele Bereiche der Arbeitswelt signifikant verändern. So hat Microsoft eine AR-Brille entwickelt, genannt *HoloLens* (Holographie + Linse), die seit einiger Zeit u. a. bei ThyssenKrupp erfolgreich im Test zum Einsatz kommt (siehe Abbildung 6). Ein Monteur hat im Gegensatz zu früher keine schwere Tasche mit dem Handbuch des defekten Aufzugs dabei, in dem er bisher nachschaute, wo er denn nun an welcher Schraube drehen musste. Sondern er trägt besagte AR-Brille, die natürlich über einen kleinen integrierten Computer sowie eine Kamera verfügt und mit dem Internet verbunden ist. Über Spracherkennung (*Andrea* ist also auch mal wieder dabei ☺) fragt er nach, wo der Fehler sein könnte, wenn zum Beispiel Lämpchen 7 auf Rot ist. Und »zack« erscheint zum Beispiel links vor ihm im Raum (Hologramm) ein Bild, das ihm bei der Reparatur des Defektes Hilfestellung gibt. Diese Information wird dem Monteur in räumlicher Darstellung direkt auf das linke Brillenglas gegeben. Cool, oder? Denn nun kann er mit dem Schraubenzieher in der rechten Hand (die ja in der »wahren« Realität ist) den Defekt gemäß Anweisung und Bildgebung beheben.

Hololens

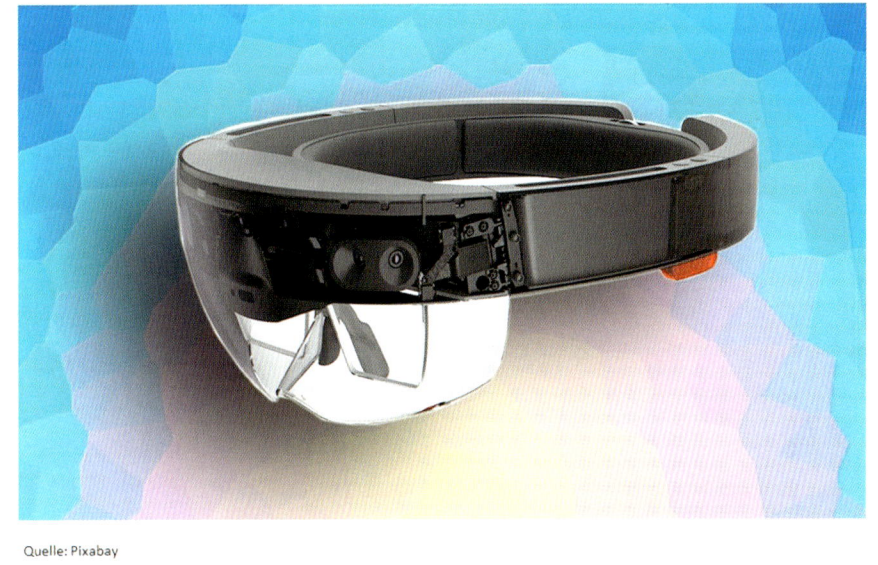

Quelle: Pixabay

Abbildung 6

In Zukunft soll diese Technologie zunehmend auch für Privatanwender zur Verfügung stehen.[43] Einsatzmöglichkeiten gibt es mehr als genug. Stellen Sie sich vor, sie kaufen ein Grundstück und möchten sich nun ein langerersehntes Architektenhaus darauf bauen lassen. Bisher hat der Architekt Pläne in A1 erstellt und Sie versuchten dann gemeinsam mit ihm, sich auf dem Grundstück ihr neues Heim vorzustellen. Eventuell hat er ein 3D-Modell aus Pappe oder Holz erstellt. Alles bald Vergangenheit. Denn der Designer Ihres Traumhauses benutzt dann auch besagte AR-Technologie und mit deren Hilfe und der Brille auf der Nase »gehen« Sie mit ihm durch ihr künftiges Zuhause, live auf Ihrem Grundstück. Auch andere Produktpräsentationen lassen sich dann wesentlich besser und kundennaher gestalten. Sie wissen nicht, ob das schöne Sofa da im Web zu den anderen Möbeln in Ihrem Wohnzimmer passt? Kein Problem, Brille auf ☺. Und schon erscheint das neue Möbelstück genau in der gewünschten Ecke, nämlich ebenfalls als Hologramm. Oder Sie wollen eine Kreuzfahrt machen und laufen schon mal durch das Schiff

Ihrer Träume. Dabei haben Sie besagte AR-Brille auf, die Ihnen beim Betreten eines Zimmers direkt den zugehörigen Preis anzeigt oder Ihnen bei Besichtigung des Balkons Informationen und fantastische Bilder einblendet, wie von dort die Einfahrt in den Hafen von Rio aussieht. Und natürlich ist auch das Militär stark an solchen innovativen Technologien interessiert. So bestellte das US-Militär im Herbst 2018 100.000 dieser Brillen, um seine Soldaten für künftige Konflikte besser auszustatten.[44]

Mit VR-Brillen können Sie in manchen Freizeitzentren »virtuelle« Fallschirmflüge absolvieren oder mit dem Drachen durch die Alpen fliegen. Und mehr und mehr Firmen setzen VR-Technologien zur Schulung ihrer Mitarbeiter ein; Piloten und Zugführer absolvieren viele Trainingsstunden mittels VR.

Der Markt für AR und VR wird über die nächsten Jahre auf Hunderte von Milliarden Euro geschätzt.[45] Und in ca. 10–15 Jahren oder auch früher benötigen Sie auch die Brille nicht mehr, denn die Industrie arbeitet seit Längerem an »smarten Kontaktlinsen«, die das machen, was die AR-Brille macht.[46] Die messen dann auch automatisch Ihren Blutzuckerspiegel, erste Prototypen gibt es. Ups …

11. Was ist das Internet der Dinge?

Mit sehr großer Wahrscheinlichkeit sind auch Sie im Alltag diesem Begriff schon live begegnet. Sie wollten vor Kurzem wissen, wo denn Ihr so sehnsüchtig erwartetes Paket vom Onlinehändler steckt? Dann haben Sie eventuell den Ihnen mitgeteilten »Tracking-Code« auf einer Webseite eingegeben und gesehen, dass es – hurra – soeben bei der letzten Paketstation verladen wurde und demnächst bei Ihnen eintreffen wird. Diese Information stammt von einem »QR-Code« auf dem Paket selbst, der bei jeder Station auf dem Weg zu Ihnen eingescannt und an eine Zentrale übermittelt wird. Auf diese Daten greifen Sie bei Ihrer Abfrage zu. Oder Sie bzw. Ihre Kinder haben schon ein »Smart Home« gebaut. Sensoren an den Fenstern melden Ihnen via App ungebetene Eindringlinge, Ihre Sauna starten Sie auf den letzten fünf Kilometern Ihres Trainingslaufes ebenfalls via App, und wenn Sie ganz »mutig« sind, steuern sie schon mit einem Spracherkennungssystem Musik und Beleuchtung im Haus, ganz wie in der Werbung. Oder aber Sie sind fußballbegeistert und fragen sich, warum viele junge Trainer in der Bundesliga »Laptop-Trainer« genannt werden. Tja, die Zeiten, wo sich die Verantwortlichen für Fitness und Taktik nur auf Instinkt und Erfahrung verließen, sind vorbei. Heute sammeln zahlreiche hochauflösende Kameras und Sensoren (u. a. in der Kleidung) jede Position der Spieler – inkl. Laufwegen, Beschleunigung und Schussgeschwindigkeit – und übertragen all diese Daten permanent auf die Laptops der Trainerteams.[47] Damit schaut man sich dann in der Halbzeit die wichtigsten Kennziffern an und legt die Strategie für die zweite Hälfte fest. Im Training tragen die Spieler zunehmend »intelligente« Trikots, mit denen auch Gesundheitsdaten wie Blutdruck etc. gemessen werden. Das Spiel und die Sportler werden immer »transparenter«. Vieles macht im Hinblick auf etwaige gesundheitliche Überlastungen Sinn, manche Top-Analyse ersetzt dann aber immer noch keinen fehlenden Zusammenhalt in der Mannschaft, wie man bei der Weltmeisterschaft in Russland leicht sehen konnte. Sogar vom Einsatz von KI war die Rede beim deutschen Team. Na ja, danach zu urteilen, gibt es wohl noch gewaltig Luft nach oben bei der Künstlichen Intelligenz.

Schon heute verfügt ein durchschnittliches Auto über ca. 200 Sensoren.[48] Wofür? Na, damit das Auto Ihnen »sagt«, ob Sie gleich den Vordermann beim Ausparken touchieren oder doch besser mal den abnehmenden Reifendruck kontrollieren. Beim vollautonomen Fahren potenziert sich die Anzahl von Messpunkten.

Auch in Maschinen werden zunehmend Sensoren eingesetzt. Zum einen, um den Servicemitarbeitern vorausschauend Informationen über den »Gesundheitszustand« der Motoren oder des Materials mitzuteilen, sodass proaktive Maßnahmen eingeleitet werden können, bevor das Objekt größeren Schaden erleidet. Zum anderen »reden« Maschinen zunehmend untereinander bzw. mit den Materialien, die sie verarbeiten.[49] Bitte was? Nun, kleinste Sensoren erlauben es, zu verarbeitende Werkstoffe mit Informationen zu versehen, die dann im Produktionsprozess von der zugeordneten Maschine direkt eingelesen werden können. Nach dem

Motto: »Liebe Maschine, ich bin ein Stück Aluminium, bitte biege mich nur bis … und erhitze mich nur bis …, damit die Qualität nicht leidet«. Genau das macht ja der Facharbeiter, der diese Einstellungen an der Steuerung manuell vornimmt. Künftig – und oft schon heute – übernimmt der Mensch dann mehr die Steuerungsaufgaben des Gesamtprozesses, die einzelne Tätigkeit wird durch den »Kollegen Roboter« ausgeführt.

Sie sind Sportler? Dann verfügen Sie eventuell, wie ich, über eine »Smart Watch«, die Sie beim Training aktiv begleitet und nicht nur die durchschnittliche Lauf- oder Radfahrgeschwindigkeit misst, sondern auch den Puls und eine ganze Reihe weiterer Parameter.

Also insgesamt viele interessante und durchwegs auch positive Anwendungen. Und man muss ja einiges auch nicht tun; Sie können immer noch ein »normales« Haus bauen oder einfach so trainieren. Das ist ja Ihre »digitale« Freiheit! Manches aber wird einfach kommen und zum Alltag werden, auch diese Entwicklung ist exponentiell. Der Mathelehrer wusste schon, warum er so lange daran arbeitete, dass wir es verstehen.

12. Was versteht man unter Industrie 4.0?

Auch damit sind Sie mit einer gewissen Wahrscheinlichkeit schon mal in Berührung gekommen. Haben Sie vor Ihrem letzten Autokauf auf der Webseite Ihres favorisierten Herstellers schon mal Ihr Wunschauto konfiguriert und es dem Verkäufer für eine entsprechende Angebotserstellung zugesandt? Oder aber Ihr eigenes Müsli online konfiguriert und sich nach Hause schicken lassen? Oder für Ihre Kinder oder Enkel zu Weihnachten ein Hörspiel online mitgestaltet und darin Ihren Nachwuchs die Hauptrolle spielen lassen? Oder gar »Ihren« persönlichen Turnschuh eines der namhaften Produzenten im 3D-Druck in der nächstgelegenen Filiale drucken lassen? Dann herzlich willkommen in der Welt der personalisierten Produkte, hergestellt mittels »Industrie 4.0«!

Wo kommt nun dieser Begriff wieder her? Er beschreibt im Prinzip die momentane Revolution der Art und Weise, wie in Zukunft Produktionsanlagen »nahezu selbstständig« agieren, miteinander kommunizieren und es unter anderem dem Konsumenten erlauben, ein integrierter Teil der gesamten Wertschöpfungskette zu werden.

Dabei lehnt man sich bei der »Notation« 4.0 an die Art und Weise an, wie zum Beispiel die Softwareindustrie ihre aktualisierten und erneuerten Programme nennt: 1.0 ist meistens die erste verfügbare Variante für den Markt. Werden dann erste kleinere und mittlere Änderungen durchgeführt, so heißt es dann 1.1 oder 1.2 etc. Kommt es durch Innovation und Kundenfeedback zu einer signifikanten Veränderung (hoffentlich Verbesserung), so geht man auf 2.0 über, usw. Daran angelehnt, bezeichnete man den Beginn der Industrialisierung, nämlich die Erfindung des ersten mechanischen Webstuhles, 1784 als erste industrielle Revolution (Abbildung 7). Denn nun wurden mechanische Produktionslagen mittels Wasser- und Dampfkraft eingesetzt, um Güter für Konsumenten und Gewerbe herzustellen. Jahrhunderte-, ja jahrtausendealte Herstellung per Hand oder einfachsten Maschinen gehörte zunehmend der Ver-

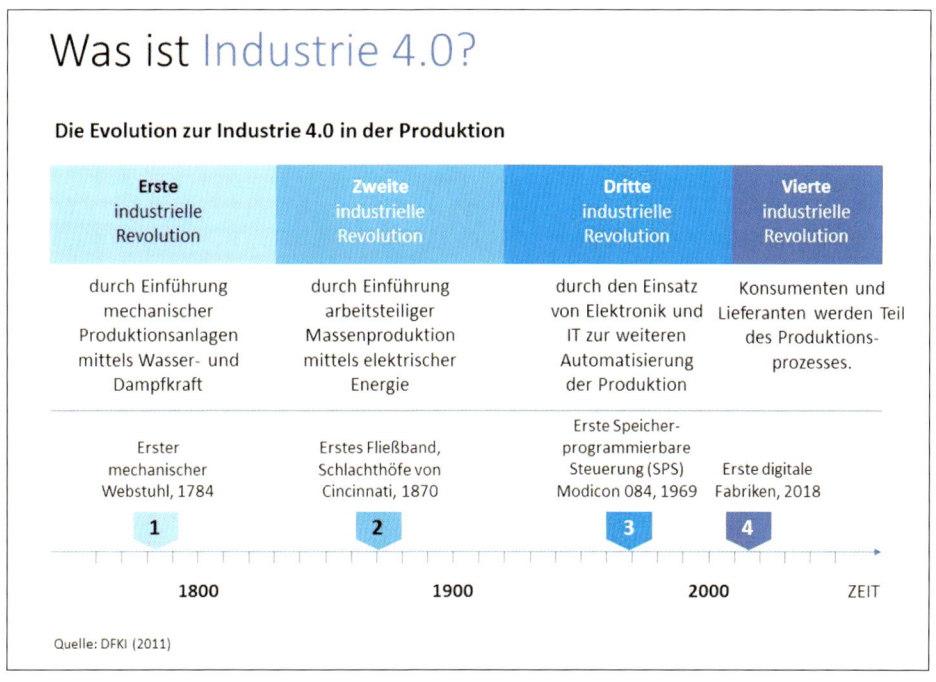

Abbildung 7

gangenheit an. Und: Der Mensch erhielt einen neuen Helfer, aber auch Wettbewerber: die Maschine. Mit dem Beginn der Industrialisierung waren Hundertausende von Jahren des Jagens und Sammelns definitiv zu Ende.

1870 wurde der nächste große Schritt gemacht: In den Schlachthöfen von Cincinnati begann man 1870, die Verarbeitung von Schweinen in einzelne Schritte zu zerlegen. Die Arbeiter waren nur noch für einzelne Teiles des Prozesses verantwortlich, denn die elektrische Energie erlaubte es, Haken mit den Schweinehälften durch die Hallen zu transportieren. Die Grundlage für die arbeitsteilige Massenproduktion war gelegt und Industrie 2.0 »geboren«. Ca. weitere 100 Jahre später erfand man die ersten »speicherprogrammierbaren Steuerungen« und IT und Elektronik zogen in die Produktion ein. Die ersten Roboter kamen zum Einsatz und die ganze Welt sah sich durch die Japaner herausgefordert, die durch ihre Innovationen maßgeblich für die Produktivitätssteigerungen und die massiven Umwälzungen in den Werkshallen verantwortlich waren. Die Welt von Industrie 3.0 begann und veränderte fortan nicht nur die Produktionslandschaften, sondern auch die Arbeitswelt. Mensch und Roboter begannen damals schon zusammenzuarbeiten, und trotz aller Unkenrufe wurden nicht weniger Arbeitsplätze gebraucht, sondern mehr und vor allem andere!

Nun, nur 40 Jahre später, kommt der nächste große Schritt: Der Verbraucher ist – wenn er will – Teil der Herstellungskette eines Produktes vom Design bis zur Fertigung. Er braucht nicht mehr nur das zu konsumieren, was die Produktmanager in den Firmen aufgrund von Marktanalysen für gut und verkäuflich halten (»Wir wissen schon, was Sie brauchen«), sondern er wird direkt – und zwar wirklich direkt – in den Produktionsprozess einbezogen. Etwas, das früher undenkbar gewesen wäre! Damit erzeugt man aber auch noch mehr Geschwindigkeit in den gesamten Prozessen, denn Sie wollen ja auf ihren personalisierten Turnschuh oder ihr speziell konfiguriertes Auto nicht zwölf Monate warten, nur weil es so einzigartig ist! Hier kommt nun vieles zum Einsatz, was in den vorherigen Abschnitten beschrieben worden ist: die Analyse von Daten, das Internet der Dinge, die Kommunikation zwischen Maschinen bis hin zu dem zentralen Thema überhaupt, der Künstlichen Intelligenz. Willkommen im Industrie-4.0-Zeitalter!

13. Was bedeutet 3D-Druck und was kann man damit drucken?

»3D-Druck« bedeutet das Drucken von Bauteilen unterschiedlichster Art, Form und Beschaffenheit in dreidimensionaler Geometrie. Das revolutionäre Verfahren geht auf Ideen und Patente aus den 80er-Jahren zurück und hat in den letzten fünf Jahren zusammen mit der digitalen Transformation viele Bereiche der industriellen, aber auch der privaten Produktion unterschiedlichster Güter revolutioniert. Bei dieser Art der Fertigung wird das Material Schicht für Schicht computergesteuert via Düsen aufgetragen, die benutzten Werkstoffe können flüssig oder auch fest sein und reichen von Kunststoffen und Metallen bis hin zu biologischen Materialien, sogenannter »Bio-Tinte«, von der noch die Rede sein wird. Man spricht daher auch vom »additiven Herstellungsverfahren«.

Der Einsatzbereich von 3D-Druckern ist mittlerweile breit gefächert und reicht vom Erstellen erster Prototypen und Muster bis hin zu Einzelstücken. Aber auch für die Produktion in Kleinserien von Teilen mit hoher geometrischer Komplexität wird das Verfahren zunehmend eingesetzt. Ihre Informationen erhalten die Drucker von CAD-Programmen (Computer-Aided-Design) auf Rechnern aus dem Netz. Dadurch ist es möglich, die Herstellung von Bauteilen oft am gewünschten Ort, beispielsweise beim Kunden, zu ermöglichen. Wie wir gleich noch sehen werden, spielt das eine gravierende Rolle im Bereich der Industrie 4.0. Hier sind einige Beispiele, wo 3D-Druck schon eingesetzt wird:

- Im Automobilbau nutzt man die Möglichkeiten, um komplexe Fahrzeugteile herzustellen. VW hat dafür im Dezember 2018 in Wolfsburg ein neues 3D-Druck-Zentrum eröffnet. In den Medien hieß es dazu[50]: »Wie Andreas Tostmann, der Produktionsvorstand der Marke Volkswagen, bei der Eröffnung des 3D-Druck-Zentrums laut der Pressemitteilung sagte, hebe das

Zentrum die Additive Fertigung bei Volkswagen auf ein neues Level. Der 3D-Druck werde auch in ein bis drei Jahren für erste Teile in der Serienfertigung interessant.«

- »US-Startup ICON plant Häuser mit 3D-Drucker in weniger als 24 Stunden zu errichten – für 4000 US-Dollar«, hieß es im März 2018. Mit flüssigem Zement als Werkstoff beabsichtigt das Unternehmen, die große Problematik von kostengünstigem und schnell zu errichtendem Wohnraum zu adressieren.[51]

- Eine große Anzahl an Menschen weltweit wartet auf eine Organspende: nicht nur in Deutschland ein Mega-Problem. Genau das versuchen viele Forscher mit dem 3D-Druck anzugehen. Organe aus dem Drucker? Ja, denn dem US-Forscher Anthony Atala ist es gelungen, erste Organe mittels einer eigens von seinem Team entwickelten Maschine herzustellen. »3D-Drucker haben den Vorteil, dass sie extrem präzise sind«, schwärmte Atala 2018. Und nach ersten Erfolgen mit Blasen und Nieren für Ratten arbeitet er nun an Nieren und Lebern für Menschen. Als Werkstoff benutzt er »Bio-Tinte«: »Ein biologisch abbaubares Material, das wie Gummi aussieht, formt die Struktur, die dann mit einem Hydro-Gel gefüllt wird, das die Zellen enthält.«[52] Klingt sehr erfolgversprechend und ist ein weiteres Beispiel dafür, wie Digitalisierung helfen kann, große Probleme der Menschheit zu lösen.

Sicherlich spektakuläre Beispiele, aber man kann sich durchaus vorstellen, dass künftig viele Produkte des täglichen Bedarfs dezentral von den Konsumenten mittels 3D-Druckern persönlich ausgedruckt werden, sei es zu Hause oder – viel wahrscheinlicher – in »FabLabs« wie dem in München.[53] Hier können die Mitglieder (organisiert nach dem genossenschaftlichen Prinzip des »Sharing«) experimentieren, fräsen, löten, schneiden und eben auch 3D-drucken. Eine ziemlich interessante Vision: Wir bilden wie früher eine Gemeinschaft in unserem Dorf oder Stadtviertel, organisieren uns gemeinsam und produzieren unsere notwendigen Dinge in gemeinschaftlichem Eigentum direkt vor Ort.

Insgesamt hat der 3D-Druck eine ganze Reihe von Vorteilen – wie den geringeren Materialverbrauch, die reduzierten Kosten bei Transport und Lagerhaltung sowie die Individualisierung, eines der treibenden Themen bei Industrie 4.0 (Ihr persönlicher Turnschuh etc.). Demgegenüber stehen vor allem die hohen anfänglichen Investitionskosten (werden bei FabLabs ja geteilt!), die – noch – oft nicht ausreichende Qualität, gerade bei komplexen Bauteilen, sowie längere Produktionszeiten und Sicherheitsbedenken. Alles aber Bereiche, die sicherlich in den nächsten Jahren mit fortschreitender Technologie adressiert werden können. Dementsprechend sind die Vorhersagen für das wirtschaftliche Potenzial des 3D-Drucks ziemlich positiv: So prognostiziert die Unternehmensberatung Canalys einen Anstieg der weltweiten Umsätze in der 3D-Druck-Industrie von 2014 um nahezu 600 Prozent auf ca. 22 Milliarden Dollar im Jahr 2020.[54] Und auch für Deutschland gibt es hier wohl einiges zu holen: »Die 3D-Druck-Technologie ist für den starken und innovativen Industriestandort Deutschland ein Glücksfall. Die Technologie bietet die einmalige Chance, in Niedriglohnländer abgewanderte Wertschöpfung nach Deutschland zurückzuholen«, sagt Bitkom-Präsident Achim Berg. »Die Unternehmen nutzen digitale Technologien, um die Produktentwicklung zu beschleunigen und Fertigungsprozesse zu optimieren. 3D-Druck ist ein Innovationsbeschleuniger und steigert die Wettbewerbsfähigkeit.«[55]

Das klingt doch erst einmal ziemlich gut. Doch welche Auswirkungen hat all das bisher Beschriebene auf die Arbeitswelt? Schauen wir es uns an.

14. Warum spricht man von Arbeit 4.0?

Der Begriff Arbeit 4.0 ist angelehnt an Industrie 4.0 und behandelt im Prinzip die Frage, wie die Menschen in einer digitalisierten Welt arbeiten werden. Denn eines ist Ihnen wahrscheinlich schon klar geworden: Mit rasanter Geschwindigkeit verändert die Digitalisierung auch die Arbeitswelt. Und viele Menschen fragen sich, ob sie wohl demnächst von einer

Software (einer Künstlichen Intelligenz) oder einem Roboter ersetzt werden. Immer wieder tauchen Studien auf, die genau das prophezeien, und sie erhalten natürlich die Schlagzeilen der Medien, denn »bad news« verkauft sich halt (leider) gut. So besagte eine Analyse von zwei englischen Professoren 2016, dass von ca. 31 Millionen Jobs in Deutschland ca. 18 Millionen gefährdet seien, immerhin 60 Prozent![56] Allerdings ging man bei der Betrachtung der Veränderungen von Beschäftigungsverhältnissen durch die Digitalisierung hin und klassifizierte jeden Job, in dem Teilelemente durch »automatische Systeme« ersetzbar erschienen, als »risikobehaftet«. Nun, Fakt ist, dass sich sicherlich »fast alle« Jobs durch die digitale Transformation verändern werden, der eine früher als der andere und einige wesentlich stärker als andere. Nur müssen deswegen ja nicht automatisch alle Jobs wegfallen und damit (nicht nur) das Sozialsystem unserer Gesellschaft herausfordern. Kernpunkt wird der »Übergang« in eine volldigitalisierte Arbeitswelt sein und die Art und Weise, wie wir – Gesellschaft, Wirtschaft und Politik – damit umgehen. Der Vorstandsvorsitzende der Siemens AG, Joe Kaeser, brachte es bei einer Podiumsdiskussion anlässlich des Wirtschaftsgipfels der Süddeutschen Zeitung im November 2017[57] auf den Punkt. Gefragt nach seiner Sicht auf die Arbeitswelt der Zukunft, antwortete er: »Es werden ca. 1,5 Millionen Jobs durch die Digitalisierung verschwinden. Es werden aber auch ca. 1,5 Millionen neue Berufe und Tätigkeitsfelder entstehen. Aber nicht jeder wird den Übergang schaffen.« Ein ziemlich ehrliches Statement, ohne sich zu stark auf absolute Zahlen festzulegen, denn im Herbst 2018 sprach Arbeitsminister Hubertus Heil anlässlich der Präsentation der KI-Strategie der Bundesregierung von 1,6 Millionen Jobs, die zugunsten von 2,3 Millionen neuen Jobs verschwinden würden. Ganz genau kann man es wohl wirklich nicht wissen.

Auf jeden Fall: ein klarer Aufruf an alle Verantwortlichen, sich frühzeitig und am besten gestern mit den Auswirkungen der Digitalisierung auf die Arbeitswelt auseinanderzusetzen. Aber auch eine Erinnerung an das ja schon etwas ältere Motto des »lebenslangen Lernens«. Hier hat jede(r) Einzelne die Selbstverantwortung, sich darüber Gedanken zu machen, was er oder sie tun kann, um sich weiterzuqualifizieren, jeder natürlich in seinem Rahmen und seinen Möglichkeiten. Aber wenn die Aussage »Stillstand ist Rückschritt« irgendwo Bedeutung hat, dann hier. Denn durch die exponentielle Entwicklung gerade im Bereich der Künstlichen Intelligenz ist zum »Wettbewerb« um Arbeit zwischen Mensch und Maschine eine weitere und wesentliche Dimension hinzugekommen: Maschinen sind uns zum Teil überlegen, wenn es um quantitative Aspekte geht, und wir nutzen das zum Wohl von uns allen ja auch sehr gut aus: Computer können schneller rechnen als wir, Roboter können schwerere Lasten heben als wir, Autos fahren schneller, als wir laufen können, und noch können Menschen im Gegensatz zu Flugzeugen nicht fliegen. Nun kommt es aber zunehmend dazu, dass lernende Algorithmen eine Art Kreativität entwickeln und »Züge machen, die noch kein Mensch gemacht hat«, wie das Go-Beispiel zeigte. Damit ist eine neue Runde des »Wettbewerbes« zwischen Menschen und Maschine um Arbeit eingeläutet worden: Das »Neue« kommt, wie wir gesehen haben, nicht mehr nur durch uns in die Welt, sondern auch durch Algorithmen, also durch Software, und im Fall von Robotern durch Hardware und Software. Und wir müssen jetzt alle tapfer sein: Wie es aussieht, werden wir nie wieder eine KI in Go schlagen und in keinem anderen Spiel, auf das wir es trainiert haben! Dafür können wir aber lachen, weinen, tanzen ... und das kann *Andrea* nicht ... noch nicht ☺.

Und wenn wir uns nun einige Beispiele anschauen, wird schnell klar, dass die Digitalisierung der Arbeitswelt nicht nur Auswirkungen auf die »weniger qualifizierten« Jobs hat, sondern – aus meiner Sicht – mindestens genauso viel Veränderung und damit Druck in einer ganzen Reihe von akademischen Berufsfeldern hervorruft.

»Die Robo-Anwälte kommen«, lautete 2016 eine Schlagzeile im Handelsblatt.[58] Was war passiert? Eine große US-Kanzlei mit über 900 Anwälten hatte entschieden, eine KI, basierend auf dem KI-System Watson von IBM, von nun an zur Unterstützung der Anwälte einzusetzen. Zunächst im Insolvenzrecht sollte es den Anwälten durch Analysen und Research zuarbeiten, also durch Arbeiten, die bis dahin die jungen Nachwuchsanwälte bewerkstelligten. »Ross soll Anwälte nicht ersetzen«, sagte damals der IT-Chef der Kanzlei. »Er soll ihnen helfen, sich schneller zu bewegen, schneller zu lernen und sich zu verbessern.«[59] Andere Experten sind da anderer Meinung. Denn, und das werden Sie in allen weiteren Beispielen erkennen: Grundsätzlich kann auf der Zeitachse wohl alles, was eine rein analytische Aufgabe darstellt und sich vor allem auf das schnelle Zusammentragen von Informationen sowie der oben beschriebenen Datenanalyse bezieht, durch einen lernenden Algorithmus »ersetzt« werden. Denn wie wir am Beispiel Go gesehen haben, ist die KI nicht nur wesentlich schneller, sondern bringt auch komplett »neue« Informationen und Schritte in die Welt. Fällt aber deswegen der gesamte Job des Juristen der KI zum Opfer? Auf der mittleren Zeitachse bestimmt nicht, denn dafür ist der Beruf viel zu vielfältig und an vielen Stellen – wie ja vielleicht manche von uns erfahren haben – vor Gericht noch sehr von menschlichen Aspekten geprägt. Bis statt des Anwalts in seiner schönen Robe *Andrea* im Anwaltsoutfit das flammende Plädoyer hält, wird noch einiges an Zeit verstreichen. KI wird zunächst vor allem als intelligentes Tool Einzug in die Kanzleien halten. Trotzdem rate ich jedem Jurastudenten dazu, sich intensiver mit KI auseinanderzusetzen; er oder sie wird definitiv auf *Andrea* und ihre Artgenossen treffen.

Ähnliches gilt für die Radiologen. Denn: Was ist eine – und die Betonung liegt auch hier auf *eine* – der zentralen Aufgaben dieses Facharztes? Genau: Bild- und Datenanalyse, um daraus Schlüsse zu ziehen. Im Kern ist dies eine Aufgabe, für die KI geradezu prädestiniert ist, denn Bildanalyse gehört zu ihren absoluten Stärken. Und sie kann in kurzer Zeit eine Unzahl an Bildern verarbeiten und jedes Mal aus den Analysen lernen. Welche Konsequenzen diese Maschinenlernalgorithmen für die Radiologie haben können, erläuterte bereits 2017 Professor Michael Forsting vom Universitätsklinikum Essen auf einem Kongress über Artificial Intelligence in der Medizin[60]: »Es gibt beispielsweise ein Programm, das automatisch die Schwere eines Schlaganfalls auf Basis früher CT-Aufnahmen mit einem etablierten Score bestimmt. Selbst sehr gute Neuroradiologen schaffen das nicht mit dieser Genauigkeit.« Auch in ihrer eigenen Praxis haben Forsting und seine Kollegen einen Algorithmus auf die Erkennung von Lungenfibrosen trainiert. »Wir haben schon mit wenigen Lernzyklen erreicht, dass ein Computer die Diagnose besser erstellt als ein Arzt«, lautete das Ergebnis. Auch hier wird die Tätigkeit des Radiologen nicht komplett ersetzt werden, aber die Veränderung seines Berufsbildes ist seit Längerem Gegenstand zahlreicher Artikel in Fachzeitschriften. Vielleicht wird er, ähnlich wie einige andere Fachärzte, zu einem »Informationsmanager«, der für das Sammeln und vor allem das Auswerten unserer Gesundheitsdaten zuständig ist. Allerdings wird er hier auch auf potenzielle Mitbewerber aus anderen Berufszweigen treffen. Fest steht auf jeden Fall: Die Medizinerausbildung sollte dringend diesen Entwicklungen angepasst werden, denn es wird – wie bei den Juristen – bestimmt nicht so bleiben, wie es heute ist.

Diese Beispiele hochqualifizierter Tätigkeiten ließen sich beliebig fortsetzen: So werden ganze Investmentfonds von sogenannten »Robo-Advisern« verwaltet[61], denn – abermals – was ist das Analysieren von Aktienkursen, das Scannen von Nachrichten über entsprechende Unternehmen und der »Check« auf Kauf- oder Verkaufssignale? Nichts anderes im Prinzip als ein stringent analytischer Prozess, den ich in einem lernenden Algorithmus abbilden kann. Das Prüfen von Bilanzen durch Steuerberater und Wirtschaftsprüfer, das »Kontrollieren« der Geschäftszahlen durch Controller usw. ... Die Liste wird immer länger und die akademische Berufswelt wird sich sehr schnell weiterentwickeln, erste Konsequenzen sind bereits sichtbar und wir werden noch viele Schlagzeilen und TV-Diskussionsrunden über diese Thematik sehen.

Und wenn Sie jetzt denken: OK, habe ich verstanden, ich werde Programmierer, dann sollten Sie kurz überlegen, was denn Programmieren eigentlich ist: ein sehr logischer analytischer Prozess! »KI-Software von Google lernt, KI-Software zu schreiben«, hieß es 2017 in der Presse.[62] Ups ...

Aber – wie Joe Kaeser auch betonte – es sind auch viele neue Jobs entstanden, um die digitale Welt weiter voranzubringen, und noch viele mehr werden folgen: Vom hochbegehrten Datenwissenschaftler, dem »Data Scientist«, war schon die Rede (aber auch hier Achtung: die KI-Programme zur Datenanalyse werden hier ebenfalls immer besser). Als SEO-Manager (Search Engine Optimizer) sind Sie für die Optimierung der Suchmaschinenalgorithmen zuständig, damit die Produkte Ihres Arbeitgebers oder Ihrer Kunden bei Google, Startpage etc. immer an optimaler Stelle stehen und maximale Aufmerksamkeit bekommen. Und als Data-Steward sind sie für das Zusammenführen der Datenbanken und deren Informationen in Unternehmen zuständig. »Er ist häufig als Vermittler zwischen der IT und den fachlichen Bereichen verantwortlich und muss die Fähigkeit besitzen sich klar und präzise auszudrücken, sodass beide Seiten des Unternehmens sich gegenseitig verstehen«, heißt es in einer Stellenanzeige.[63] Kommunikationsfähigkeiten sind also immer noch – und zunehmend – gefragt.

Wie wäre es mit »Feel Good Manager«? Sie schauen jetzt eventuell genauso erstaunt wie ich, als mir vor einiger Zeit jemand aus der Startup-Szene berichtete, einen ebensolchen vor Kurzem eingestellt zu haben: »Ein Chief Happiness Officer oder Chief Culture Officer hat im Unternehmen die Aufgabe, dafür zu sorgen, dass das Arbeiten in allen Bereichen nachhaltig verbessert wird. Feel Good Manager sind dazu da, um die Bedürfnisse aller Mitarbeitenden aufzufangen und eine konstruktive Zusammenarbeit zu fördern.«[64]

Bei besagtem Startup handelte es sich um eine ältere und sehr lebenserfahrene Frau, die u. a. mit gutem Essen und hervorragendem Kuchen besagte Stellenbeschreibung laut begeistertem Bericht der Mitarbeiterin mehr als erfüllte! Und »Oma« ist halt kein guter Jobtitel, auch wenn wir alle unsere Omas lieben! Also auf geht's: Back- und Kochkurs belegen statt neuronale Netze zu programmieren. Die Welt war schon immer bunt und wird es durch die Digitalisierung definitiv noch mehr. Sie müssen nur Ihre Flexibilität und Offenheit für Neues bewahren und weiter ausbilden.

15. Was hat es mit dem bedingungslosen Grundeinkommen auf sich?

Einer der wesentlichen Aspekte der Arbeit 4.0 ist also die Transformation der Arbeitswelt in den nächsten Jahren. Während die Bundesregierung das Problem relativ frühzeitig erkannte und die verschiedenen Aspekte und Handlungsszenarien in einem »Weißbuch Arbeit 4.0« recht gut zusammenfasste, kamen interessanterweise die ersten Forderungen nach einem »bedingungslosen Grundeinkommen« aus einzelnen Führungsetagen der Industrie. Also ein Einkommen, das der Staat den Bürgern zahlt *ohne* weitere Randparameter, eben bedingungslos. Denn die Wirtschaft erkannte schon vor Jahren, was sich da an neuen Möglichkeiten ergibt, die Produktivität in den Unternehmen durch Maschinen und Software signifikant zu steigern. Etwas, was die Manager schon immer taten und was ja auch Teil jedes unternehmerischen Handelns ist, denn nur so sind nach alter betriebswirtschaftlicher Lesart Lohnsteigerungen etc. möglich.

Nur diesmal scheint die Dimension dessen, was da möglich wird, alles Bisherige in den Schatten zu stellen. Nicht nur, dass durch die Digitalisierung von Geschäftsprozessen und -modellen mehr und mehr ins Netz verlagert und automatisiert wird, ohne dass da noch ein Mensch eingreifen muss. Auch analytische Arbeit, die bisher von gut ausgebildeten Akademikern ausgeführt wird, kann durch KI-Systeme mit ihren enormen und immer wieder erstaunlichen Fähigkeiten übernommen werden. Und das 24 Stunden bei gleichbleibender bzw. zum Teil sogar steigender Qualität, denn die Algorithmen »lernen« ja und werden immer besser, je öfter sie die Prozesse durchlaufen haben. Da scheint nun mein alter Traum »vom Bafög in die Rente« mittels bedingungslosem Grundeinkommen in greifbare Nähe zu rücken. Für mich etwas spät, aber für meinen Sohn? Hmm ...

Nun habe ich zwar wie vielleicht einige von Ihnen nicht immer nur Spaß und tiefe Befriedigung bei meinen verschiedenen Tätigkeiten gehabt, aber insgesamt arbeite ich gern. Denn neben dem materiellen Aspekt hat Arbeit mir noch viel mehr gegeben und tut es immer noch: Ich habe Anerkennung erhalten, auch Kritik, an der ich wachsen konnte, wenn ich wollte. Ich habe viele Menschen kennengelernt, ich habe sie führen dürfen, ich musste und durfte meine Grenzen kennenlernen, ich habe meine Talente entdeckt und ich habe immer gern im Team gearbeitet, um gemeinsam etwas zu erreichen. All das bringt aus meiner Sicht die Menschen weiter, manchmal mehr und manchmal weniger, aber die Kernaussage ist: Arbeit ist weitaus mehr als nur Broterwerb. Sie gibt einem einen Rahmen, manchmal auch in stürmischen privaten Zeiten einen Halt, eine Ablenkung. Und klar, auch bei mir gab es Zeiten, wo ich »genug« hatte, wo ich frustriert war, weil es nicht schnell genug ging in meiner Umgebung oder ich drohte, an der von mir so ungeliebten Firmenpolitik zu scheitern. Trotzdem ... stellen Sie sich einfach vor, ab morgen bekämen Sie vom Staat ein bedingungsloses Einkommen, sodass Sie eventuell gar nicht mehr oder nur noch in Teilzeit arbeiten müssten bzw. dürften. Ihre spontane Reaktion mag sein: »Hurra, ab an den Strand ...« oder auch: »Nun kann ich endlich das machen, was ich schon immer machen wollte ...« Oder Sie fangen an, Ihre Fähigkeiten der Gesellschaft durch ein soziales Engagement zur Verfügung zu stellen bzw. intensivieren das, was Sie bereits in diesem Bereich tun. Fühlen Sie mal in sich hinein und fragen sich, was Ihre Arbeit Ihnen neben der finanziellen Entlohnung noch gibt. Eventuell werden Sie erstaunt sein. Oder aber Sie würden wirklich einfach den Schalter umdrehen können und ein neues Kapitel in Ihrem Leben aufschlagen. Spannend? Bestimmt. In der Schweiz hat man zur Einführung des bedingungslosen Grundeinkommens 2017 eine Volksbefragung durchgeführt.[65] Mit relativ großer Mehrheit wurde es abgelehnt. Was aber bestimmt nicht heißen mag, dass es zum Beispiel in fünf Jahren genauso aussehen wird. In Finnland wurde 2017 ein Pilotprojekt gestartet, in dem man 2000 arbeitslosen Bürgern ein Grundeinkommen zahlte, um dann über zwei Jahre zu beobachten, ob das einen besseren Anreiz setzt, eine neue Tätigkeit zu suchen und zu finden. Es war kein »Experiment« zum aktuellen Thema »Bürgereinkommen«.

Die Ergebnisse: Das Grundeinkommen erhöhte zwar das allgemeine Wohlbefinden der Arbeitslosen, jedoch wurde die Rückkehr auf den Arbeitsmarkt dadurch nicht beschleunigt.[66] Als sicher erscheint, dass wir noch viele Diskussionsrunden in den berühmten TV-Talkshows dazu hören und sehen werden, Ausgang zum jetzigen Zeitpunkt noch offen. Denn noch hat die Digitalisierung der Arbeitswelt ja gerade erst begonnen, erste kleinere Spuren zeigen sich, aber in Zeiten von akutem Fachkräftemangel füllen momentan manche »Maschinen« eher Lücken, als Jobs zu bedrohen.

Es wird auf jeden Fall spannend und eine große Herausforderung für uns alle. Die Frage, die sich nun unmittelbar aus dem Gesagten ergibt, ist die nach den Bildungs- und Weiterbildungskonzepten für die Welt der Industrie 4.0 und der Arbeit 4.0. Dieser Frage widmen wir uns im nächsten Abschnitt.

16. Welche Anforderungen ergeben sich in einer digitalen Welt für die Bildung?

»Bildung ist das, was übrig bleibt, wenn alles Wissen verschwunden ist.« Dieses Zitat des Physikers Werner Heisenberg passt sehr gut auf unsere Zeit. Es drückt aus, wie groß die Bedeutung der Vermittlung von Bildung – man könnte auch sagen: von »reflektiertem Denken« – statt von reinem Faktenwissen ist. Wie Sie wissen, lässt die Digitalisierung keinen Stein auf dem anderen. Jugendliche verbringen bis zu vier Stunden täglich im Internet, und die Berufswelt, in die sie hineinwachsen, ist voller digitaler Chancen, aber auch Herausforderungen. In einer Welt voller Algorithmen und KIs, die uns Nachrichten, Bilder und Videos zeigen, von denen wir bei Einzelbetrachtung nicht erkennen können, ob sie »wahr« oder »falsch« sind, bedarf es mehr denn je eines reflektierten Umgangs mit den digitalen Medien sowie eines Grundverständnisses dessen, was da eigentlich passiert in diesen lernenden Algorithmen. Dabei geht es nicht so sehr um das Programmierenlernen an sich, auch wenn dies aus meiner Sicht ein absolutes Muss für jeden Lehrplan zumindest ab der Mittelstufe ist. Mindestens ebenso wichtig erscheint mir das »Reflektieren und Hinterfragen« dessen, was die Algorithmen so sagen, zeigen, empfehlen und was sie eigentlich sind. So sprach die Konrad-Adenauer-Stiftung in einer Studie zum Thema »Droht uns die Herrschaft durch eine Super-KI?« von viel eher drohender Verdummung![67] Warum das? Nun, in absehbarer Zeit werden lernende Sprachsysteme zum Alltag gehören wie heute die Smartphones. Wenn wir dann – statt nachzudenken – nur noch die Alexas und Siris dieser Welt befragen, so sollten wir in der Lage sein, zu beurteilen, ob das, was das System uns da antwortet, auch irgendwie

»Sinn macht«. Denn wie in Frage 9 erläutert, muss nicht alles, was ein Algorithmus mittels Datenanalyse hervorbringt, richtig bzw. wahr sein. Oder aber es fehlen eventuell wichtige und manchmal entscheidende Aspekte. So hoffe ich darauf, dass, wenn mein Sohn fragt: »Hey, Andrea: Wie viel ist 3 × 3?« und das System antwortet: »8,9«, entweder der Matheunterricht erfolgreich war und ihn erkennen lässt, dass das wohl falsch ist, oder aber sein durch Bildung erzeugter Instinkt ihn darauf aufmerksam macht, dass da irgendetwas nicht stimmt. Noch deutlicher wird es bei der Frage: »Hey Andrea, wer war Adolf Hitler?« »Adolf Hitler hat Autobahnen gebaut«, könnte eine Antwort lauten. Und sie ist noch nicht mal nur falsch, aber natürlich fehlen die weitaus entscheidenderen Aspekte! Auch hier hoffe ich darauf, dass mein Sohn sich daran erinnert und/oder fühlt, dass etwas nicht stimmt.

Mir ist durchaus bewusst, dass das einfache und plakative Beispiele sind. Doch in einer Welt, die leider immer mehr dazu tendiert, schnelllebig, oberflächlich und geprägt von »Halbwahrheiten«, die oft kaum einer Faktenanalyse standhalten, zu sein, erscheint mir das »alte« Bildungsideal Wilhelm von Humboldts durchaus als wichtiger Ankerpunkt. Also betonte ich 2017 am Ende eines Vortrages über die digitale Transformation vor Direktoren von Gymnasien und Realschulen die aus meiner Sicht zentrale Bedeutung von sechs Punkten für die Ausbildung von Kindern und Jugendlichen:

- Digitale Medienkompetenz ist ebenso wichtig, wie programmieren zu können; der Umgang mit den Medien, deren Möglichkeiten, aber auch deren kritische Betrachtung sollte im Mittelpunkt des Lernens stehen.
- Digitalisierung ist nicht nur etwas für den Informatik- oder den Physiklehrer, sie betrifft alle Bereiche.
- »Denken lernen« ist wichtiger denn je – Zusammenhänge erkennen und durch digitale Systeme bereitgestellte Informationen reflektiert zu bewerten.
- »Überprüfen können« ist eine zentrale Aufgabe – nicht nur der Schule, sondern auch von uns Eltern.

- Ein guter »analoger« Unterricht ist immer besser als ein schlechter »digitaler« und manchmal sogar als jeder »digitale«.
- Die Thematik »Was passiert mit meinen Daten?« sowie Datenschutz an sich hat die gleiche Bedeutung wie das Programmieren.
- Lebenslanges Lernen, Neugierde und geistige Flexibilität sind kein Garant, um in der digitalen Arbeitswelt erfolgreich zu sein, aber zumindest eine sehr gute Basis.

Wie sehen denn nun die in einer Arbeitswelt 4.0 benötigten Kompetenzen aus, die in der Ausbildung – sei es in der Schule, an der Universität oder in Berufsausbildung und Weiterbildung –, aber auch »im Leben« selbst erworben werden sollten? In einem HR-Report von 2017[68] fasst die Personalberatungsfirma Hays die Kompetenzen für eine digitale Welt wie folgt zusammen:

- Bereitschaft, sich auf Veränderung einzulassen
- Fähigkeit zum Umgang mit Komplexität
- Fähigkeit, mit Unsicherheiten/Risiken umzugehen
- Fähigkeit, in Zusammenhängen zu denken
- Priorisierungskompetenz
- Selbstmanagement
- Kommunikationsfähigkeit
- Lernbereitschaft »ein Leben lang«
- Teamfähigkeit in unterschiedlichen Teamformen
- Bereitschaft, Verantwortung zu übernehmen
- Prozessverständnis

Überrascht? Falls ja, dann lesen Sie die Liste am besten einfach noch einmal und denken dabei an all das, was Sie bereits über die Digitalisierung gelernt haben: Digitalisierung sorgt mehr als alles zuvor für permanente Veränderungen. Daraus resultieren oft Unsicherheiten und Risiken, und sie fordern von uns allen eine neue Art des Umgangs mit den eigenen

Ressourcen (online, offline). Sie ist so komplex in ihren Auswirkungen, dass vieles nur noch im Team, oft international und multikulturell, gelöst werden kann; dabei entscheidet oft die Art und Weise der Kommunikation jedes Einzelnen über den persönlichen Erfolg oder auch Misserfolg. Sie mögen jetzt einwenden: »Ja, aber die Sachkompetenz, wo bleibt denn die?« Nun, sicherlich spielt sie immer noch eine gewisse Rolle, aber – ganz ehrlich – wer übt nach einigen Jahren im Beruf noch genau das aus, was er oder sie mal gelernt hat? Wenn ich junge oder auch ältere Menschen für Jobs interviewe und nicht einen Fachexperten für genau ein Thema benötige, dann schaue ich viel mehr auf all die obigen Skills und stelle meine Fragen in diese Richtung. Seit Längerem gilt das Motto »einmal Ingenieur, immer Ingenieur« nur noch bedingt. So werden aus den Motorbauern bei den Automobilunternehmen auf einmal Experten für Batterien oder gar für Software zur Steuerung autonomer Autos. Der Mitarbeiter in der Produktion arbeitet heute Hand in Hand mit dem Kollegen Roboter, der ihm nicht nur zur Hand geht, sondern zunehmend selbstständig all das erledigt, was in der Vergangenheit der Facharbeiter tat. Nun überwacht er den Prozess und steuert ihn. Neugierde und Offenheit für Veränderungen sowie Flexibilität entscheiden darüber, ob jeder einzelne Mitarbeiter den Schritt von der analogen in die digitale Welt erfolgreich bewältigt. Und natürlich haben die Unternehmen eine Verantwortung gegenüber den Mitarbeitern, ihnen dabei zu helfen und sie durch Weiterbildungsmaßnahmen zu unterstützen.

17. Was bedeutet die Digitalisierung für die Berufswahl unserer Kinder und Enkel?

Nun werde ich öfters von jungen Leuten (oder auch deren Eltern) danach gefragt, welchen Beruf man für diese digitalen Zeiten erlernen bzw. was man studieren sollte. Meine Antwort darauf ist meistens zweigeteilt: Erstens glaube ich aufgrund eigener Lebenserfahrung und Beobachtungen in meiner Umgebung daran, dass man »dahin« gehen sollte, wofür man das größte Talent, das meiste Interesse und somit die stärkste Energie hat. Und dies zunächst unabhängig von aktuellen Berufsaussichten! Denn was nützt einem ein Studium in einem dieser Zukunftsfächer wie Informatik, Datenwissenschaften etc., wenn man einfach nicht die »Antenne« dafür hat? Meistens geht das schief; die Studienabbrecherquote in Deutschland liegt immer noch bei ca. 30 Prozent, in den mathematisch ausgerichteten Ausbildungen sogar bei fast 40 Prozent![69] Also gilt es erst einmal herauszufinden, wo die eigenen Talente – die offensichtlichen wie die verborgenen – liegen. Dafür gibt es viele gute Bücher, Tests, und auch die Eltern können hier eine entscheidende Rolle spielen. Aber eben nicht nach dem Motto »Ich bin Jurist, also wäre es ganz gut, wenn auch du das wirst«, sondern mal in das Kind reinhorchen, wo denn »die Energie« sitzt.

Sind die Talente klar, gilt es, die beiden anderen Faktoren ins Spiel zu bringen, die ich bei so vielen erfolgreichen Menschen gesehen habe: Disziplin und Begeisterung. Und mit »erfolgreich« meine ich nicht in erster Linie materielle Dinge oder große Karrieren. Nichts falsch damit, aber viele von uns haben bereits gesehen und erlebt, dass »Glück« im »Innern« entsteht und nicht unbedingt im »Außen«. Im Sport lässt sich gut beobachten, wie die zwei zuletzt genannten Faktoren oft den Unterschied machen: Nicht die mit dem größten Talent sind am Ende »vorn«, sondern die, die dieses Triple am besten hinbekommen. Und mit diesem Wissen schaue ich zum Beispiel bei Interviews auch immer auf Stellen im Lebenslauf, wo sich diese Dinge erkennen lassen, und frage genau nach.

Der zweite Aspekt, den ich den Fragestellern immer gern mitgebe, hat mit der Schnelllebigkeit der Digitalisierung zu tun: Da sich nun mal viele Berufe verändern und immer neue Aufgaben an die Mitarbeiter herangetragen werden, ist es aus meiner Sicht außerordentlich hilfreich, wenn jemand in seiner Ausbildung »zu denken« gelernt hat. Sei es, abstrahieren zu können wie Mathematiker oder auch Philosophen, und/oder – ebenso wichtig – in komplexen Zusammenhängen denken zu können. Ich hatte einmal einen exzellenten Mitarbeiter bei Cisco, den ich irgendwann mal fragte, ob er Mathematik, Physik oder Elektrotechnik studiert habe. Alles falsch, er war ausgebildeter Historiker. Die denken bekanntlich in Zusammenhängen, und das konnte er in der Tat hervorragend. Die Welt der IT hatte er sich selbst durch Weiterbildungen erschlossen. Ideal wäre also wohl eine Kombination wie »Philosophie und Informatik«. Alles, was »quer« angesiedelt ist, erscheint ebenfalls zukunftsträchtig: Wirtschaftsingenieurwesen, Wirtschaftsinformatik, Bioinformatik etc. Denn die Welten wachsen zusammen, und an den Schnittstellen liegt gerade in einer digitalisierten Welt die Herausforderung, aber auch der Fortschritt.

Es muss aus meiner Sicht nicht immer ein Studium an einer großen Uni sein. So bin ich zum Beispiel ein großer Freund einer dualen Ausbildung für die, die lieber von Anfang an die praktische Anwendung sehen wollen. Denn viele junge Menschen verlassen ja mit 17 und Abitur die Schule, sind mit 21 mit dem ersten Studium fertig – und dann? Bis 70 werden sie wohl eh alle arbeiten müssen bei der heutigen Lebenserwartung und dem immer mehr unter Druck geratenden Rentensystem. Also warum nicht zuerst eine Lehre – und wer weiß, vielleicht anschließend kein klassisches Studium, sondern praxisnahe Weiterbildungen und berufsbegleitende Studien, zum Beispiel an den sehr guten Berufsakademien?

Viele Handwerksberufe sind seit Langem von der Digitalisierung beeinflusst und haben sich dementsprechend verändert. So heißt der Automechaniker jetzt Mechatroniker und aus dem Elektriker wurde der, der smarte Lösungen für smarte Häuser entwickelt. Und in heutigen Zeiten hat Handwerk sowieso »goldenen Boden«, da die demographische Entwicklung anhält und der Drang zu Abitur und Studium ungebrochen ist. Hinzu kommt, dass viele handwerkliche Jobs ebenso wie viele »helfende« Tätigkeiten auf Jahrzehnte hinaus nicht so einfach durch eine KI bzw. einen Roboter ersetzt werden können wie manche akademischen Berufe. Viel zu komplex sind die Tätigkeiten, wenn sie uns im Verhältnis zum Programmieren auch noch so »einfach« erscheinen. Denken Sie immer daran: Alles, was sich durch einen Algorithmus abbilden lässt – und das sind eine ganze Reihe von Verwaltungs- und mittleren akademischen Jobs –, wird durch die KI gewaltig unter Druck kommen. Weitaus früher und massiver, so glaube ich, als der Dachdecker, der bei Ihnen und mir auf dem Haus die Ziegel austauscht![70]

Ein Blick in das so oft zitierte »Silicon Valley« bringt beim Thema Bildung Überraschendes hervor: Viele Manager berühmter Internetfirmen schicken ihre Kinder in jungen Jahren auf Montessori- und Waldorfschulen und erst später auf »klassische« Schulen, wo dann auch die Technik mehr im Vordergrund steht. Ja, Sie haben richtig gelesen. Warum dieser unerwartete Schritt? Bei näherer Betrachtung erkennt man, dass nicht nur die »Nerds« diese sagenhafte Innovationsmaschine angetrieben haben, sondern oft Menschen mit ganz viel Mut, Kreativität, Flexibilität und Selbstvertrauen, was gerade beim eventuellen Scheitern der Umsetzung manch großer Idee so wichtig ist. Es sind diese »social skills«, die mitentscheidend sind für dieses – für uns in Europa manchmal schwer zu verstehende, weil so übermäßige – Urvertrauen, das »man es hinbekommen kann«, wenn man nur daran glaubt! Und dann wird sich schon einer finden, der die Idee programmieren kann. Oft sind es Teams wie Wozniak und Jobs, die Firmen wie Apple gründen. Steve Wozniak war der technische Genius und Steve Jobs das Marketing-Genie. Spätestens mit der Erfindung von iPad und iPhone bewies er, wie lohnenswert es ist, vom Kunden her zu denken und nicht vom Produzenten her.

Fazit: Die digitale Transformation wird die Arbeitswelt massiv verändern, nicht über Nacht, aber fundamental. Die Menschen werden (aus anderen Gründen) bis 70+ arbeiten müssen und in ihrem Leben mindestens drei verschiedene Berufe erlernen und ausüben. Also gilt es dafür rechtzeitig eine solide Grundlage zu legen, die einen durchträgt und gleichzeitig noch sehr nah an den eigenen Talenten liegt. Einfach? Nein, aber dann wäre es ja auch nicht so spannend!

18. Was ist »Cloud-Computing«?

Haben Sie schon mal tagsüber in den Himmel geschaut und überlegt, in welchem dieser so wunderschönen Gebilde der Natur Ihre Daten wohl liegen? Etwa in dieser grauen Regenwolke dort? Wie Sie ja wahrscheinlich wissen, ist da oben einiges zu finden, aber nicht Ihre wertvollen Bilder, Mails und Dokumente. Denn diese liegen auf den Speicherplätzen von teilweise gewaltigen Rechenzentren rund um die Welt. Die rasante Entwicklung von Rechenleistung, Speicherkapazität und Bandbreite in den letzten Jahren hat dazu geführt, dass Bürger und Unternehmen ihre Informationen nicht mehr lokal auf dem PC oder den eigenen Großrechnern speichern, sondern sie mithilfe des Internets auf die Computer des jeweiligen Anbieters »hochladen« können. Aber nicht nur Speicherplatz wird uns dabei bereitgestellt, sondern – bei Bedarf – auch gigantische Rechenleistung. Firmen benötigen dann wesentlich weniger (kostenintensive) digitale Infrastruktur und lassen die Power für ihre Anwendungen quasi aus der Steckdose kommen wie den Strom. Dabei werden sämtliche Dienste und Ressourcen kundenspezifisch auf die Nutzer zugeschnitten und nur dann abgerufen, wenn sie benötigt werden.

Da die Daten und auch die Rechenleistung nicht immer auf nur einem Rechner liegen bzw. von einem zentralen Rechner kommen, sondern von Servern rund um die Welt (je nach Anbieter und Vertrag), spricht man von Cloud Computing. Mittels spezieller, hochkomplexer Software werden die Informationen permanent dahin geschoben, wo gerade Platz ist (virtuelle Speicherung). Als User merken Sie das nicht, denn wann immer Sie wollen, können Sie ja darauf zugreifen. Und vor allem von *wo* – und meistens auch von welchem Gerät – auch immer. Das ist einer der zentralen Vorteile dieser Technologie, denn dadurch lassen sich neue Arbeitsplatzkonzepte wie Arbeiten von zu Hause sowie mit anderen Teams vernetztes Arbeiten ermöglichen. Durch den NSA-Skandal sind viele Unternehmen allerdings vorsichtig geworden und wählen Angebote, bei denen vor allem ihre geschäftskritischen Daten auf Servern in Deutschland liegen. Einige deutsche Anbieter werben speziell damit, und auch einige US-Unternehmen haben Rechenzentren hier vor Ort aufgebaut, um Ängsten zu begegnen.[71]

Sind Sie Abonnent eines Musik- oder Videodienstes, der es Ihnen ermöglicht, für einen festen Betrag im Monat (»flat rate«) Ihre Lieblingstitel und -serien zu hören und zu sehen, wann und wo auch immer Sie wollen? Dann »streamen« Sie diese immensen Datenmengen aus einer Cloud. Die Anbieter von Streamingdiensten wie Netflix und Amazon haben die klassischen TV-Anbieter massiv herausgefordert, denn viele – vor allem jüngere Menschen – wollen nicht mehr wie Leute in meinem Alter auf den Sonntagabend warten, um die Fortsetzung einer Serie oder den neuen Tatort zu sehen. Vielmehr soll sich das Programm nach ihnen richten, und zwar danach, wo sie gerade sind und ob gerade jetzt ein passendes Zeitfenster dafür ist, herauszufinden, wer der Mörder war bzw. wer eine Affäre mit wem hat. So ändern sich die Zeiten.

Gut zu beobachten ist das auch im Milliardengeschäft Sport. Am Horizont zeichnet sich bereits eine komplett neue »Sportart« ab, die Millionen von Kids begeistert: E-Sports (Electronic Sports), ein Markt, der – so die Experten – bald größer sein soll als der vom Megasport Fußball. Und auch das basiert auf gigantischen Rechenleistungen in der Cloud. Mehr darüber im nächsten Abschnitt. Wegen der Umweltaspekte von Streaming und Cloud sei auf Kapitel 6 verwiesen; Sie werden überrascht sein.

19. Was versteht man unter E-Sports?

Beginnen wir mit einem Rätsel: Was ist das? 15.000 Zuschauer in der Mercedes-Benz-Arena in Berlin, Tickets ausverkauft in 90 Sekunden, Standing Ovations, als die Stars die Bühne betreten, über 25 Millionen Menschen weltweit live zugeschaltet? Ein Konzert der Rolling Stones? Nein, ganz kalt. Es ist das Weltmeisterschaftsfinale in einem der noch meistgespielten Onlinespiele, *League of Legends*.[72] Weltweit, so schätzt man, spielen mehr als 30 Millionen Menschen pro Tag dieses Strategiespiel. Teams à fünf Spieler versuchen, das Hauptquartier des Gegners zu zerstören; die Charaktere des Spiels sammeln im Verlaufe des Wettbewerbs Gold, mit dem sie sich Gegenstände kaufen können, und ebenso Erfahrung, durch die sie an Stärke gewinnen. Dieses elektronische Spiel fällt wie eine ganze Reihe von anderen in die Kategorie E-Sports. Dota2, Fortnite, Counter-Strike etc. sind weitere Beispiele dieses starken Booms. E-Sports ist in mehr als 60 Ländern von staatlicher Seite als Sportart anerkannt und wird zum Teil massiv gefördert. Die besten Teams kommen aus Asien; manche Teammitglieder sind mehrfache Millionäre und Pro-

fis, die jeden Tag acht bis zwölf Stunden trainieren. Der Deutsche Sport-
bund lehnt die Anerkennung von E-Sport als Sportart noch ab, da die
»motorische Aktivität« fehlt. Auf der anderen Seite hat sich im Herbst
2018 die Deutsche Fußball-Liga (DFL) zu einem der beliebtesten Spiele,
nämlich FIFA 18 bzw. aktuell FIFA 19, bekannt und organisiert den elektronischen Wettkampf zwischen den elf zu diesem Zeitpunkt dort enga-
gierten Erst- und Zweitligateams.[73] Gerade immer mehr junge Kinder
spielen neben dem »richtigen« Fußball draußen auch die virtuelle Version im Netz. Dabei können sie sich eigene Teams aufbauen, Spieler kaufen und verkaufen und dann gegeneinander antreten. Über hochleis-
tungsfähige Spielkonsolen steuern sie via »Joystick« das komplette Team,
spielen geniale Pässe und machen spektakuläre Fallrückzieher. Und auch
wenn sich einzelne Fußballmanager noch dagegen wehren: Manche Au-
guren erwarten, dass der weltweite Markt für E-Sports in spätestens 20–
25 Jahren größer ist als der für Fußball.[74] Denn für viele Kids ist ein Spiel
mit anderen via Konsole wesentlich ereignisreicher als 90 Minuten in einem Fußballstadion, wo eventuell außer einem Tor und einigen wenigen
spannenden Szenen insgesamt nicht viel zu sehen ist. Und ganz unrecht
haben sie wohl nicht ☺.

Natürlich stehen diese Spiele immer unter kritischer Beobachtung
der Eltern und der Gesellschaft bzw. der Medien. Denn wie bei vielen
anderen Dingen kann zu viel hier auch schaden, und in der Tat ist eine
nicht geringe Anzahl von Kindern und Jugendlichen, aber auch Erwach-
senen süchtig.[75] Und da die Inhalte einiger Spiele sehr nah an Gewalt
liegen, sei aus meiner Erfahrung allen Eltern dringendst empfohlen, sich
mal ins Kinderzimmer zu bewegen und sich damit auseinanderzusetzen,
was die Kids spielen und was es ihnen gibt! Bitte verurteilen Sie es nicht,
nur weil Sie selbst es eventuell nie spielen würden. Ich spiele auch nicht,
aber ich versuche zu verstehen, was mein Sohn da so tut und vor allem
warum! Und ich spreche dann mit ihm darüber. Ich bin sicher, Sie finden
hier einen guten Weg.

Auch die Industrie außerhalb der der Gaming-Wirtschaft hat die
Grundprinzipien des großen Erfolgs der Spielewelt erkannt und überträgt zahlreiche Elemente auf ihre eigenen Vorhaben: Gamification heißt

das. Dabei wendet man Prinzipien des Spieldesigns und deren Mechanik auf spielfremde Anwendungen und Prozesse an, um sowohl Probleme zu lösen als auch Teilnehmer zu engagierterem Verhalten zu motivieren. Hier sind einige Beispiele:

- *Ranglisten:* Im Prinzip ein »alter« Trick, den Vergleich mit anderen zu nutzen, um Menschen dazu zu bringen, sich stärker zu engagieren. Bei den meisten der Onlinespiele sind Vergleiche mit anderen ein zentraler Bestandteil.
- *Transparenz des Ergebnisses:* Bei Spielen kennt man mögliche Scores, Preise etc. vorab. Der Nutzer kann also erkennen, was es ihm bringt, wenn er sich in diese Richtung bewegt. Auch das versucht man in der realen Welt umzusetzen.
- *Anzeige des Fortschritts:* Spieler können jederzeit sehen, wo sie im Hinblick auf den Fortschritt ihrer Arbeit stehen, sowohl im Verhältnis zur Gesamtaufgabe als auch zu anderen Teilnehmern. Das hilft zum Beispiel beim Lernen mit Online-Tools.

Seit einiger Zeit können besonders Interessierte das auch studieren: *Game Design* heißt der durchaus sehr vielschichtige Studiengang, und wer denkt, der Inhalt bestünde lediglich aus stundenlangem Programmieren, täuscht sich. Denn neben Informatik gehören Medienwissenschaften, Spielemarketing, Unternehmensführung und Grundlagen der Psychologie zur Ausbildung.[76] Eine durchaus interessante und zukunftsträchtige Kombination, auch wenn man hier sicherlich genau hinschauen sollte, welche Anteile davon KI in Zukunft übernehmen wird.

20. Was hat es mit Kryptowährungen wie Bitcoin auf sich?

Erinnern Sie sich an das Jahr 2008? Die Welt drohte mal wieder »unterzugehen«, auf jeden Fall die Finanzwelt, denn über Jahre hatten findige Investmentbanker Produkte entwickelt und in Umlauf gebracht, die – basierend auf dem Immobilienhype in den USA und den niedrigen

Zinsen – sehr hohe Renditen versprachen. Viele Institutionen und viele Einzelanleger verloren zum Teil große Teile ihres Vermögens, einen Teil der Auswirkungen spüren wir bis heute (Filmtipp: »The Big Short«, sehr gute und unterhaltsame Aufbereitung der ganzen Thematik). Eine Menge Menschen waren verständlicherweise richtig sauer, vor allem auf die Banken. Und einer war nicht nur angefressen, sondern auch genial. Satoshi Nakamoto, ein Japaner, der mit großer Wahrscheinlichkeit gar keiner ist und sich bisher nicht zu erkennen gab, entwickelte 2008 das Konzept einer *digitalen Währung*, nämlich *Bitcoin*, die – basierend auf einer revolutionären Technologie namens *Blockchain* – die Banken mit vielen ihrer bisherigen Aufgaben einfach »aus der Gleichung nahm«. Menschen sollten in die Lage versetzt werden, klassische Bankgeschäfte wie Kredite, Überweisungen und das Bezahlen von Rechnungen direkt untereinander abzuwickeln, ohne die zentrale Institution Bank. Dadurch würde der, so Nakamoto, »Wegelagerer« Bank überflüssig. Klingt einfach, aber kompliziert? Stimmt, also alles schön der Reihe nach.

Am 31. Oktober 2008 veröffentlichte der geniale Erfinder sein Strategiepapier über Bitcoin, ein sogenanntes Whitepaper. Darin stellte er das Konzept der digitalen Währung der Öffentlichkeit vor und erläuterte die Grundprinzipien dieses revolutionären Ansatzes:

- Eine digitale Währung ermöglicht die finanzielle Interaktion von Instanzen (ob Unternehmen oder Bürgern) ohne die notwendige Einbeziehung von Finanzinstituten.
- Eine »doppelte« Herstellung von Bitcoins ist nicht möglich, da alle Transaktionen mit einem eindeutigen Zeitstempel versehen sind (fundamental für das Vertrauen in jede Währung!).
- Alle jemals getätigten Transaktionen werden in einem niemals endenden »digitalen Kassenbuch«, der sogenannten *Blockchain*, permanent mitgeführt und können nicht ohne einen zusätzlichen Leistungsnachweis geändert werden. Dadurch ist das Konzept fälschungssicher.
- Bitcoins entstehen als digitale »Belohnung« für die Bestätigung einer im Netz der Bitcoin-Nutzer avisierten Transaktion,

zum Beispiel einer Überweisung. Dieser Prozess wird als »Mining« bezeichnet, angelehnt an das Goldgraben im Wilden Westen.

- Die Möglichkeit der Bestätigung kann der Nutzer dadurch erhalten, dass er einen hochkomplizierten mathematischen Algorithmus (der »Bitcoin-Software« quasi) als Erster löst und dafür belohnt wird.
- Der Algorithmus wird mit jeder getätigten Transaktion komplizierter und endet irgendwann. Die Menge an möglichen verfügbaren, also jemals zu erzeugenden Bitcoins ist auf 21 Millionen begrenzt.

Puh, oder? Dann schauen wir uns das doch einfach mal am Beispiel einer Überweisung an (siehe Abbildungen 8 und 9). Annahme: A und B sind zusammen mit vielen anderen Menschen stinksauer ob der »Gier und Lügen« der Banker und finden Nakamotos Idee ziemlich cool. Also besor-

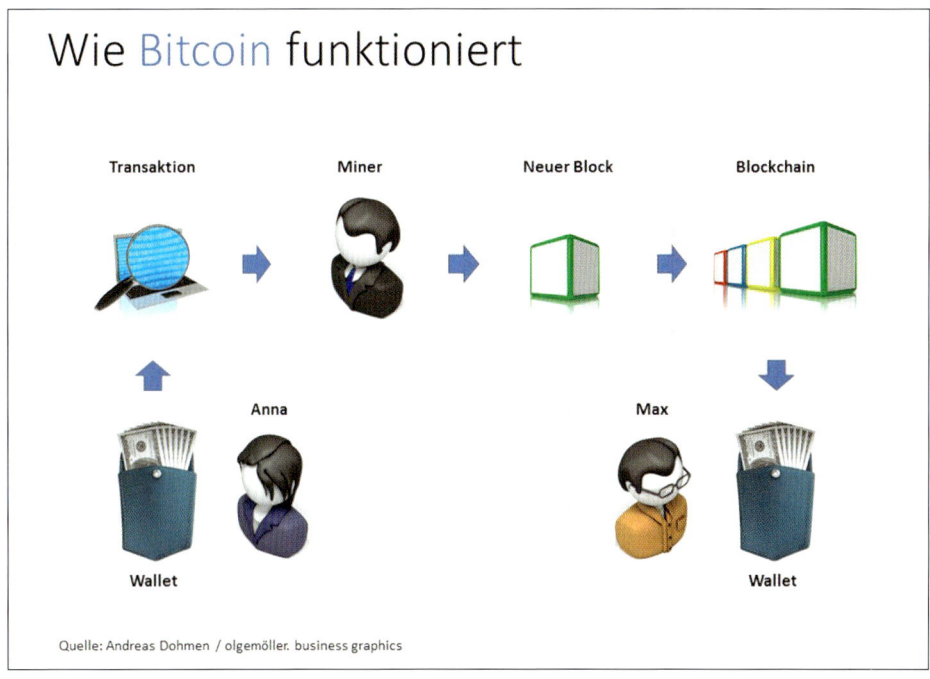

Abbildung 8

gen sie sich die notwendige Software über eine Bitcoin-Börse (siehe un-
ten) und laden sie auf ihren Hochleistungsrechner. Nun möchte
Teilnehmer A einer Person B Geld überweisen (beide sind Teil der Bit-
coin-Community). Diese Transaktion erscheint nun als Datenblock im
Netz und ist für alle in der Community einsehbar. Der nächste Schritt ist
nun der entscheidende: Die Aufgabe der Bank bei einer klassischen
Überweisung liegt ja vor allem darin, zu überprüfen ob Person A das
Geld, was Sie angibt überweisen zu wollen, auch wirklich hat, und ob
Person B mit ihrem Zielkonto tatsächlich existent ist. Bei der Anfrage
»Leihen Sie mir 100 Euro?« schaut die Bank ja auch nach, ob Sie denn
überhaupt kreditwürdig sind und zurückzahlen können, und gleichzei-
tig überprüft sie, wo sie das Geld dafür hernimmt, denn es stammt ja aus
den Einlagen der Sparer. Diese Funktion der Bank, quasi als Mittelsmann
zu agieren, eliminiert Nakamoto durch sein Konzept von Bitcoin mit der
Blockchain als zugrunde liegender Technologie. An die Stelle der Bank
treten die registrierten Teilnehmer im Netz, die alle sämtliche durchgeführten Transaktionen der Nutzer A und B anschauen können, denn die
Blockchain, also das bei der Transaktionsanfrage mitgeführte digitale
Kassenbuch, gibt den Teilnehmern Einblick in die komplette Historie.
Auf diese Weise können die User erkennen, ob A das Geld hat und ob das
Konto von B existiert.

  Aber: All das ist anonym, denn Sie sehen zwar so wie ich die geplante
Überweisung (oder die Anfrage: »Wer hat 100 Bitcoins?«), aber Sie wissen weder wer A noch wer B ist. Jetzt beginnt der »Wettbewerb«, das
»Mining«: Es braucht nun jemanden, der – wie die Bank – sagt: Alles OK,
die Transaktion kann stattfinden, denn die Prüfung ergab grünes Licht.
Dieser Check wird erzeugt, indem Sie – wenn Sie als Person C Bitcoins
bekommen wollen – besagten Algorithmus rechnen, also im Prinzip ein
hochkomplexes mathematisches Rätsel auf ihrem Superrechner lösen.
Sind Sie der Erste, der das geschafft hat – sprich: Sie waren derjenige, der
die meisten PS in seinem Computer hatte –, dann dürfen Sie nun die
Transaktion bestätigen und erhalten dafür eine digitale Belohnung,
nämlich Bitcoins, was nichts anderes ist als ein digitaler Code. Der Datenblock der Überweisung inkl. der Bestätigung wird nun an die mit der

Transaktionsanfrage zusammen gesendete Kette angehängt, und B erhält sein Geld. Fast wie im wahren Leben halt, nur diesmal ohne Bank.

So weit, so gut, wenn sicherlich auch nicht gerade trivial. Aber eine Reihe weiterer Fragen drängt sich auf: Wie komme ich an Bitcoins? Kann ich Euro oder Dollar in Bitcoins tauschen und umgekehrt? Akzeptieren Geschäfte bzw. Unternehmen Bitcoins als Zahlungsmittel? Wieso greift der Staat hier nicht ein, wo Geldschöpfung und das Betreiben des Geldkreislaufs doch ein extrem wichtiger und hoheitlicher Aufgabenbereich der Staaten ist? Und wieso schwankt der Kurs so und welche Vorteile bietet Bitcoin bei all den komplizierten Prozessen?

Schauen wir uns die gesamte Thematik also etwas genauer an. Die erste Bitcoin-Überweisung wurde am 1. Dezember 2009 durchgeführt und die erste Stadt mit einem Bitcoin-Geldautomaten war Vancouver. Lamborghini war der erste Autohersteller, der Bitcoins als Zahlungsmittel für seine Sportwagen akzeptierte. Denn am 5. Oktober 2009 wurde die erste Bitcoin-Börse (New Liberty Standard) gegründet; der Wert eines Bitcoin wurde einfach durch die Stromkosten (!), die es brauchte, um einen Bitcoin zu berechnen, festgesetzt: 1 Bitcoin entsprach daher damals 0,00076 USD.[77] Ende 2010 lag der Wert bereits bei 0,30 USD und der Gesamtwert aller im Umlauf befindlichen Bitcoins betrug erstmalig mehr als eine Million USD. Das nennt man wohl ein sehr dynamisches Wachstum oder auch eine gewaltige Spekulation. Und das war gerade erst der Anfang: Im August 2012 erreichte der Wert 13,5 Dollar, um dann am 19. März 2013 erstmalig über die magische Grenze von 1000 Dollar zu steigen! Was war passiert?

Nun, schon der Run auf die große Gartenhure 1687 in Holland (die Tulpenzwiebel – hieß wirklich so und war zu Spitzenzeiten so viel wert wie die größte Villa in Amsterdam) zeigte, was Gier und Markt mit großer Nachfrage und knappem Angebot bewirken können. Denn die auch »Tulpenmania« genannte Spekulation auf Blumenzwiebeln (!) löste einen ähnlichen Boom wie bei Bitcoins aus, war allerdings innerhalb weniger Jahre wieder vorbei und brachte Tausende Menschen um ihr Hab und Gut. Bitcoin – mit Kursen von über 15.000 USD in den letzten Jahren – war und ist zum einen zwar ebenfalls Gegenstand massiver Spekulationen (einige Menschen sind dabei sehr, sehr reich geworden, während andere sich wohl die Finger und ihre Euro dabei verbrannten), zum anderen aber sicherlich auch mehr: Denn dahinter steckt das theoretische Mega-Potenzial digitaler Währungen im Allgemeinen, gerade in einer zunehmend digitalen Welt. – »???«

Stellen Sie sich vor, wir sind im Jahr 2035. Sie haben sich via App oder Andrea ein autonom fahrendes Auto bestellt, das Sie zu Ihrem Wunschziel bringen soll. Kaum haben Sie sich in den superbequemen Sitzen breitgemacht und sich den ersten Espresso aus der George-Clooney-Kaffeemaschine genehmigt, »muss« das Auto mal, nämlich tanken. Denn auch in der mittleren Zukunft geht es noch nicht ganz ohne Energie. Also sucht sich das Auto, nach einer netten Mitteilung an Sie als Gast, die nächste Tankstelle. Und egal ob noch Diesel (schwer zu glauben) oder bereits synthetischer Kraftstoff bzw. ein Satz neue Brennstoffzellen: Irgendetwas muss in den Tank bzw. den Motor. Sie haben damit aber gar nichts zu tun, denken Sie, denn das Auto gehört Ihnen ja nicht, Sie sind ja lediglich Fahrgast wie in einem Taxi und wollen einfach munter ihren Kaffee schlürfen oder weiter die neueste Ausgabe Ihrer Lieblingsserie auf Ihrer aufgerollten Folie streamen (Laptops sind antik, denn neue Kunststoff- und Displaytechniken ermöglichen die Darstellung von Super-HDTV-Filmen auf einer Folie). Stimmt, und Sie können auch alles in Ruhe tun. Denn die »Maschinen«, also das Auto und die Zapfsäule bzw. der Roboter, der sie eventuell noch bedient, können ja zusammen »reden« (Machine-to-Machine-Communication). Das Auto fährt vor, bestellt 50 Liter von was auch immer und schließt mit der Zapfsäule bzw. dem Roboter einen sogenannten »Smart Contract«, also einen digitalen Vertrag. Dabei wird geprüft, ob die Zapfsäule die 50 Liter überhaupt hat und ob das Auto überhaupt zahlen kann. Kann es natürlich, denn der Eigentümer des autonomen Fahrzeugs bzw. der Betreiber der autonomen Flotte hat das digitale »Portmonee« (»Digital Wallet«) natürlich mit einer digitalen Währung wie Bitcoin o. Ä. aufgeladen. Nach dem erfolgreichen Betanken und dem Abschluss des digitalen Vertrages einschließlich des Bezahlens geht die Fahrt weiter. Das ist – wirklich stark simplifiziert – eine von Tausenden möglichen Szenarien, wo eine digitale Währung, ob Bitcoin oder Ähnliches (siehe unten), zum Kernbestandteil einer digitalen Welt wird. Und so wird es aus meiner Sicht sehr wahrscheinlich auch kommen.

Für große Aufmerksamkeit sorgte zum Beispiel im Juni 2019 die Ankündigung von Facebook, eine eigene Kryptowährung mit dem Namen Libra für seine User zu generieren. Diese könnten dann damit nicht nur mit anderen Mitgliedern des sozialen Netzwerks handeln, sondern auch außerhalb dieser virtuellen sozialen Welt Geschäfte tätigen. Firmen wie Paypal und Visa haben angeblich bereits ihre Unterstützung angekündigt.[78]

Verschwindet dann unsere so geliebte analoge Währung in Form von Münzen und Scheinen? Nein, denke ich, viel eher wird es eine Koexistenz von beiden geben. Langfristig bin ich mir aber nicht mehr so sicher, denn die Welt wird in 50 Jahren ganz bestimmt – mal wieder – sehr, sehr anders aussehen als heute, nämlich komplett vernetzt und digital, und eine klassische Währung mag dann ziemlich anachronistisch erscheinen. Und wenn Sie dann sagen: »Moment, ich zahle doch digital!«, egal ob mit Paypal, PayDirekt oder anderen digitalen Helferlein – stimmt, aber hierbei zahlen Sie mittels eines digitalisierten Geschäftsprozesses immer noch in Euro oder der jeweiligen Währung des Landes, in dem Sie sich befinden, und nicht in Bitcoin. Nicht verwechseln bitte!

21. Wie kann man in Bitcoin oder andere Kryptowährungen investieren?

»Hey«, sagen Sie sich also vielleicht, »dann sollte ich eventuell doch einmal in diese Bitcoins investieren! Wie ginge das denn?« Nun, dann muss ich erst wissen, ob Sie *direkt* in Bitcoins investieren wollen oder *indirekt* über ein sogenanntes Aktienzertifikat, das die Kursentwicklung mehr oder weniger eins zu eins abbildet, für das Sie aber in Euro bezahlen. Wollen Sie im »Karussell« Bitcoin mitfahren, dann müssen Sie bei einer der Bitcoin-Börsen (zum Beispiel *Bitcoin.de* in Deutschland) einsteigen und dort über ein Konto bei einer der assoziierten Banken Bitcoins zum jeweiligen Tageskurs erwerben. In mehreren guten Artikeln ist der ganze Prozess inkl. der Risiken 2017 gut beschrieben worden.[79]

Wissen sollten Sie aber auch, dass Sie mit einem normalen PC oder selbst mit einem sehr schnellen Rechner zu Hause, keine Chance mehr haben, selbst Bitcoins zu generieren. Denn wie oben erwähnt, wird der Algorithmus für die Erzeugung von Bitcoins mit jedem Lauf komplexer, und Sie erhalten auch immer weniger Belohnung für Ihre Mühen. Daher gibt es mittlerweile ganze Rechenzentren, »Mining-Farmen«, die mit topmodernen Computern versuchen, die digitale »Belohnung« zu erhalten. So werden ca. 90 Prozent aller Bitcoins in China produziert, und davon ein Großteil auf der Plattform Bitman.[80] Der Grund dafür liegt u. a. in der enorm schnell wachsenden Wirtschaft Chinas und dem immer noch starken Misstrauen, gerade der »Eliten«, in die eigene Währung sowie in die Rolle der chinesischen Zentralbank. Bitcoin wird daher als etwas Ähnliches wie Gold angesehen, als sicherer Hafen sozusagen, denn auch dieses Gut ist knapp und kann nicht wie die in Umlauf befindliche Geldmenge beliebig vermehrt werden, wie es seit der Lehman-Krise in Europa gerade passiert. Hinzu kommt, dass es in China starke Regularien gibt in Bezug auf den Geldtransfer ins Ausland. Viele schnell zu enormem Reichtum gekommene Menschen »verschwinden« mit dem Tausch in Bitcoins über das Darknet ins Ausland, mit quasi gänzlich verwischten Spuren. Die Regierung will, dass das in dem Riesenland erworbene enorme Vermögen im Land bleibt und dort investiert wird, während die Reichen und Superreichen natürlich das schöne Penthouse in Monaco, München oder Berlin erwerben wollen oder am besten den ganzen Häuserblock. Daher – je nach »Großwetterlage« – schließen die Behörden immer wieder mal die Bitcoin-Börsen bzw. »Mining«-Rechenzentren, was dann maßgeblich zu starken Kursschwankungen führt. Nebenbei bemerkt: Umwelttechnisch ist das Ganze eine Megaherausforderung, denn man schätzt, dass der Stromverbrauch aller Bitcoin-Rechner den eines Landes wie Dänemark übersteigt, Tendenz stark wachsend![81]

Trotzdem sieht eine ganze Reihe von Menschen, aber auch von Ländern eine prinzipielle Chance in den digitalen Währungen. Viele Anleger (privat wie institutionell) suchen neben Aktien nach weiteren Anlagen, die ihnen mehr Zinsen bringen als der Geldmarkt (bzw. überhaupt welche). In Japan ist Bitcoin seit dem 1. April 2017 als offizielles Zahlungsmittel zugelassen. Der bankrotte Staat Venezuela hat versucht, über die Herausgabe einer eigenen Digitalwährung »Pedro« wieder Gelder aus dem Ausland ins Land zu holen. Ein sicherlich zweifelhaftes Vorgehen.[82] Interessant ist aber auch, dass die meisten Staaten bzw. die Zentralbanken den Handel mit Bitcoin & Co (noch?) nicht einfach generell verboten haben, obwohl die Herausgabe einer Währung ja an und für sich ihre ureigenste Aufgabe ist. Viele schauen aufmerksam hin, haben Taskforces zur Untersuchung eingesetzt und warten ab, auch wegen der rasanten Entwicklung der Digitalisierung im Allgemeinen. Wohl kaum einer will sich wohl potenzielle Chancen durch eine digitale Währung entgehen lassen oder sich nachsagen lassen, er würde die Dimension der digitalen Transformation nicht verstehen. Einige Länder wie Iran, Vietnam oder Indien haben den Handel aber bei Strafe untersagt.[83] Ich denke, die nächsten Jahre werden für Klarheit sorgen. Ich gehe fest davon aus, dass in absehbarer Zeit die Länder eigene Digitalwährungen herausbringen: Die Welt dreht sich von analog zu digital, und wir stehen, was zum Beispiel die Interaktion von Maschinen mit Maschinen betrifft, in vielen Bereichen gerade erst am Anfang. Bis dahin bleibt es durchaus spekulativ, und es gilt das alte Motto der »Reise nach Jerusalem«: Immer schön einen Stuhl ergattern, wenn die Musik stoppt (bzw. kurz davor). Genau das konnte man beim abermaligen Crash von Bitcoin im Herbst 2018 beobachten, als der Kurs unter 4000 USD abstürzte, nachdem einige führende Wirtschaftsexperten mal wieder vor der Kryptowährung als reines »Zockerinstrument« gewarnt hatten.[84]

Bitcoin ist nicht die einzige Kryptowährung. Unter www.finanzen.net/devisen/kryptowaehrungen finden Sie eine Auflistung sowie aktuelle Kurse und Angaben zur Marktkapitalisierung von »Alternativen«. Im November 2018 zum Beispiel lag der Wert aller Bitcoins bei ca. 70 Milliarden Dollar, Ethereum und Ripple auf Platz 2 und 3 lagen bei zusammen ca. 25 Milliarden. Alles stattliche Werte! Auch wenn der Absturz in den letzten Monaten des Jahres 2018 heftig war und sich in 2019 zunächst fortsetzte, um dann im Frühjahr 2019 wieder bis auf über 8000 Dollar anzusteigen: Die Grundidee hinter den Digitalwährungen bzw. digitalen Konzepten ist im Prinzip recht gut und immer ähnlich: u. a. ein digitales, fälschungssicheres und einfaches Zahlungsmittel für die digitale Welt zu erschaffen bzw. ein Protokoll für den schnellen, automatischen Austausch von Informationen zu entwickeln.

Nicht alle basieren auf Blockchain. Einige versuchen zum Beispiel den komplexen Algorithmus von Bitcoin so abzuwandeln, dass man nicht immer neue Superrechner benötigt und auch die Belohnungsprinzipien wie das Mining anders zu gestalten. Also insgesamt ein großes, hochinnovatives Feld, das sicherlich noch für zahlreiche negative wie positive Schlagzeilen sorgen wird, wie so oft am Anfang einer revolutionären Entwicklung.

Als Privatverbraucher bleiben wir wohl besser an der »Seitenlinie« und schauen zu. Ich persönlich glaube fest an eine Digitalwährung in 10–15 Jahren. Bitcoin, so wie es derzeit aufgebaut ist, erscheint mir zu komplex. Allerdings werden die Zentralbanken der Staaten sicherlich versuchen, die Kontrolle über den Markt der Kryptowährungen zu bekommen, denn Geldschöpfung ist ein zentrales Mittel jedes Staates, die jeweilige Volkswirtschaft zu steuern. Ein erster Ansatz dazu war im März 2019 zu erkennen, als das deutsche Wirtschaftsministerium bekanntgab, an der Einführung elektronischer Wertpapiere und an der Regulierung der Emission bestimmter Arten von Krypto-Token zu arbeiten. Dies auch, so hieß es, um den Koalitionsvertrag umzusetzen, in dem als Ziel festgehalten ist, Deutschland zu einem der führenden Digitalisierungs- und Fintech-Standorte zu entwickeln.[85]

22. Warum hört man immer wieder den Begriff Blockchain?

Blockchain ist eine Technologie, die vom Prinzip her recht alt ist, denn bereits in den 80ern beschäftigte sich die Informatik intensiv mit dezentralen Systemen und Kryptographie, wie ich in meinem Studium erfahren durfte. Einer breiteren Öffentlichkeit bekannt wurde sie durch den Hype der letzten Jahre um Bitcoin. Sie wird als etwas angesehen, was unabhängig von der weiteren Entwicklung der Kryptowährungen ein noch größeres Potenzial als KI haben könnte.

Um die potenzielle Bedeutung von Blockchain einschätzen zu können, denken Sie einfach mal darüber nach, wie viele »Mittelsmänner« in Ihrem alltäglichen Leben so auftauchen. Sie suchen eine Wohnung? Ich hätte sie eventuell, aber Sie gehen über einen Makler, um sie (und evtl. mein Angebot) zu finden, bzw. über eine Internetplattform (um dann doch bei einem Makler zu landen). Sie kaufen Ihren Wohntraum und müssen zum Notar, der das Geschäft vertraglich fixiert und all die Dinge mit Grundbuch etc. klärt. Sie müssen sich Geld leihen zur Finanzierung? Der Weg führt zur Bank als Vermittler eines Kredits. Oder Sie gehen wiederum zu einer der zahlreichen Internetplattformen, die Ihnen eine Übersicht über die günstigsten Kredite geben. Allein bei diesem Beispiel tauchen zahlreiche »Mittelsmänner« (und »Mittelsfrauen« ☺) auf, die das machen, was der Begriff sagt: »vermitteln«. Und das oft für beachtliche Gebühren. Stellen Sie sich vor, all das könnten Sie direkt erledigen, und das auch noch fair, sicher und mit festen Regeln und Gesetzen. Willkommen in der Welt von Blockchain!

So einfach es klingen mag, so revolutionär sind die Implikationen. Manche sprechen sogar davon, es sei »anarchisch«, und sehen die Möglichkeit, das Internet damit wieder zu dem zu machen, was es eigentlich mal war bzw. für was es eigentlich konzipiert worden ist: ein offenes, demokratisches Netz ohne Hierarchie! Denn in seiner Ursprungsform, wie es Tim Berners Lee konzipiert hatte, gab es vom Grundansatz her alle diese Plattformen und teilweisen Monopole nicht, die zu den »analogen« Mittelsmännern dann noch hinzukamen und die uns heute so »selbstverständlich« im Alltag begleiten.[86] Mit Blockchain könnte man nun theoretisch nicht nur die analogen, sondern auch die digitalen Plattformen »aus der Gleichung nehmen«, denn wir zwei könnten das Immobiliengeschäft dann direkt machen: Wir träten beide einer »Community« bei, deren Interesse es ist, eine Wohnung zu kaufen bzw. zu verkaufen (früher hat man dafür einfach eine analoge Anzeige in der Zeitung geschaltet: »Suche von privat ...«). Dann liefe es ähnlich wie bei dem Beispiel Geld leihen in Frage 20: Es muss ja geprüft werden, ob ich das Objekt der Begierde auch wirklich besitze, also im Grundbuch eingetragen bin, und natürlich, ob Sie auch zahlen können. Ihre Finanzierung hätten Sie sich natürlich über einen ähnlichen Prozess besorgt, sei es von privaten oder von institutionellen Kreditanbietern. All das ginge automatisch, unter Wahrung des Datenschutzes und vor allem ohne die Vermittler (siehe Abbildung 9).

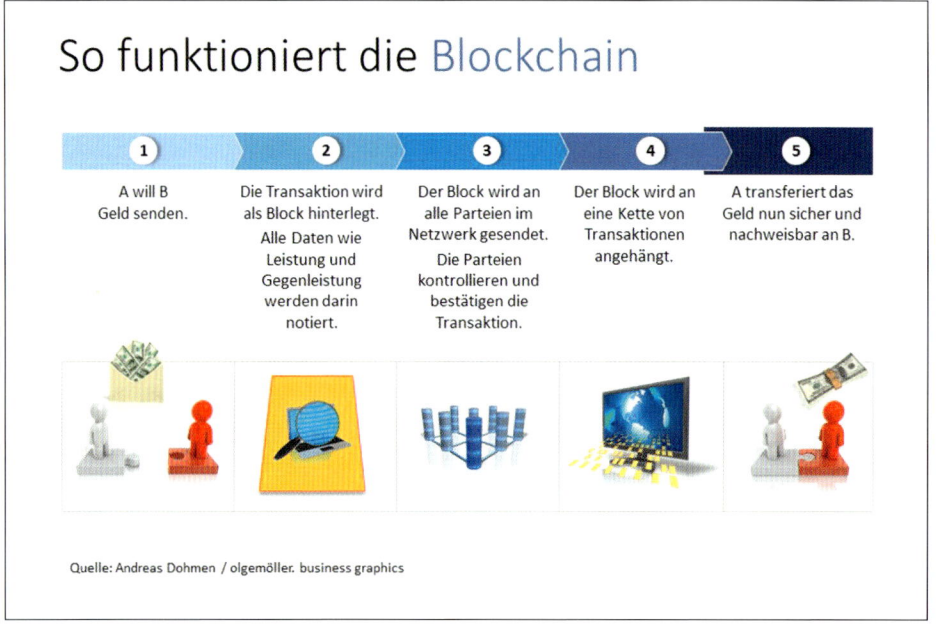

Abbildung 9

Das hat im Prinzip etwas an sich von »digitalen Genossenschaften«. Denn man könnte das Konzept ja auch nutzen, um »sein« Auto von dieser Community zu leihen, der es gehört (als Eigentum), um es dann nur für die benötigte Nutzungszeit zu »besitzen«: »Carsharing« selbstorganisiert, ohne digitale Vermittlerplattform. Schauen Sie auf Wikipedia: auch ein Beispiel, wenn auch (noch) nicht auf Blockchain basierend. Wir alle (auf jeden Fall viele von uns) finanzieren das System und liefern auch die Informationen dazu, dezentral und nicht zentral wie Facebook, Google & Co. Lassen Sie mal Ihre Fantasie laufen. Sie werden feststellen, dass es eine ungeheure Anzahl von Anwendungsmöglichkeiten gibt, die natürlich das etablierte »System« ziemlich herausfordern. Und natürlich auch die neuen digitalen Plattformanbieter (siehe Kapitel 2). Denn so, wie die »Taxi«-Vermittlungsplattform Uber oder die digitale »Mitwohnzentrale« Airbnb die Transport- bzw. Hotelbranche herausfordern (also »ubern«), könnte man mittels Blockchain auch die digitalen Vermittler selbst »aus der Gleichung nehmen«, also den Uber ubern.

Das Potenzial von Blockchain erscheint ähnlich wie bei KI gewaltig. Das Weltwirtschaftsforum in Davos meinte dazu bereits 2015: »Zehn Prozent des globalen Bruttoinlandsproduktes werden bis 2025 in der Blockkette gesichert sein.«[87]

Nun denken nicht alle Nutzer und Beobachter dieser Technologie darüber nach, den »Vermittler« aus dem Rennen zu nehmen, denn viele Unternehmen leben ja gerade davon. Aber die Technologie als solche kann natürlich auch eingesetzt werden, um bestehende Prozesse schneller, effizienter und sicherer zu machen; all dies passiert schon, denn es gibt zahlreiche Beispiele aus der Medizin, der Daten- und Netzsicherheit sowie aus Regierungsprojekten.

Auf der anderen Seite setzt sich jedoch am Ende nicht immer die beste Theorie durch, sondern die Idee, die für die Bürger bzw. die etablierten Player den meisten Nutzen verspricht. Und diese werden alles dafür tun, dass sie eben nicht »aus der Gleichung genommen« werden – kann man ja auch verstehen. Der Deutsche Bundestag hat sich Ende November 2018 mit der Thematik Blockchain auseinandergesetzt, erkennt man doch auch dort das enorme Potenzial, aber auch die Ambivalenz bei dieser Innovation.[88] Also, es bleibt auch hier spannend. Wir sind gerade erst am Anfang vieler gravierender Veränderungen, und ich garantiere Ihnen, Sie werden in den Talkshows noch ganz viel davon hören ☺.

23. Was bedeutet autonomes Fahren und was hat das mit Digitalisierung zu tun?

Wir schreiben das Jahr 2035 und Sie wollen in die Stadt fahren. Die öffentlichen Verkehrsmittel sind zu weit weg und Ihr Fahrrad (E-Bike) ist platt bzw. der Akku ist wieder einmal leer. Ihr Auto haben Sie vor einiger Zeit verkauft. Also öffnen Sie die App auf Ihrem Handy (bzw. bis dahin werden Sie wohl vorzugsweise über Sprache mit Ihrer persönlichen Assistentin Andrea kommunizieren) und buchen für den gewünschten Zeitraum einen fahrbaren Untersatz, der sie dann zum Ziel bringt. »Andrea, fahr den Wagen vor«, heißt es dann im Gegensatz zur Kultkrimiserie *Derrick* (für die Älteren unter Ihnen), wo der Standardspruch war: »Harry, fahr schon mal den Wagen vor« (Harry war der Assistent des Kommissars). Sie steigen in ein »Wohnzimmer auf Rädern«. Einen Fahrer suchen Sie vergebens, und auch Sie selbst brauchen bzw. können gar nicht mehr fahren, denn Sie sind Teil des vollautomatischen Fahrens, der sogenannten Stufe 5. Das Fahrzeug wird von einem Rechenzentrum mittels KI, Big Data, Sensoren, Lasern und Kameras gesteuert, so wie Abertausende andere Autos auch. Staus sollten dann der Vergangenheit angehören, Ampeln werden ebenfalls vollautomatisch und dynamisch dem Verkehrsfluss angepasst bzw. existieren überhaupt nicht mehr. Über Ihnen fliegen die Autos, die mit ausklappbaren Flügeln bzw. Rotoren senkrecht starten können und deren Gäste es besonders eilig haben. Fehlen nur noch die berühmten »Hoover Boards«, also die fliegenden Skateboards, die uns in »Zurück in die Zukunft« so begeistert haben. Und alle »da oben« begegnen all den Drohnen, die uns unsere Pakete u. Ä. nach Hause bringen. Alles natürlich mit hochentwickelter und hoffentlich umweltfreundlicher Batterie- bzw. Brennstoffzellentechnik oder gleich mit Wasserstofftechnologie. So oder ähnlich sehen viele Visionen von Startups, aber auch von heute schon dominanten Technologie-Playern aus den USA und China aus. Und – ganz wichtig – vieles davon ist bereits Realität!

Schauen wir uns das etwas genauer an. Man hat sich darauf geeinigt, die gesamte Entwicklung vom heutigen Fahren bis zum besagten vollautonomen Fahren in sechs Stufen (von 0 bis 5) aufzuteilen, je nach Grad der »Autonomie« des fahrbaren Untersatzes. Abbildung 10 zeigt eine Übersicht über die einzelnen Phasen der faszinierenden Entwicklung. Und im Prinzip sind alle Stufen heute realisierbar und in der Umsetzung. Aber: Das Ganze ist abhängig von den Randparametern. So fahren inzwischen in über zehn Städten autonome Busse, aber auf genau festgelegten Routen und mit einem Begleitfahrer an Bord, der bei bestimmten Hindernissen eingreift und diese »manuell« umfährt.[89] Alles mit Geschwindigkeiten im unteren Bereich. Im Hamburger Hafen hat man im Herbst 2018 ein Pilotprojekt mit Lkw-Herstellern gestartet, um autonom fahrende Lkws von der Autobahn in den Hafenbereich zu steuern und sie dort, ebenfalls automatisch, zu entladen.[90] Und in der Landwirtschaft setzt man dort, wo es – wie in den USA – riesige Felder zu bewirtschaften gilt, autonom fahrende Traktoren ein, die via Drohne gesteuert werden.[91] Allerdings treffen besagte Systeme weder im Hafen noch auf Teststrecken auf eine »hochhybride Umgebung« wie die Autos in der Stadt: auf Fußgänger, Radfahrer, Rollerfahrer und andere – nicht autonom fahrende – Fahrzeuge. Denn genau das ist die große Herausforderung! Die

Autonomes Fahren

Mensch					Maschine
Level 0	Level 1	Level 2	Level 3	Level 4	Level 5
Driver only	Assistenz-systeme	Teil-automatisierung	Bedingte Automatisierung	Hoch-automatisierung	Voll-automatisierung
Fahrer fährt selbst, lenkt, gibt Gas, bremst.	Assistenz-systeme helfen bei der Fahrzeug-bedienung.	Allgemeine Längsführung, Beschleunigung, Abbremsen etc. werden von Assistenzsystemen (z. B. Stauassistent) übernommen.	Führung des Fahrzeugs wird dauerhaft vom System übernommen. Fahrer kann vom System aufgefordert werden, Führung zu übernehmen.	Fahrer muss System nicht dauernd überwachen. Fahrzeug führt selbstständig Funktionen wie Blinken, Spurwechsel, Spurhalten aus. Fahrer kann sich anderen Dingen zuwenden.	Außer dem Festlegen des Ziels und dem Starten des Systems ist kein menschliches Eingreifen erforderlich.
Hands **on** Eyes **on**	Hands **on** Eyes **on**	Hands temp. **off** Eyes temp. **off**	Hands **off** Eyes **off**	Hands **off** Mind **off**	Hands **off** Driver **off**
			Autobahn	Stadt (Ridesharing)	

Quelle: Intel / AvD / VDA

Abbildung 10

Integration aller Verkehrsteilnehmer in Stufe 5 oder 4 ist eines der Kernthemen, die es zu behandeln gilt. Plus die Bereitstellung einer hochleistungsfähigen Infrastruktur in Form eines Hochgeschwindigkeitsdatennetzes zum Hin- und Hersenden all der Millionen von Information pro Sekunde oder sogar Millisekunde. Denn ein Funkloch wäre ziemlich »doof«, wenn das Auto gerade das Signal bekommen soll, zu bremsen. Also müssen viele Entscheidungen auch im Fahrzeug selbst getroffen werden, und heute sind neue Autos quasi Hochleistungsrechner auf Rädern. Aber ohne Austausch mit dem oder den Zentralrechner(n) ist es recht schwierig, wenn das Netz »lahmt«, so wie es immer noch in vielen Städten (vom Land ganz zu schweigen) der Fall ist. 5G soll es richten. Allerdings ist man in den ersten Planungen weit entfernt von einem flächendeckenden Netz, denn da die Reichweite recht gering ist, muss man eine große Anzahl neuer Funktürme bauen, um die benötigte übergangslose Abdeckung zu erreichen. Damit ist in den nächsten Jahren wahrscheinlich nicht zu rechnen. Also: Das wird alles noch dauern mit den vollautonom fahrenden Autos in Großstädten, auf jeden Fall in Deutschland und vielen anderen Ländern. Ich gehe von mindesten 25–30 Jahren aus. In einem sehr stark zentral gesteuerten Staat wie Singapur oder Dubai allerdings könnte man sich vorstellen, dass »von oben« die Entscheidung kommt, ab dem 1. X. 202Y nur noch autonom fahrende Autos in die Stadt zu lassen, einfach per Gesetz. Ähnliches gilt wohl für China und die »digitalen« Vorzeigestädte, an denen man dort baut. Denn rein technisch ist ja vieles längst machbar. Viele Fragezeichen gibt es allerdings auch noch im ethischen Bereich; mehr darüber in Kapitel 7.

Bereits heute kann man Fahrzeuge erwerben, die durchaus Stufe 2- und 3-Funktionalitäten beinhalten; einige davon werden von vielen als sehr nützlich empfunden – Abstandswarner und Lenkungskorrektur bei Schlingerfahrten sind nur einige Beispiele. Und da die Verkehrsdichte leider zu- statt abnimmt, sind das durchaus gute Entwicklungen. Im Hinblick auf mehr Ökologie im Verkehr benötigen wir allerdings weitaus mehr als autonom fahrende Autos, nämlich komplett neue Mobilitätskonzepte. Vom Carsharing bis zum abgestimmten Fahrplan von S-/U-Bahnen und Zug- bzw. Flugverbindungen, alles mit einem Ticket. Und alles mit ökologisch sinnvollen Antrieben! Denn wenn die Digitalisierung einfach zu mehr Autos führt, ist das zwar ganz gut für die Wirtschaft (und damit für uns alle, denn wir brauchen ja die Steuereinnahmen), aber sicherlich nicht für die eh angeschlagene Umwelt. Hier gibt es große Möglichkeiten, mit neuen innovativen Mobilitätsstrategien zu glänzen. Und viele Ideen und erste Umsetzungen gibt es ja bereits.

Aber wie sagte einmal ein leitender Angestellter aus der Automobilindustrie auf einer KI-Konferenz zu mir: »Bevor München vollautonom fährt, fliegen die Autos.« Und das war keineswegs spaßig gemeint, denn seit geraumer Zeit arbeiten zahlreiche Startups, aber auch etablierte Unternehmen wie Airbus an Fahr-/Flugzeugen, um zusätzliche Alternativen zu den noch stark frequentierten Straßen anzubieten.[92]

Da wird dann einiges los sein da oben, denn gleichzeitig wächst der Markt für Drohnen ebenfalls gewaltig. So gehen Schätzungen davon aus, dass der Markt für zivile Drohnen im Jahr 2020 bei über 100 Milliarden Dollar liegen wird.[93]

Fast alle Logistikunternehmen experimentieren mit diesen unbemannten, fernsteuerbaren (im Fall des Militärs auch autonom fliegenden) Flugobjekten, sei es indoor (Lagerhallen etc.) oder bei der Lieferung zum Kunden. Auch bei Feuerwehr, Bergrettung etc. gibt es sehr hilfreiche Einsatzmöglichkeiten; in der Landwirtschaft finden sie ebenfalls seit einigen Jahren Anwendung.

Also auch hier: Spannende Zeiten durch die digitale Transformation, verbunden mit einem großen Umbruch in der Automobilindustrie. Denn neben der Aufgabe, den Antrieb über die nächsten Jahre auf Batterie, Brennstoffzelle, Wasserstoff oder synthetischen Kraftstoff umzustellen, fordern vor allem die großen Technologieunternehmen aus den USA und stark zunehmend auch aus China die etablierten Firmen heraus, digital können die schon sehr gut!

Impuls zum Nachdenken

Die Möglichkeiten der Digitalisierung sind enorm. Viele positive Dinge lassen sich aus ihr ableiten. Wir könnten die Welt in vielen Bereichen besser gestalten, dabei liegt die Betonung auf »könnten«. Aber neben den zahlreichen Vorteilen lauern ebenso viele Themen, die einer gründlichen und breiten Diskussion zugeführt werden sollten. So scheint uns die Geschwindigkeit der Entwicklung zu überrollen, obwohl »wir« sie ja erfunden haben. Was ist die Konsequenz daraus? Passen wir Menschen sowie die Politik/Demokratie und Gesellschaft noch zu dieser exponentiellen Entwicklung oder stehen wir – wieder einmal – vor einem signifikanten, historischen Schritt in der Geschichte der Menschheit? Ist es einfach eine Frage bzw. ein Thema der nächsten Generation (der Digital Natives)? Und warum gibt es auch dort Ängste? Andere, aber ...; wie verhindern wir, dass – wie in zahlreichen Büchern beschrieben – nur noch wenige (Eliten?) das alles überreißen und eventuell steuern, und wir »Normalos« nur passiv auf dem Beifahrersitz sitzen, wo uns schlecht wird ob der rasanten Fahrt? Brauchen wir nicht eine viel breitere Aufklärung und Diskussion darüber? Wir sollten uns immer wieder daran erinnern, dass es bei aller technischen Faszination um den Menschen gehen muss und Fortschritt ihm dienen sollte. Und sollten wir nicht mehr Fokus legen auf die Folgenabschätzung von Technologien? Spätestens bei der Künstlichen Intelligenz wird das transparent.

Erkennbar ist, dass vieles irgendwie nicht mehr »passt«: Bildung, Arbeitsmodelle, Entscheidungs- und Gesetzesfindung in der Politik, Geschäftsmodelle in der Wirtschaft etc. Die nächsten Jahre werden geprägt sein von der Transformation einer analogen Welt in die »analoge + digitale« Welt. Und wir alle zusammen sollten uns vielleicht folgende Frage stellen und mit anderen diskutieren: »Wie digital wollen wir leben?« Nehmen Sie sie mit in die nächsten Kapitel, denn dort werden Sie noch weitere Anregungen dazu finden. Und Sie werden sehen, dass diese Frage durchaus noch einen zweiten Anteil hat: »Wie digital und nachhaltig wollen wir leben?«

Kapitel 2

Digitalisierung in Wirtschaft, Gesellschaft und Politik

1. Welche Chancen und welche Risiken ergeben sich aus der Digitalisierung für die deutsche Wirtschaft?

Grundsätzlich ergeben sich bei jeder technologischen Revolution – und dazu gehört die Digitalisierung ja – immer eine ganze Reihe von Vorteilen und großen Chancen für die Wirtschaft eines Landes, vor allem für die hochentwickelten Industrieländer. Aber natürlich sind mit allen Übergängen, wie in allen Systemen, auch Risiken und Herausforderungen verbunden. Alles Teil der Evolution, in der Natur wie in der Wirtschaft.

Allem voran ermöglicht die Digitalisierung im Prinzip das »nächste« Wachstum der Volkswirtschaft sowie – ganz wichtig – eine Steigerung der Produktivität, sprich: des »Outputs« je Mitarbeiter bzw. eingesetzter Kapitaleinheit. (Ob das alles so sinnvoll ist, ob es Alternativen dazu gibt und welche Rolle die Digitalisierung dabei spielt, wird in Kapitel 6 behandelt.) Allerdings kann man diese Potenziale nur dann realisieren, wenn man es »richtig« angeht. Davon wird gleich noch die Rede sein. Der Weltwirtschaft und ganz speziell der Wirtschaft in Deutschland geht es (zum Zeitpunkt des Verfassens dieses Buches) so gut wie seit Langem nicht mehr, auch wenn am Horizont die ersten Wolken aufziehen in Form von Streitigkeiten im Welthandel, von schwächelndem Wachstum in China und latenter Unsicherheit über Europas Zukunft. »Der Laden brummt«, so hörte und las man es oft in den letzten Jahren in Deutschland. Nun, er »brummt« bei uns unter anderem aufgrund der hervorragenden Arbeit und Innovation in der deutschen Industrie, und dort vor allem auch durch den Mittelstand. Ganz viele mittelständische Unternehmen gehören als »hidden champions«[1] zu den Weltmarktführern in ihren Segmenten. Das Ausland liebt die deutschen hochqualitativen Produkte; das Ergebnis zeigt sich in den hervorragenden Exportdaten (mit dem Nachteil einer stark unausgeglichenen Handelsbilanz[2]). Nun geht aber irgendwann jede Wachstumsphase zu Ende, manchmal schnell und schmerzhaft, manchmal langsam. Es gibt Umbrüche, alte Player verschwinden, neue kommen auf die Bühne. Das war in der Geschichte der Wirtschaft schon immer so, und es wird aller Voraussicht nach auch bei der digitalen Transformation so sein. Der Unterschied allerdings liegt – wie in Kapitel 1 angedeutet – in der diesmal sehr kurzen Zeitspanne, in der sich der Übergang vom analogen ins digitale Zeitalter vollzieht. Und die nächste Wachstumswelle, auch weltweit, wird aus der Kombination von analoger *und* digitaler Technologie entstehen. Nicht nur die Autos werden intelligenter, sondern auch die Maschinen; die Produktion wird zunehmend von Künstlicher Intelligenz gesteuert, eine erheblich wachsende Anzahl Roboter arbeitet Hand in Hand mit den Menschen. Die Analyse gesammelter Daten aller Art durch intelligente Programme, sei es im Konsum, in Dienstleistungen oder auch bei der Herstellung von Produkten, wird zur »Schlüsselindustrie« einer jeden fortgeschrittenen Volkswirtschaft.

»Daten sind das neue Öl«, liest man oft in den Medien, und sie liegen richtig damit. Denn ein Wachstumsfeld der Zukunft werden »digitale Services« sein; sie basieren auf gewaltigen Datenmengen, eingesammelt durch Sensoren, Soziale Medien, Werbung etc. Und eine der großen Herausforderungen wird die Frage sein, mit was künftig der Gewinn erzielt wird – mit der Herstellung der Produkte selbst oder mit besagten »digitalen Diensten«.

Die gute Nachricht ist sicherlich, dass trotz aller »Virtualität« und trotz der Bedeutung von Bits und Bytes immer noch physische Produkte für die Digitalisierung benötigt werden. KI allein fährt einen nicht von A nach B, und einfach so »aus der Luft« oder aus reiner Energie entstehen keine Güter des täglichen Bedarfs. Deutschland ist im Prinzip hervorragend aufgestellt für die nächste technische Revolution. Oder?

Einige Zahlen schärfen den Blick für die Herausforderung. Deutschland ist, wie Ihnen wahrscheinlich bekannt, weniger ein Produktions- als vor allem ein Dienstleistungsland. Mehr als 70 Prozent der arbeitenden Bevölkerung sind in diesem Bereich tätig[3] und erzielen fast 70 Prozent der gesamten Wirtschaftsleistung.[4] Gerade dieser Sektor wird von der Digitalisierung sehr stark beeinflusst werden – sowohl durch die Chance, digitale Versionen der Dienstleistungen zu erstellen, durch das Auftreten neuer, rein digitaler Wettbewerber im Markt, aber auch durch den zunehmenden Einsatz von KI und automatischer Datenverarbeitung und Prozessanalyse zur Effizienzsteigerung.

Deutschland belegt im internationalen Vergleich den neunten Platz, legt man den Global Innovation Index[5] von 2018 zugrunde. Also im Prinzip eine ziemlich gute Ausgansposition. Schaut man allerdings (unter dem Aspekt der Digitalisierung!) auf die Details, so erkennt man die Herausforderung: Wir liefern zwar 25–35 Prozent aller Patente in Europa in den »klassischen« Ingenieursbereichen wie Maschinenbau etc., aber im Bereich »IT/Digital« sind es lediglich einstellige Werte. Deutschland ist ein hervorragendes Ingenieursland, aber kein »Digitalland« im eigentlichen Sinne. Das hat auch kulturelle Gründe: Uns liegt es eher, mittel- und langfristig zu denken, und Qualität und Perfektion sind dabei oberste Maßstäbe. Das hat uns die besondere Stellung im Weltmarkt eingetragen. Alles, was sich seit Jahren »schnell dreht«, wie Consumer Elektronik (vom TV-Gerät bis zum Smartphone) und IT-Produkte, war mal ein nicht unerheblicher Teil der deutschen Wirtschaft, als die Produkte noch viel mehr von Technik als von Konsumgütereigenschaften geprägt waren.

Doch bis auf wenige Firmen verschwand Deutschland quasi aus der IT-Herstellerwelt, so wie viele andere europäische Player (Siemens zum Beispiel beschäftigte Ender der 80er mehr als 60.000 Menschen in diesem Bereich). Und die Konsequenzen dieser Entwicklung spüren wir aus meiner Sicht bis heute. In der Kombination von analog und digital liegt die Chance für die nächste Wachstumswelle.

Der Bund der deutschen Industrie (BDI) mahnte im Dezember 2018 anlässlich der jährlichen Bekanntgabe des von ihm erstellten Innovationsindex, die Bundesregierung müsse »endlich die digitale Infrastruktur ausbauen«. »Der Schlüssel zum Erfolg der Digitalisierung sei die Kombination von industrieller Stärke mit den Möglichkeiten Künstlicher Intelligenz (KI). Nur mit deutlich mehr Investitionen in KI-Anwendungen lasse sich die Durchschlagkraft von KI für die Industrie erhöhen. ›Zusätzlich sollte die Bundesregierung die Förderung von Hightech-Gründungen anschieben und den Technologietransfer in den Mittelstand beschleunigen‹, unterstrich der BDI-Präsident«, heißt es in einer Mitteilung zur Stellungnahme von Dieter Kempf.[6]

Wie Sie längst ahnen, benötigt man dafür vor allem hochqualifizierte Menschen, denn noch sind es nicht die Roboter und KIs, die die Wirtschaftswelt steuern, während wir mit bedingungslosem Grundeinkommen vom Bafög direkt in die Rente gehen. Und schon lange existiert die dazu gehörende Herausforderung: die große und stark wachsende Lücke sogenannter MINT (Mathematik, Informatik, Naturwissenschaft und Technik)-Arbeitskräfte, und zwar sowohl im akademischen als auch im gewerblichen Bereich![7] Digitale Aus- und Weiterbildungskonzepte tun not und sind längst überfällig. Festzuhalten bleibt also zunächst:

- Deutschland hat eine hervorragende Ausgangsituation.
- Deutschland muss die exzellente Ingenieurskunst mit digitaler Innovation verbinden, um bei der digitalen Transformation nicht abgehängt zu werden – so, wie es Unternehmen wie zum Beispiel Siemens[8] und Bosch[9] in Teilbereichen bereits eindrucksvoll tun.
- Neue, reine Digitalanbieter aus den USA und zunehmend aus China werden etablierte Player und ganze Bereiche herausfordern und zu massiven Veränderungen zwingen.

- Bildung, Bildung, Bildung – und zwar mit einem großen *digitale* davor – wird *der* entscheidende Zukunftsfaktor sein und ist es schon.

Bevor wir über die dafür dringend benötigten Rahmenparameter in Deutschland und die aktuelle Lage sprechen, schauen wir uns an, was denn im Detail so viel »Druck« auf heutige Bereiche unserer Wirtschaft ausübt.

2. Was sind Plattform-Geschäftsmodelle und warum haben sie eine so große Bedeutung?

Sogenannten Plattformanbietern ist gemeinsam, dass sie nicht mit klassischen Produktinnovationen am Markt agieren (also etwas Vorhandenes größer, breiter, billiger etc. machen), sondern über die Beantwortung der Frage »Wie löse ich das Problem mithilfe der digitalen Transformation anders?« sogenannte Geschäftsmodellinnovationen vorantreiben, die ganze etablierte Branchen auf den Kopf stellen (siehe Abbildung 11). So wurde Amazon zum größten Buchhändler, ohne einen einzigen Buchladen zu besitzen[10], Apple wurde 2008 zum größten Musikhändler, ohne eine einzige CD verkauft zu haben[11], Uber vermittelte in den letzten Jahren weit über fünf Milliarden Taxifahrten ohne einen einzigen angestellten Taxifahrer[12] und Airbnb offeriert über 4,5 Millionen Übernachtungsmöglichkeiten auf seiner Plattform, ohne ein einziges Haus oder Hotel zu besitzen.[13] Zwei junge Männer suchten 2008 nach einer zusätzlichen Einkommensquelle, als die Miete für ihre Wohnung in San Francisco massiv erhöht wurde. Also vermieteten sie ein freies Zimmer ihrer WG an drei Designer, als die Stadt wegen einer Konferenz komplett ausgebucht war. Aus dieser Erfahrung heraus kamen sie auf die Idee, selbst dafür zu sorgen, dass leerer Wohnraum einen Bewohner auf Zeit fand. Und dies nicht durch den Gang in das hart umkämpfte Hotelbusiness, sondern mithilfe der Digitalisierung via Web. Diese *Produktinnovation* wäre früher wohl der Einstieg in das klassische Übernachtungs-

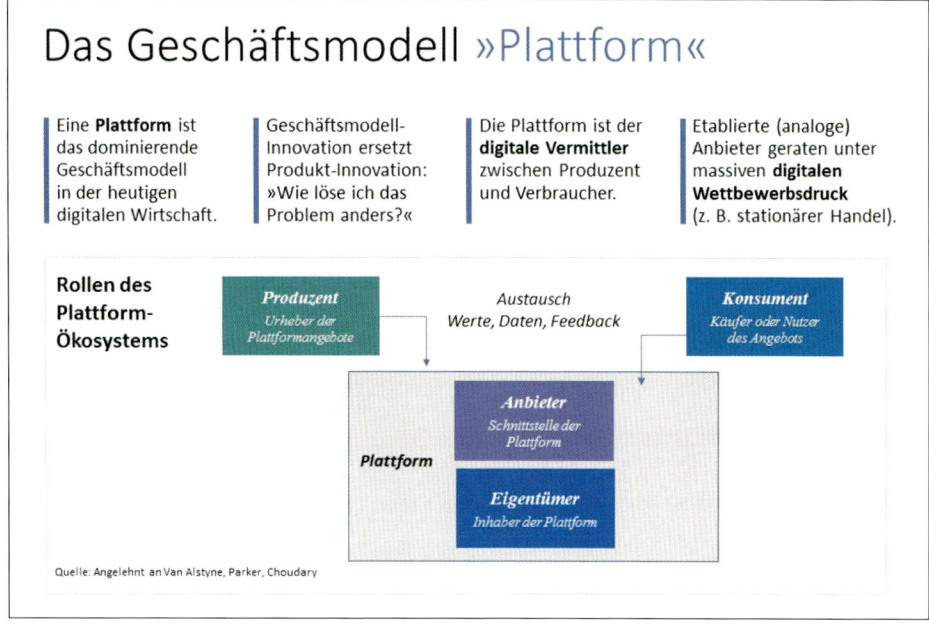

Das Geschäftsmodell »Plattform«

Eine **Plattform** ist das dominierende Geschäftsmodell in der heutigen digitalen Wirtschaft.	Geschäftsmodell-Innovation ersetzt Produkt-Innovation: »Wie löse ich das Problem anders?«	Die Plattform ist der **digitale Vermittler** zwischen Produzent und Verbraucher.	Etablierte (analoge) Anbieter geraten unter massiven **digitalen Wettbewerbsdruck** (z. B. stationärer Handel).

Rollen des Plattform-Ökosystems

Produzent
Urheber der Plattformangebote

Austausch
Werte, Daten, Feedback

Konsument
Käufer oder Nutzer des Angebots

Plattform

Anbieter
Schnittstelle der Plattform

Eigentümer
Inhaber der Plattform

Quelle: Angelehnt an Van Alstyne, Parker, Choudary

Abbildung 11

geschäft gewesen, verbunden mit massiven Investments in Grundstücke, Immobilien, Personal etc. Das Internet gab ihnen aber die Möglichkeit, Ähnliches via Vermittlung freier Wohnkapazitäten zu erreichen, etwas, das wir früher »Mitwohnzentrale« nannten. Der Mut und die harte Arbeit, die Idee in ein Unternehmen umzusetzen, wurde belohnt: Airbnb war im Mai 2018 ca. 30 Milliarden Dollar wert, vorbörslich![14] »Wie das?«, werden Sie fragen. Nun, grundsätzlich ist die Bewertung an der Börse ja immer in die Zukunft gerichtet, und bei vielen Technologieunternehmen spielen die Fantasie und die scheinbar unbegrenzten Möglichkeiten oft eine große Rolle. Aber auch die sehr hohe Profitabilität von Unternehmen wie Google, Apple und Facebook führt zu den massiven Summen, die man hinlegen müsste, um das Unternehmen zu kaufen. Und bei Airbnb ist jede Menge Potenzial vorhanden. Abertausende Wohnungen und Häuser sind immer mal wieder frei und suchen nach einem Mieter auf Zeit, und digitale Plattformen ermöglichen es, Nachfrager und Anbieter sehr schnell zusammenzubringen. Der Plattformanbieter ist – trotz aller Komplexität – nichts anderes als ein Vermittler und bekommt dafür seine Provision. Im Prinzip also relativ simpel, aber machen müssen Sie es halt, und rechtzeitig, wenn sie denken, »das mache ich doch auch«. Idealerweise besetzen Sie den Markt als Erster und bilden Ihre Marke aus. Denn oft verdient der Erste im Markt richtig viel Geld, der Zweite schreibt eine schwarze Null und der Dritte im Bunde ist oft im Verlustbereich.

Die Herausforderung für die etablierten Anbieter, seien es Hotels, Taxiunternehmen oder die Automobilindustrie, von der noch öfter die Rede sein wird, liegt nun vor allem in vier Punkten: Erstens agieren die Digitalunternehmen mit einer komplett anderen Kostenstruktur, denn zum Betrieb des Geschäftsmodells benötigen sie weitaus weniger Personal und sonstige kapitalintensive Investitionen. Zweitens haben sie eine viel größere Flexibilität, weil sie auf viele Dinge wie Betriebsrat, Produktionsstätten etc. keine oder kaum Rücksicht nehmen müssen. Ferner arbeiten sie oft mit steuerminimierten Modellen, was zwar größere traditionelle Unternehmen durchaus auch tun, aber das Ausmaß ist noch einmal ein ganz anderes. Auch hier liegt das nächste Steuerparadies bzw. das attraktive Angebot eines EU-Staates nur einen Mausklick entfernt und im Gegensatz zu Firmen in der analogen Welt können Digitalunternehmen ihre Daten etc. quasi über Nacht dorthin verlagern.[15] Und schließlich treffen diese Unternehmen zunehmend und in exzellenter Weise den Zeitgeist: So stellt zum Beispiel das Auto für viele junge Leute bei Weitem nicht mehr den Wert bzw. das Statussymbol dar, wie es noch für viele Menschen der älteren Generation der Fall ist. »Carsharing« heißt das Zauberwort, soll heißen: Ich leihe mir ein Auto für den Zeitraum, in dem ich es brauche, und stelle es dann wieder ab, sodass andere dann darauf zugreifen können. Ich teile also etwas. Klingt zunächst nach Nachhaltigkeit.

Ist es zum Teil auch, aber eben nur zum Teil. Denn viele dieser »Sharing«-Angebote sind im Kern klassische kapitalistische Modelle. Zum Beispiel haben viele Städte inzwischen Verbote oder strenge Auflagen für Airbnb ausgesprochen.[16] Denn wegen dessen Erfolg sind viele Wohnungen und Häuser gebaut worden, die dem in vielen Städten angespanntem Wohnungsmarkt nie zur Verfügung standen. Sie sind nur da, um via Plattformen vermittelt zu werden. Und auch Carsharing hat zwei Seiten, wie wir in Kapitel 6 sehen werden.

Viele Startups arbeiten an Plänen und Geschäftskonzepten, um die klassischen Anbieter via Plattformmodellen herauszufordern. Sei es die sogenannte Fintech-Branche, die die Banken massiv unter Druck setzt, weil sie klassische Bankgeschäfte und vieles mehr via Plattformen und Apps flexibler und unbürokratischer anbietet; sei es die InsureTech-Branche, die das personalintensive und zum Teil verkrustete Versicherungsgeschäft herausfordert, oder seien es die relativ bekannten Handelsplattformen, die den Einzelhandel zu großen Veränderungen zwingen.[17] Die einen trifft es früher, die anderen später, aber in den nächsten Jahren bleibt wahrscheinlich kaum ein Stein auf dem anderen.

Die Industrie hat das in den meisten Fällen erkannt und reagiert auf verschiedenen Ebenen. Zahlreiche Unternehmen haben ihre eigene Digitalstrategie entworfen oder sind zumindest dabei. Viele arbeiten mit möglichen Herausforderern aktiv zusammen (zum Beispiel VW mit Microsoft oder BMW mit Mercedes im Bereich des autonomen Fahrens), andere gründen eigene Startup-Investmentfonds, um selbst von Anfang an dabei zu sein. Die Herausforderung liegt im Wandel! Während »die Neuen« kaum Vergangenheit haben und keine Rücksicht auf Firmenkultur, alte Arbeitsverträge und Kundenbeziehungen nehmen müssen, hält genau das die Etablierten oft von einem schnellen Handeln ab. Aber, wie heißt es so schön: »Die Schnellen fressen die Langsamen«, und nicht mehr: »die Großen die Kleinen«! In Kapitel 6 werden Sie sehen, wie das Konzept der Plattformökonomie auch für eine nachhaltige Wirtschaft genutzt werden kann und welche Rolle wir als Verbraucher dabei spielen.

3. Was sind die bedeutendsten Firmen im Bereich Digitalisierung und speziell des Plattformgeschäftes?

Abbildung 12 zeigt eine Auflistung der am höchsten bewerteten Digitalfirmen (börsennotiert bzw. Startup), die gleichzeitig im Plattformge-

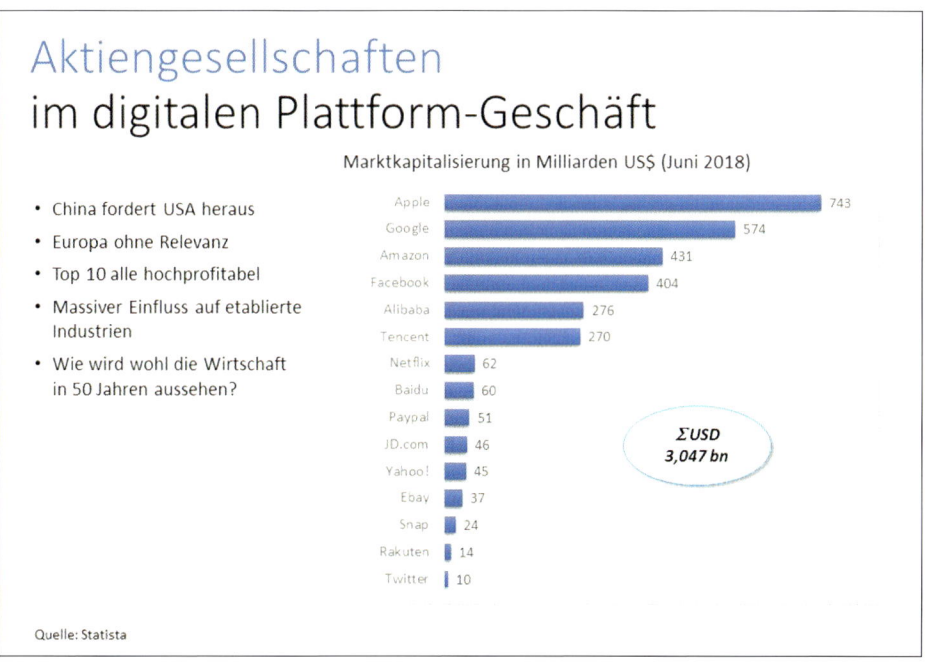

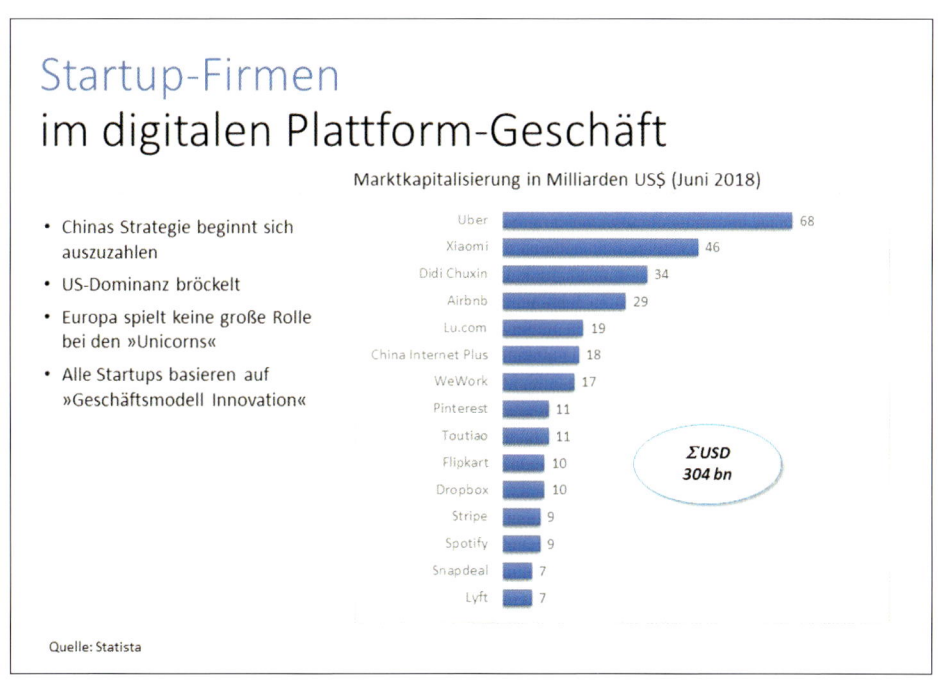

Abbildungen 12 a + b

schäft tätig sind. Fällt Ihnen etwas auf? Es sind fast ausschließlich US-amerikanische und chinesische Unternehmen. Europa spielt hier quasi keine Rolle. Es gibt zwar einige europäische und deutsche Erfolgsge-schichten wie die des Startup-Inkubators Rocket Internet, oder auch Wi-recard, das im digitalen Zahlungsverkehr eine starke Rolle einnimmt. Und selbstverständlich SAP. Aber insgesamt ist Europa im Vergleich zu den USA und vor allem auch zu Asien in diesem Bereich der digitalen Wirtschaft ziemlich hintendran (siehe Abbildung 13). Die Ursachen da-für sind mannigfaltig und werden in Frage 5 näher beleuchtet. Und wäh-rend die meisten viele der amerikanischen Unternehmen kennen, sind die Zuhörer in meinen Vorträgen fast immer über die zahlreichen chine-sischen Namen verblüfft. Die Auflösung dieses vermeintlichen Rätsels erfolgt in der nächsten Frage.

Natürlich können Sie jetzt sagen: »Na und? … Macht nichts, wir kön-nen ja nicht überall vorn mitspielen.« Tja, die Herausforderung für Deutschland und generell für Europa liegt darin, dass das nächste Wirt-

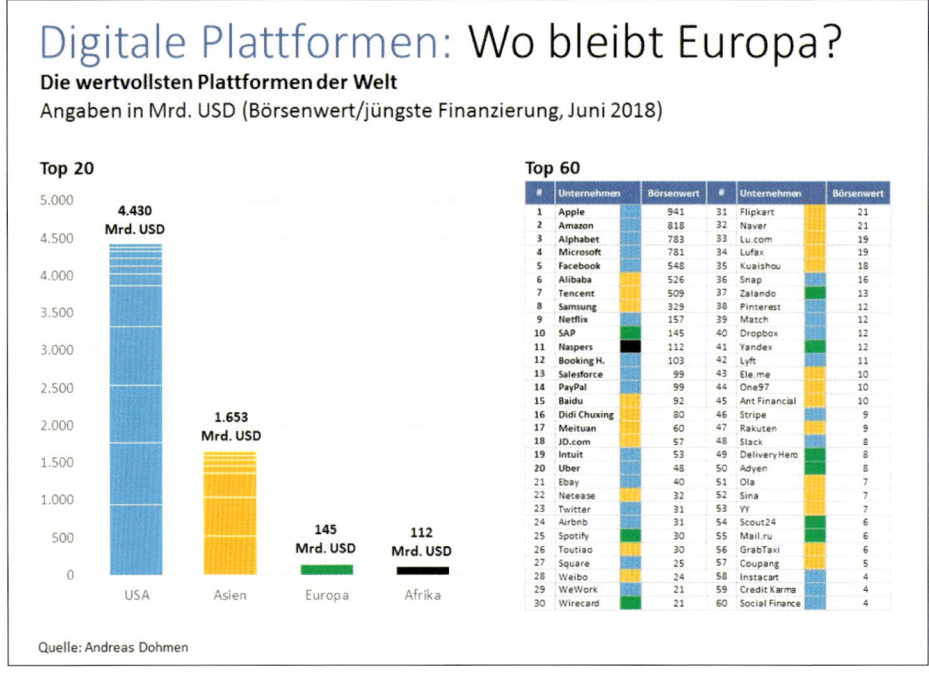

Abbildung 13

schaftswachstum aus der Kombination von bisherigen, klassischen (analogen) Geschäftsmodellen (und deren Produkten) und digitalen Geschäftsstrategien und deren digitalen Produkten und Services entstehen wird. Lassen Sie mich es Ihnen anhand von Abbildung 14 erklären:

Früher war ein Auto Blech auf Rädern. Da gab es kaum Software in den Fahrzeugen. Dann kamen die ersten Sensoren, die uns mitteilten, ob wir zu dicht am Vordermann sind, ob der Ölstand kontrolliert werden sollte usw. Nun fing man an, diese Daten zentral zu sammeln und auszuwerten, um anschließend sogenannte digitale Dienstleistungen anzubieten. So konnte man mir vor einigen Jahren helfen, als ich den Schlüssel für mein Fahrzeug verlegt hatte. Ein Anruf im Service Callcenter ermöglichte es, dass über einen zentralen Mobilfunkdienst und mittels Sensoren in meinem Auto das Schloss wie von magischer Hand geöffnet wurde. Diese digitalen Dienstleistungen (Services) werden künftig eine zentrale Rolle spielen: Ihr – bis dahin autonom oder zumindest teilautonom fahrendes – Auto buchen Sie über eine App oder Ihr Spracherkennungsgerät

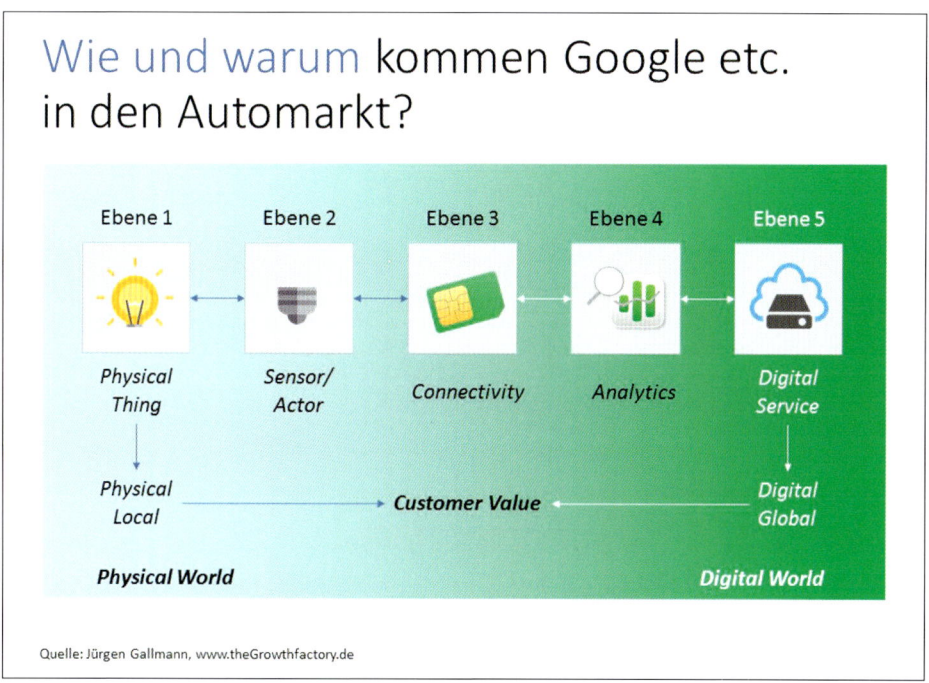

Abbildung 14

(zum Beispiel die KI »Andrea«). Das Auto fährt Sie in die Stadt, Sie können unterwegs online shoppen, sich Ihre Plätze im Restaurant buchen lassen oder andere digitalen Dienste des Anbieters nutzen. Durch diesen Wandel vom reinen Transportmittel zum »rollenden Computer« öffnet sich ein gigantischer Markt für Digitalfirmen und neue, mutige und kreative Startups. Auf einmal kann ein Smartphone-Hersteller oder Suchmaschinenanbieter in den Megamarkt »Mobilität« einsteigen, denn eines können sie jetzt schon exzellent: Daten sammeln, sie auswerten und digitale Dienstleistungen anbieten.

Die Kernfrage wird sein: Wo wird das meiste Geld verdient? Und die Betonung liegt auf verdient! Schauen Sie sich die Nettomargen (= Gewinn je Dollar/Euro Umsatz) der Digitalfirmen bzw. der Automobilunternehmen an: Während die Letzteren bei einstelligen Renditen liegen, erzielen Google etc. Margen von bis zu 40 Prozent![18] Ein Grund, warum ich nicht glaube, dass jemals ein großer digitaler Player einen klassischen Automobilbauer kaufen wird. Fast alle großen Internetplayer sammeln in den letzten Jahren intensiv Erfahrungen mit autonom fahrenden Autos und digitalen Serviceangeboten. Dabei kooperieren sie zum Teil eng mit Automobilzulieferern wie Continental, Bosch etc., denn auch diese sind ja vom digitalen Wandel betroffen und müssen schauen, was der Umbruch für sie am Ende bedeutet.[19] Die klassischen Autohersteller wissen all das natürlich auch und reagieren auf unterschiedliche, aber doch ähnliche Art und Weise. So heißt es zum Beispiel bei fast allen in ihren Firmenvisionen, dass sie zum größten Mobilitätsanbieter werden wollen.[20] Sie bilden Allianzen mit Startups und kooperieren auch untereinander, zum Beispiel beim »Kartendienst« HERE.[21] Denn zum autonom fahrenden Auto benötigt man Datenmaterial über Straßen, Orte etc., und hier hat Google ja seit Längerem »die Welt eingescannt« und tut es immer noch. Eine der Kernindustrien Deutschlands, neben Maschinenbau quasi unser Flaggschiff, steht vor einem massiven Veränderungsprozess. Händeringend suchen alle Autobauer Mitarbeiter mit »digitalen« Kenntnissen. Und parallel dazu, aber im Prinzip fast völlig unabhängig davon, findet auf der Antriebsseite der Übergang von Benzin bzw. Diesel zu elektrischen Motoren statt. Eine weitere große Transformation für die gesamte Industrie und alle, die daran hängen: Ein Elektroauto hat signifikant weniger Teile als ein klassisches Fahrzeug.[22] Denn nicht nur der Motor, sondern der gesamte Antriebsstrang ist bei der Elektromobilität komplett anders ausgelegt.

Sie sind Automobilzulieferer? Dann haben Sie sich bestimmt schon mal Gedanken gemacht, welche Rolle Sie denn in der oben beschriebenen Welt künftig spielen wollen. Falls nicht, so würde ich schnell damit beginnen. Kommentare über die für Wirtschaft und Politik mehr als peinliche Dieselkrise erspare ich mir, dazu gab es genug Berichte. Die kommt noch obendrauf – als ob der Umbau in Mobilitätskonzerne nicht herausfordernd genug wäre.

All das Beschriebene gilt im Prinzip auch für eine andere Domäne der deutschen Industrie, den Maschinenbau. Wie in Kapitel 1 dargelegt, wandeln sich die klassischen Maschinen zu »intelligenten« Geräten, ausgestattet mit Sensoren und Software; auch hier werden digitale Dienste eine große Rolle spielen, Stichwort Industrie 4.0. Und auch hier wittern Digitalfirmen aus den USA und China massive Chancen für Wachstum.

4. Warum ist China wirtschaftlich so stark geworden und welche Rolle spielt das Land bei der Digitalisierung?

Zur Beantwortung der Frage lohnt ein Blick zurück in die Geschichte des Landes. Um das Jahr 1400 herum besaß China die größte seetüchtige Flotte der Welt. Zu ihrem Höhepunkt umfasste sie über 3000 Schiffe. Einige der chinesischen Schiffe waren fünfmal so groß wie Schiffe aus Europa. Bis zum Jahr 1525 wurden aber alle Schiffe der chinesischen »Schatzflotte« aufgrund einer politischen Entscheidung zerstört – entweder sie verbrannten in ihren Anlegestellen oder sie verfaulten einfach, weil die Regierung sie ihrem Schicksal überlassen hatte. China hatte Jahrzehnte vor den Europäern die Fähigkeit, den Globus zu umsegeln, doch stattdessen zog die Ming-Dynastie sich zurück und fiel in einen 200 Jahre andauernden Abschwung.[23] Ca. 300 Jahre später entstand in England die erste industrielle Revolution, etwas, das viele Historiker auch den Chinesen auf dem damaligen Höhepunkt ihrer Schifffahrt und Handelsdominanz durchaus zugetraut hätten. Es gibt unterschiedliche Interpretationen, warum der Kaiser so handelte: War es die Bedrohung durch die Mongolen, für deren Bekämpfung man alle Mittel benötigte und wobei eine Flotte nun mal nicht helfen konnte? Oder fühlte sich die damalige Elite durch die aufstrebenden Kaufleute bedroht? Egal. Fakt ist, dass China gut 500 Jahre »pausierte« und nun wieder zurück an die Spitze der Welt strebt, zu einer Position, die es kennt. Und dabei hilft ihm die Digitalisierung auf vielfältige Art und Weise. Bereits vor ca. 15 Jahren erkannte man die historische Dimension der Digitalisierung und die damit verbundene Chance, China auch dadurch wieder als *die* führende Wirtschaftsnation zu etablieren. Und man reagierte: So wurde ein digitaler Masterplan entwickelt, der bis ins Jahr 2049 reicht![24] Das Jahr, in dem China 100 Jahre Volksrepublik China feiert. Dieser Plan beinhaltet aber nicht nur lose Absichtserklärungen wie so mancher europäische, sondern listet für jedes Jahr detailliert Ziele und Maßnahmen auf.

Schauen Sie nun nochmal auf die Abbildungen 12 und 13: Die Tatsache, dass dort so viele chinesische Unternehmen aufgelistet sind, ist kein Zufall, sondern Ergebnis dieses strategischen Handelns. Man suchte sich damals die zentralen Felder der digitalen Transformation wie E-Commerce, Künstliche Intelligenz, Soziale Medien etc., besetzte die Top-Jobs mit Top-Leuten, oft natürlich aus den Parteikadern bzw. dem Militär, und investierte Milliarden, um die Entwicklung voranzutreiben. Und, ganz wichtig, man verfolgte wohl auch noch ein anderes Ziel: die Unabhängigkeit von Unternehmen aus den USA! Und das ist ihnen durchaus gelungen. Denn in der Tat ist der Marktanteil von Firmen wie Google, Facebook etc. gering, natürlich auch bedingt durch staatliche Verbote und Auflagen. Aber das kann man halt auch nur machen, wenn man Alternativen hat, und die haben sie dort genug: Baidu[25] ist die chinesische Suchmaschine, Tencent[26] das Äquivalent zu Facebook; deren Messengerdienst WeChat hat mehr als 1,2 Milliarden Nutzer. Alibaba – das chinesische Amazon – legte vor einigen Jahren einen der erfolgreichsten Börsengange aller Zeiten hin, und Huawei ist ein hochinnovativer Technologiekonzern, dessen Technik die Basis der meisten europäischen

Mobilfunkanbieter stellt. Erinnern Sie sich noch an Siemens, Nokia, Alcatel oder Nortel, die kanadische Telekom-Firma? Im Bereich Telekommunikation sind sie quasi komplett von der Bildfläche verschwunden. Gründe: vielfältig, aber simpel. »Die Schnellen fressen die Langsamen.« Das hatten wir eben schon mal, und wir werden der Thematik bei den nächsten Fragen wieder begegnen. Denn auch bei der Künstlichen Intelligenz, vielen Technologie-Experten zufolge *der* Zukunftstechnologie schlechthin, zeichnet sich ein ähnliches Bild ab, wie es oben beschrieben wurde. Kapitel 4 hält da einige Überraschungen und Zahlen für Sie bereit.

! Buchtipp: *Stephan Scheuer, Der Masterplan. Chinas Weg zur Hightech-Weltherrschaft.* Hierin erfahren Sie viele interessante Details zum Aufstieg Chinas. Sie werden den Handelskonflikt mit den USA mit anderen Augen sehen, erkennen, dass es sich auch – und vor allem – um den Kampf um die technologische Führungsrolle in der Welt handelt, und sich dann wahrscheinlich fragen: Wo bleibt eigentlich Europa?

Erinnern Sie sich noch an die Ausführungen über Plattformfirmen und das Zusammenwachsen von analog und digital, wie in Abbildung 14 dargestellt? Nun, China kennt dieses Bild wohl auch, denn mit viel Investment und Innovation, aber auch mit zunehmenden Firmenkäufen im Ausland, speziell in Deutschland, will China es schaffen, sowohl beim Übergang von »klassischen« Maschinen ins digitale Zeitalter dabei zu sein als auch bei den digitalen Diensten. Und was China dann noch fehlt, das kauft es ein mit seinen Mega-Investmentfonds. So wurden allein in 2017 für über 13 Milliarden Euro Unternehmen in Deutschland aufgekauft.[27] Alles OK in »offenen Märkten«; dennoch sollten wir genau hinschauen, was sich da tut, denn wir werden in den nächsten Jahren durch intensiveren chinesischen Wettbewerb im Bereich Industrie 4.0 und auf anderen Gebieten der Digitalisierung herausgefordert werden.

»Halt«, werden Sie hier eventuell sagen. »China hat es ja auch einfach, denn die haben die Möglichkeit, all das von oben und zentralistisch durchzuregieren.« Ja, stimmt einerseits. China hat, wenn man so will, einen »staatsgelenkten Kapitalismus«, ein Modell, das es so nur dort gibt. Und natürlich ist das einfacher als bei uns, wo man sich zum Beispiel schon beim Thema digitale Bildung schwertut, 16 Bundesländer zu koordinieren und für eine einheitliche Ausbildung in diesem Bereich zu sorgen. Denn dafür musste ja erst das Grundgesetz geändert werden.[28] Man sollte wohl schnellstens, aber auch sorgfältig überlegen, ob die Digitalisierung nicht andere Mechanismen – auch in der Politik – erfordert. Wir kommen im nächsten Abschnitt noch darauf zurück, wenn wir uns anschauen, wo Deutschland bei der Digitalisierung steht.

Was wir sicherlich auf keinen Fall wollen, ist, was China im Jahr 2020 einführt: das »Social Scoring«. Um dafür zu sorgen, dass sich dieses Riesenreich mit seinen über 1,4 Milliarden Menschen »vernünftig« und im Sinne der Gemeinschaft entwickelt, soll jeder Bürger eine gewisse Basis-Punktzahl bekommen.[29] Fährt er dann zum Beispiel bei Rot über die Ampel oder pöbelt den Polizisten an, bekommt er Abzüge. Fährt er dann reumütig in ein Altersheim und hilft dort bei der Betreuung der Bewohner, erhält er Pluspunkte. Zahlt er einen offenen Strafbefehl nicht, soll er keine Flugbuchungen mehr tätigen können, bis er die Schulden getilgt hat usw. ... »Die rechtschaffenen und vertrauenswerten Bürger sollen sich frei unter dem Himmel bewegen können. Wer aber in Verruf gerät, dessen Bewegungsfreiheit soll stark eingeschränkt sein«, heißt es in der Verkündigung des Konzeptes durch die allgegenwärtige Partei. Zur Umsetzung nutzt man die Tatsache, dass man ja mithilfe der mächtigen chinesischen Internetfirmen Tencent etc. über Milliarden von Datenpunkten der Bürger verfügt, und man möchte bis 2020 diese Datenbanken mit denen des Staates verbinden. Erste Pilotstädte »üben« die Umsetzung.

Bei aller kritischen Betrachtung dieses Konzeptes aus unserer Sicht muss man immer bedenken, dass die Kultur in China eine ganz andere ist: Das Wohl der Gemeinschaft und der Gesellschaft zählt weitaus mehr als das des Einzelnen; dies ist tief im Bewusstsein der Menschen verankert. Wahrscheinlich auch deswegen führte die Verkündung der Entscheidung auf einem der Parteitage zu keinen – bei uns bekannten – massiven Protesten. Allerdings wahrscheinlich zudem wegen der Angst vor Repressalien. Denn die meisten Städte sind mit einer Unzahl an Kameras ausgestattet (allerdings zum Beispiel London auch!), und mit dem Einsatz von Künstlicher Intelligenz bei der Gesichtserkennung hat der Staat dann relativ schnell herausgefunden, wer da so über die Straße läuft. Hmm ...

5. Wo steht Deutschland im internationalen Vergleich – und gibt es einen digitalen Masterplan für Deutschland bzw. Europa?

Die gute Nachricht zuerst: Deutschland ist im Prinzip ein sehr innovatives Land, was uns u. a. ja auch die Basis für unsere heutige Stellung im Weltmarkt verschafft hat. Unsere Autos und Maschinen sind im In- und Ausland hochbegehrt, um unser hochqualitatives Ausbildungssystem beneiden uns viele. Und der jährlich erhobene Global Innovation Index bestätigt das im Prinzip auch (siehe Abbildung 15). Er basiert auf über 80 verschiedenen Parametern und vergleicht 126 Nationen in Bezug auf Innovationsindikatoren wie Bildung, Investments der Firmen in Forschung & Entwicklung, Anzahl der Patente sowie politische Rahmenparameter. Deutschland landet auf Platz 9, führend sind die Schweizer (!), und China holt mächtig auf – Platz 17 im Jahr 2018 ist das Ergebnis mächtiger Anstrengungen und der Umsetzung äußerst ehrgeiziger Pläne, Tendenz steigend.

Also alles OK? Nein, denn nun holen wir die Lupe heraus und schauen uns an, wo wir in Bezug auf die Digitalisierung stehen. Und immer daran denken: Die Welt wandelt sich zu einer digitalen Welt; nur wer die Kombination von analog und digital sehr gut beherrscht, wird nach heutigen Maßstäben weiterhin am Tisch der großen Wirtschaftsnationen Platz nehmen dürfen. Und hier wird das Bild für Deutschland dann schon etwas trüber: Die EU ermittelt, ebenfalls auf jährlicher Basis, den sogenannten DESI[30] (Index für die digitale Wirtschaft und Gesellschaft, siehe Abbildung 16). Sie vergleicht den Stand der Digitalisierung in allen EU-Ländern anhand fünf zentraler Parameter, um zu verstärkten Anstren-

Abbildung 15

gungen zu animieren, liegt doch die EU im Vergleich mit anderen Regionen der Welt teils weit zurück und die Bürger und die Wirtschaft in Deutschland machen sich schon seit Längerem große Sorgen über die Zukunft des Wirtschaftsstandortes Deutschland.[31]

In der EU liegt Deutschland laut DESI 2019 auf Platz 12. Sicherlich kein Platz, den ein Land, das Lokomotive für den EU-Zug und in vielen anderen Industriebereichen Weltmarktführer ist und sicherlich bleiben möchte, gern einnimmt. Positiv hebt der Bericht die Verbesserung der digitalen Kompetenzen im Land sowie der Integration der Digitaltechnik durch die Unternehmen und die zahlreichen Initiativen der Bundesregierung hervor. Die Gründe für das aber ansonsten insgesamt eher mittelmäßige Ergebnis liegen laut der Studie vor allem in[32]:

- der digitalen Kluft zwischen Stadt und Land bezüglich Versorgung mit Breitbandanschlüssen;

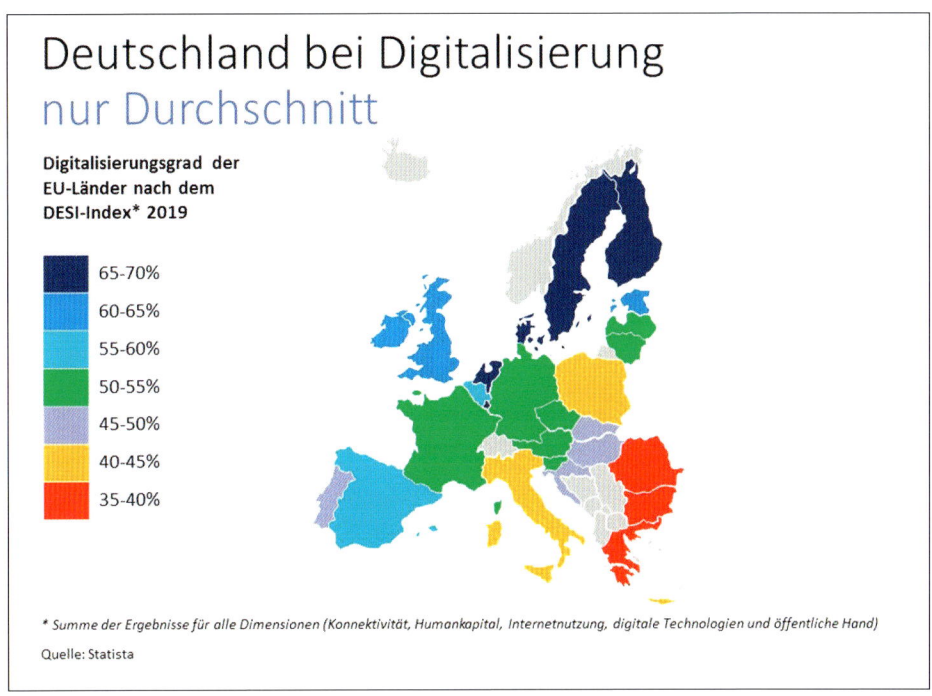

Deutschland bei Digitalisierung
nur Durchschnitt

Digitalisierungsgrad der
EU-Länder nach dem
DESI-Index* 2019

- 65-70%
- 60-65%
- 55-60%
- 50-55%
- 45-50%
- 40-45%
- 35-40%

Summe der Ergebnisse für alle Dimensionen (Konnektivität, Humankapital, Internetnutzung, digitale Technologien und öffentliche Hand)

Quelle: Statista

Abbildung 16

- dem geringen Anteil an Glasfaseranschlüssen (direkt ins Haus);
- der ausbaufähigen Akzeptanz und Nutzung von digitalen Möglichkeiten durch die KMUs (kleinen und mittelgroßen Unternehmen);
- der schwachen Online-Interaktion zwischen Behörden und Bürgern (Platz 26 von 28!) mangels digitalisierter Produkte und Dienstleistungen der Ämter;
- der schwachen Nutzung von digitalen Gesundheitsdiensten (Platz 26!).

»Hoppla«, werden Sie vielleicht rufen, »vieles davon habe ich doch als Schlagworte in den verschiedenen Wahlsendungen für Bundes- und Landtagswahlen in den letzten Jahren gehört und gelesen und Worte wie Masterplan 2025, Digitale Agenda, KI-Beirat, fünf Milliarden für digitale

Schulen etc. verstanden.« Ja, so war es, und hier ist auch die »gute« Nachricht: Es fehlt nicht an der Analyse oder gar an Gremien. Hier ist, was es (u. a.) bereits gibt:

- ein (durchweg gutes) »Weißbuch Arbeit 4.0« vom Arbeitsministerium zum Thema »Wie sieht die Arbeitswelt im Rahmen von Industrie 4.0 aus und welche Konsequenzen ergeben sich daraus?«[33];
- 13 Seiten über Digitalisierung im Koalitionsvertrag der Bundesregierung – an zweiter Stelle, direkt hinter den allgemeinen Leitlinien[34];
- ein Masterplan »Digitale Strategie 2025« (60 Seiten) aus 2016 von Wirtschaftsminister Sigmar Gabriel (der dann mit zu den o. g. 13 Seiten führte)[35];
- eine Digital-Staatsministerin (aber kein Digitalministerium, wie von vielen gefordert und auch sinnvoll, denn Digitalisierung ist ein horizontales Thema und betrifft den Umbau von Wirtschaft, Gesellschaft und Politik mit einer Heftigkeit wie zuletzt bei der Erfindung der Dampfmaschine und dem Beginn der Industrialisierung, nur diesmal mit exponentieller Ausbreitungsgeschwindigkeit);
- ein Digitalrat (seit August 2018), durchaus vielschichtig besetzt, der mehrmals im Jahr mit der Bundesregierung und den Ministern tagen und diskutieren soll[36];
- 5 Milliarden Euro, die die damalige Bildungsministerin Johanna Wanka 2016 für »40.000 Schulen« zur Verfügung stellte (und von denen bis Frühjahr 2019 noch kein Cent geflossen war, siehe unten)[37];
- ein 47 Seiten starkes Strategiepapier der Bundesregierung zum Thema KI inklusive Maßnahmenplan, kommuniziert im November 2018[38];
- u. v. m.

Ich habe fast alle verfügbaren Pläne und Papiere (quer-)gelesen. Fazit: Es stehen mehr oder weniger die richtigen und durchaus gute Dinge drin. Doch wie heißt es so schön: »Der Worte sind genug gewechselt, lasst mich auch endlich Taten sehn« (J. W. Goethe). Vieles, was in den Papieren steht, ist seit Jahrzehnten immer Teil von Papieren und Diskussionen sowie Absichtserklärungen gewesen (und erinnert einen im Prinzip an die ähnliche Situation im Bereich Klima), sei es die Vernetzung der Republik mit Glasfaser oder digitale Bildung oder gezielte Maßnahmen zur Schließung der MINT-Lücke. Das Problem ist: Jahrelang ging es so auch irgendwie, denn die Welt war analog und wurde erst in den letzten 10–15 Jahren von Jahr zu Jahr digitaler. Nun aber dämmert es fast jedem, dass derjenige die Zukunft bestimmt, der die Kombination *analog + digital* am besten beherrscht.

Daten sind das neue Öl, die analoge Produktions- und Dienstleistungsgesellschaft geht über in eine digitale Wissensgesellschaft, neue Wettbewerber treten in den Markt und digitale Geschäftsmodellinnovation schlägt analoge Produktinnovation. Hinzu kommt die gleichzeitige, unbedingt notwendige Transformation hin zu einer ökologischeren Welt. (Wie Digitalisierung und Nachhaltigkeit sich kreuzen, wird in Kapitel 6 intensiver behandelt.) Also wo klemmt es dann mit der schnelleren »execution«, der *Umsetzung* einiger der zahlreichen Statements, Visionen, Strategien etc.? Schauen wir uns dazu einige Beispiele an:

»Digitalpakt: 5 Milliarden für Computer und W-LAN in 40.000 Schulen«, hieß es 2016 in den Medien.[39] Und wir haben mehrfach gehört, dass digitale Bildung ein Schlüsselfaktor für eine erfolgreiche digitale Transformation ist. Nun besteht digitale Bildung in den Schulen aus weitaus mehr als Laptops und W-LANs, denn was nützt einem das, wenn der Unterricht immer noch auf Basis von analogem Unterrichtsmaterial und mit »analoger« Didaktik gehalten wird? Aber ein Anfang wäre es immerhin. Bis zum Frühjahr 2019 war noch kein Cent von den Geldern geflossen. Im Grundgesetz sind die Grundpfeiler des Föderalismus verankert und die beschreiben sehr genau, was der Bund darf und was nicht. Und dem war es verboten, den 16 Bundesländern gezielt zweckgebundene Mittel zukommen zulassen. Kooperationsverbot lautet der Name dafür, und man versuchte Ende 2018 in Bundestag und Bundesrat die notwendige Zweidrittelmehrheit für die Änderung zu erreichen. Der Versuch scheiterte, denn während der Bundestag zustimmte, war der Bundesrat einstimmig dagegen, man wehrte sich heftig gegen den Einfluss des Bundes auf die Bildungspolitik und rief den Vermittlungsausschuss an, um sich dann schließlich im Frühjahr 2019 zu einigen.[40] Die Konsequenz: Wieder keine schnelle *Umsetzung*, sondern abermals Diskussionen für Monate und keine zentralen Mittel für etwas, was jeder Politiker in seinen Reden immer betont: die Bedeutung der Digitalisierung für die Zukunft des Landes. Und selbst wenn das Geld dann fließt: Noch sind die Ausbildungen der Lehrer sowie die Unterrichtsinhalte weit davon entfernt, »digital« zu sein, noch gibt es nicht in jeder größeren Schule eine IT-Abteilung/Gruppe, die sich mit dem Betrieb des Netzes und der Geräte beschäftigt, wie es in quasi jedem mittelständischen Unternehmen der Fall ist. Und damit ist eine Schule für mich vergleichbar. Heute wird die Arbeit oft vom Physik- oder Informatiklehrer »nebenbei« gemacht, er darf dann einige Stunden weniger unterrichten. Zu stark verlässt man sich noch auf die tolle Initiative von einigen Schuldirektoren, die mit viel Engagement und Kreativität die Digitalisierung in ihrer Schule vorantreiben. Aber warum löst man das Thema nicht ganzheitlich? Ziemlich weit weg von den Anforderungen an eine digitale Ausbildung! »Digitalpakt: Lehrer befürchte Milliarden-Verschwendung«, so hieß es dann auch im Juni 2019 im Handelsblatt.[41]

Gefühlt – und auch faktisch – seit 10–15 Jahren konstatieren alle Beteiligten die große Bedeutung von Datenhighways für die Zukunft Deutschlands. Es gibt einen Breitbandatlas, ich selbst war 2003 einmal Sprecher der deutschen Breitbandinitiative[42] als Teil eines Projektes zwischen Industrie und Politik (D-21)[43], und es gibt jedes Jahr einen Breitbandgipfel.

Ich persönlich habe wohl auch einen lausigen Job gemacht, denn trotz diverser Treffen und Warnungen bzw. Aufrufen zum Handeln steht Deutschland noch immer noch auf Platz 31 in der jährlich veröffentlichten Liste der »schnellsten« Länder.[44] Woran hängt es?[45] Im Prinzip an einer alten Frage, die aus meiner Sicht wieder aktueller ist denn je: Wie viel

Staat brauchen und wollen wir, und wo sollen es die berühmten Kräfte des freien Marktes regeln? Denn auch in anderen intensiv diskutierten Bereichen wie der Energiewende, der Mobilität und der gesamten Klimathematik schauen die einen auf den Staat und erwarten Gesetze (»klare Ansagen«), basierend auf Diskussionen mit den Bürgern und der Wirtschaft; andere kämpfen vehement für »so wenig Staat wie möglich«. Dies ist bekanntlich eine immer wiederkehrende Frage in allen Wirtschaftsmodellen. Und beim Thema Breitband ist sie auch wieder da: Die Hoffnung der Politik mit ihren Appellen und Strategietreffen war und ist, dass die am Markt agierenden Telekomanbieter es schon richten werden, den Glasfaserausbau zum Beispiel. Und den bitte nicht nur in den Großstädten, sondern vor allem auch auf dem Land, damit der ländliche Raum für die Menschen und die Unternehmen attraktiv wird und nicht alles in die Ballungszentren drängt.

Wie oben erwähnt, hat Deutschland einen verschwindend geringen Anteil von Glasfaserverbindungen (ca. 2,6 Prozent) in die Haushalte bzw. direkt in die Unternehmen und liegt damit im Juni 2018 weltweit abgeschlagen auf Platz 33.[46] Denn der Markt hat es bisher *nicht* geregelt. Man schaffte es, die Grenzen der Physik auszutesten, und jagt heute sagenhafte 50 Mbit/s über Kabel, die früher nur zum Telefonieren gedacht waren (nennt sich V-DSL, auch Vectoring genannt). Damit mussten die Provider eines nicht tun: die Schaufel in die Hand nehmen und buddeln, und das möglichst tief, um die Glasfaser normgerecht zu verlegen. Schon zu meiner aktiven Zeit in der Telekomindustrie galt der geflügelte Spruch: »Wenn du anfängst zu buddeln, dann färbt sich der Business Case automatisch rot.« Denn die Kosten für Tiefbaumaßnahmen und all das, was damit zusammenhängt, sind enorm. Also rechnet sich ein Glasfaseranschluss für ein Haus im ländlichen Raum ziemlich schlecht. Und keiner, der ein börsennotiertes Unternehmen führt und quartalsweise berichten muss, wird das gern bzw. überhaupt tun. Hier »feuert« die ja an sich sehr positive Deregulierung des Telekom-Marktes zurück, denn wäre das alles noch in Händen des Staates, wäre es vielleicht ein anderer Platz in der Statistik; der Staat könnte »ansagen« und umsetzen. Und wie bereits erwähnt, haben die 100 Milliarden DM anlässlich der UMTS-Auktion 2000 zwar dem Staat geholfen, aber den Providern massiv Investitionsmittel entzogen; die Auswirkungen spüren wir Verbraucher in Form von Funklöchern bis heute.

Einige lokale Initiativen und alternative Anbieter versuchen seit einiger Zeit, Missstände zusammen mit Bürgern und Gemeinden bzw. Landkreisen zu beseitigen. Auf *www.deutsche-glasfaser.de* zum Beispiel erhalten Sie einen Überblick, was sich in Ihrer Region so tut. Denn selbst wenn der Staat dann Mittel in Milliardenhöhe zum Breitbandausbau zur Verfügung stellt, heißt das noch lange nicht, dass auch »etwas« passiert:

> Auf mehr als 3,5 Milliarden Euro summieren sich die bisherigen Förderzusagen an Gemeinden, Städte und Landkreise. Tatsächlich abgeflossen sind davon bislang aber nur 26,6 Millionen Euro, wie aus der Antwort der Bundesregierung auf eine kleine Anfrage der Grünen hervorgeht. Der Großteil davon, rund 23,4 Millionen Euro, entfällt auf Beratungsleistungen. Damit können die Kommunen prüfen lassen, wo bereits Kabel liegen. Das bedeutet: Tatsächlich verbaut wurden bislang sogar nur gut 3 Millionen Euro. Vollständig abgeschlossen seien drei Jahre nach Programmstart gerade einmal zwei Ausbauprojekte, heißt es in der Antwort.[47]

So stand es Mitte 2018 in der FAZ. Die Gründe für die Kopfschütteln erzeugenden Tatsachen liegen laut Medienberichten in der Überforderung der zuständigen Behörden (wegen der Komplexität der Verfahren), im akuten Mangel an Fachkräften zur Umsetzung und in der ausgelasteten Bauwirtschaft.[48] Auch in anderen Bereichen bleiben bereitgestellte und freigegebene Mittel unberührt; auf ca. 25 Milliarden Euro wurde die Gesamtsumme Ende 2018 geschätzt.

Interessant war in dem Zusammenhang auch der Beschluss der großen Koalition im Juni 2019, eine staatliche Mobilfunk-Infrastrukturgesellschaft zu gründen, um die so oft bemängelten Funklöcher zu stopfen.[49] Dabei soll die Finanzierung u. a. indirekt über Umlagen der Mobilfunkunternehmen geschehen, die aus unterschiedlichsten Gründen nicht für eine lückenlose Abdeckung mit schnellen mobilen Funknetzen gesorgt haben bzw. sorgen werden. Der freie Markt regelt halt doch nicht alles, und mittlerweile ist eine digitale Infrastruktur ein ähnlicher Standort- und Wirtschaftsfaktor wie Autobahnen, Flughäfen und Bildung. Die Politik hat das wohl nun auch erkannt und reagiert, gut! Denn in einigen Bundesländern, zum Beispiel in Bayern, arbeitet die (neue) Landesregierung mit Hochdruck sowohl am Thema Bildung als auch an der Breitbandinfrastruktur.

Aber auch für den Staat ist es schwer, Dinge durch- und umzusetzen. Ein Beispiel dafür ist die Gesundheitskarte.[50] Seit über 14 Jahren (!) läuft – oder besser gesagt: kriecht – dieses Projekt. Auch hier ist der bisherige Misserfolg entstanden durch ein Universum von Partikularinteressen aller Beteiligten. Wie oft sind Sie schon geröntgt worden, weil der Arzt »frische« Daten haben wollte, weil die bisherigen ja auch nicht verfügbar waren, weil sie bei einem anderen Arzt lagen? Und das in einer Welt, in der die Digitalisierung mithilfe von Big Data und KI sehr gute Analysen erlaubt, um den Arzt in seiner Behandlungsempfehlung zu unterstützen (siehe Kapitel 4). Und jede der Interessengruppen, seien es die Ärzte, die Krankenkassen, die IT-Firmen etc., haben ihre Argumente, die, wenn Sie sie isoliert betrachten, eventuell sogar sinnig sind. Nur, liebe Leute: 14 Jahre! Und wenn auch laut Gesundheitsminister Spahn die Einführung 2021 kommen soll: Diese Geschwindigkeit, bei der jede Schnecke das Rennen gewinnen würde, wird definitiv nicht ausreichen, um im globalen Wettbewerb vorn zu sein.

Bei einem Thema allerdings hat es weniger mit Partikularinteressen zu tun, sondern einfach damit, dass wir ziemlich spät dran sind: bei der Künstlichen Intelligenz. Und auch das gilt, wie so vieles bei der Digitalisierung und deren Umsetzung, gleichzeitig für ganz Europa. Während wir in Deutschland über wirklich hervorragende Grundlagenforschung verfügen, fixieren die USA und China ein Patent nach dem anderen (siehe Abbildung 17). Und Patente sind nun mal ein Maß für die *Umsetzung* von Ideen.

Mir ist vollkommen bewusst, dass sich bei der Auseinandersetzung mit dieser Thematik etliche spannende und hochkomplexe ethische Fra-

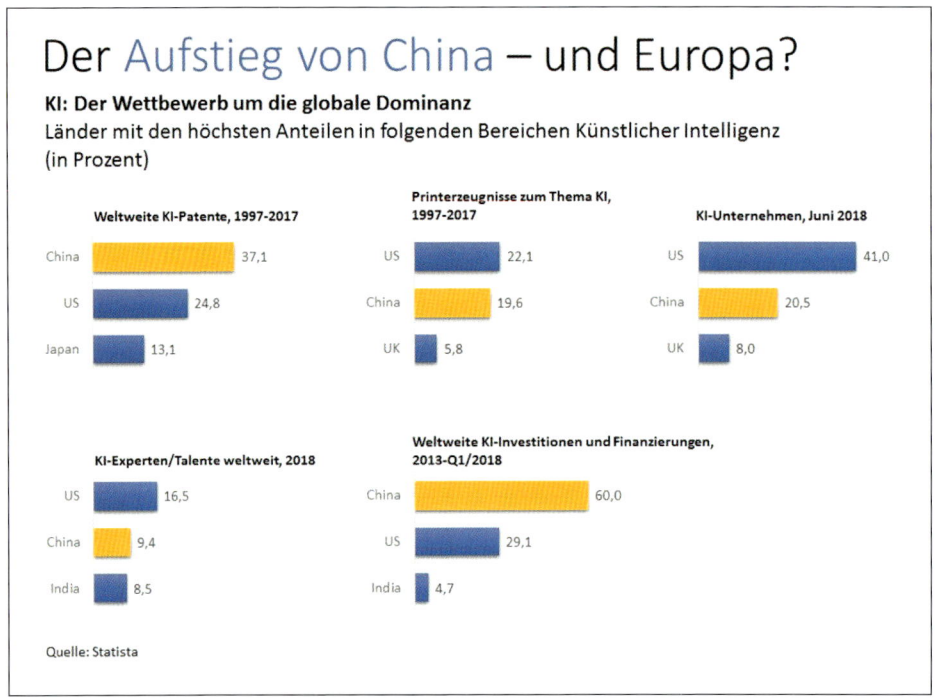

Abbildung 17

gen auftun und es sicherlich gut ist, hier nicht »blind« nach vorn zu stür-
men, sei es beim vollautonomen Fahren oder bei autonomen Waffen (alles Themen, die mich in meinem Philosophiestudium, Schwerpunkt
Ethik, seit zwei Jahren beschäftigen). Der vor einiger Zeit gegründete
Ethikbeirat zu dem Thema hat absolute Notwendigkeit, denn die chinesische Variante wollen wir bestimmt nicht.

Auch bei der KI stoßen wir bei näherer Analyse auf das Thema Bildung. Wer heute »neuronales Netz« und »KI« buchstabieren kann und
nicht bei drei auf dem Baum ist, hat einen hochbezahlten Job, oft, zu oft
allerdings nicht in Deutschland. Die Nachfrage nach Spezialisten wird
weiter zunehmen, und auch hier ist die Problematik die gleiche: Wie be-
geistere ich mehr junge Menschen, sich mit der Welt der Algorithmen
auseinanderzusetzen, und muss es immer gleich ein fünfjähriges Studium sein? Wie verbinde ich die Ausbildungswelten miteinander, pragmatisch und zielorientiert? Einzelne Unternehmen bilden ihre »Daten-

wissenschaftler« mittlerweile selbst aus, da nicht genug aus den staatlichen und privaten Ausbildungseinrichtungen kommen.[51]

Auf dem Digitalgipfel im Dezember 2018 wurde u. a. die KI-Strategie der Bundesregierung bekanntgegeben, um die Herausforderungen anzugehen. Die geplanten Maßnahmen umfassen u. a.[52]:

- Investitionen in Höhe von 3 Milliarden Euro bis 2025 aus dem Bundeshaushalt (diese sollen durch Investitionen aus der Industrie verdoppelt werden; in China rechnet man mit Investitionen bis 2030 in Höhe von 150 Milliarden Euro!)[53];
- Schaffung von 100 Professorenstellen, um Top-Forscher in Deutschland zu halten bzw. sie aus dem Ausland zurückzuholen;
- Implementierung von mindestens zwölf KI-Zentren und Anwendungshubs;
- ein spezielles Programm zur Förderung von KI im Mittelstand;
- enge Kooperation mit Frankreich durch den Aufbau eines Innovationsnetzwerkes.

Es bleibt zu wünschen, dass dieser Plan den Weg zur Umsetzung schneller findet als andere bisherige Digitalpläne. Klar ist aber in Anbetracht der aktuellen Situation und der Fakten auch, dass hier abermals eine große Notwendigkeit und Chance für Europa gegeben ist, *zusammen* einem Thema zu begegnen. Kein Land, auch wir nicht, selbst bei herausragender »Execution«, schafft es allein, ein – im Sinne von gesundem Wettbewerb – Gegengewicht zu dem aufzubauen, was in den USA schon da ist und was sich in den letzten Jahren in China in noch intensiverem Maße im Aufbau befindet.

In einem Interview vom Herbst 2018 erläutert der ehemalige EU-Kommissionspräsident J. M. Barroso seine Sicht auf Europa und die Digitalisierung.[54] Auf europäischer Ebene ist das Bild ihm zufolge ähnlich wie in Deutschland: Er sagt, dass »... wir in Europa zwar sehr gute Forschung haben, es aber nicht gelingt, dieses Know-how zu transformieren«. Im weiteren Verlauf des Gesprächs führt er aus, wie er Deutschland beim Thema digitale Transformation sieht: Es »wird eher mit Hardware als mit Software verbunden. Dinge, die sehr solide und verlässlich sind, aber nicht so disruptiv wie andere.« Und er weist auf die Notwendigkeit einer stärkeren Offenheit für Veränderungen hin, ohne die der Wandel von einer analogen zu einer digitalen Welt dazu führen kann, dass wir – Europa insgesamt – den Kampf um die Digitalisierung verlieren. Abbildung 17 zeigt ja die schon jetzt herausfordernde Situation, und es wird spannend, zu sehen, ob ein heute eher divergentes Europa sich dieser gemeinsamen Aufgabe stellen wird.

Das Warten auf eine gemeinsame europäische Digitalstrategie bzw. der Umsetzung der 2018 beschlossenen massiven Investitionsmaßnahmen (u. a. 20 Milliarden Euro bis 2020) in KI seitens der EU[55] kann also nicht die Lösung für Deutschland sein; es ist »action« gefordert. In der FAZ hieß es im August 2018 zu der Thematik »Ankündigungen und Umsetzungen« anlässlich der Implementierung des Digitalrates: »… in Fragen der Digitalisierung hat Deutschland vor allem ein Umsetzungsproblem. Ob Breitband-Infrastruktur, der Digitalpakt für Schulen, der Aufbau eines einheitlichen Bürgerportals für Behördendienste oder eine Strategie für die Künstliche Intelligenz (KI): Die Vorhaben müssen schnell und entschieden in die Praxis umgesetzt werden.«[56] Treffender kann man es wohl nicht formulieren!

6. Wie schaut die deutsche Gesellschaft auf die Digitalisierung und wie digital ist sie?

Schauen wir uns zunächst an, wie die Deutschen über die Digitalisierung denken. Einen guten Überblick dazu gibt eine im August 2018 veröffentlichte Studie der US-Internetfirma Cisco.[57] In einer repräsentativen Untersuchung wollte sie herausfinden, wie digital Deutschland wirklich ist, und kam dabei zu einigen interessanten Ergebnissen, die die Stimmung im Land zu diesem Thema gut widerspiegeln. So äußern zum Beispiel zwar fast 25 Prozent der Menschen Neugier, eine fast gleich hohe Zahl spricht aber auch von Genervtheit und Überdruss. In meinen Vorträgen und Vorlesungen der letzten Jahre kann ich das auch genauso beobachten. Von Faszination und Offenheit bis zu deutlicher, zum Teil auch emotionaler Ablehnung, oft durch erlebte und gefühlte Überforderung (bei Jung wie Alt!), reichen die Reaktionen. Dabei nutzen laut Cisco mehr als 70 Prozent täglich ein bis drei digitale Geräte. Auch bei der Frage, ob denn nun Alltagsdinge wie Banking, Shopping etc. durch neue digitale Technologien eher einfacher oder komplizierter werden, gibt es verschiedene Pole. Mit »einfacher« antworten gut 60 Prozent der Befragten, knapp 25 Prozent sprechen aber von »komplizierter«. Noch deutlicher werden die unterschiedlichen Meinungen bei der Sicherheit durch Digitalisierung. 51 Prozent der Teilnehmer antworteten mit Nein auf die Frage, ob Alltagsdinge nun sicherer werden, lediglich 24 Prozent meinten Ja.

Fast 44 Prozent nennen die Bildung als den Bereich, in dem Deutschland den größten Handlungsbedarf hat, gefolgt von knapp 22 Prozent im Gebiet der digitalen Verwaltung, also des Angebotes an digitalen Dienstleistungen von Behörden. Und auf die Frage, wo man Deutschland im internationalen Vergleich am ehesten einordnen könne, antworteten fast 40 Prozent: »im unteren Drittel«. Wie wir gesehen haben, trügt dieses Gefühl der Bürger nicht!

Und wie nutzen nun wir Deutschen das Internet? Hier einige Eckdaten:

- Im Jahr 2018 waren fast 64 Millionen Deutsche Internetnutzer und verbrachten dabei im Schnitt an die 200 Minuten am Tag (!) im »Netz«.[58] (Falls Sie dazugehören: Haben Sie sich mal gefragt, was Sie eigentlich früher in der Zeit gemacht haben? ☺)
- Ca. 43 Prozent der Internetnutzer waren älter als 50 Jahre (eine gute Nachricht, zeigt es doch, dass das »Netz« nicht nur etwas für die Jüngeren der Gesellschaft ist).[59]
- Die Zahl der Menschen, die das Web zum Online-Einkauf nutzen, stieg im Jahr 2017 auf ca. 96 Prozent aller Internetnutzer ab 14 Jahren! (Also nicht wundern, wenn Sie unterwegs so

viele Lkws sehen; die transportieren gerade unsere Pakete ☺☹).[60]

- Dabei ging 2017 der Löwenanteil an den Giganten Amazon mit fast neun Milliarden, gefolgt von OTTO (einem guten Beispiel für erfolgreiche Transformation von analog zu digital!) mit knapp drei Milliarden und dem »Aufsteiger« Zalando mit ca. 1,3 Milliarden.[61] Die Deutschen sind dabei so etwas wie Europas Retouren-Meister. In keinem anderen Land schicken Kunden so gern online bestellte Waren zurück.[62] Und beileibe nicht alles, was zurückgeht, wird wieder neu verpackt und verkauft, viel zu aufwendig. Zum Teil landet es dann im Müll oder wird in andere Regionen der Welt »verkauft«.[63]
- Bei den Sozialen Medien liegt Facebook trotz aller Skandale und Kritik in Deutschland immer noch unangefochten auf Platz 1, mit über 30 Millionen monatlichen Nutzern. Ca. 41 Prozent aller Internetnutzer ab 14 Jahren präferieren Facebook als das Soziale Medium ihrer Wahl, gefolgt von Google's Youtube mit ca. 31 Prozent und Instagram (gehört Facebook) mit 10 Prozent, knapp gefolgt von Twitter mit 9 Prozent (alles 2017).[64]

Insgesamt ist Deutschland also ein recht aktives Land was das Internet betrifft. Von Scheu oder breiter Ablehnung kann nicht die Rede sein. Klar ist aber auch, dass noch jede Menge Bedarf an Aufklärung über die Möglichkeiten des Netzes sowie mögliche Fallstricke und besseren Schutz besteht. Ein massives Investment – vor allem von Seiten des Staates – in Bildung rund um die Thematik Digitalisierung sowie in das Angebot von digitalen Dienstleistungen im öffentlichen Dienst ist notwendig. Auch die Aufmerksamkeit für rasant zunehmende »Cyberrisiken« von Datendiebstahl bzw. -missbrauch über die Verbreitung von Viren bis hin zu Themen wie »Fake-News, -Bilder, -Videos« sollte bei Staat und Industrie höhere Priorität bekommen. Momentan sieht es eher so aus, dass wir schneller »vernetzen«, als wir mit dem »Schützen« hinterherkommen. Mehr dazu in Kapitel 5.

7. Was tut sich in der deutschen Startup-Szene?

Nach einigen schwierigen Anfangsjahren – auch bedingt durch die einigen Lesern eventuell noch bekannte Krise des »Neuen Marktes« Ende der 90er-Jahre – hat sich der Markt für Startup-Unternehmen in Deutschland in der Zwischenzeit insgesamt gut entwickelt. Dabei unterscheiden sich diese von anderen, eher »klassischen« Unternehmensgründungen vor allem durch folgende Punkte:

- ein innovatives Geschäftsmodell, das entweder mit einer komplett neuen Idee an den Markt geht und/oder etablierte Branchen und deren Modelle stark herausfordert;
- eine starke Fokussierung auf Wachstum in den ersten Jahren;
- jünger als zehn Jahre;
- einen geplanten Verkauf oder Börsengang (beides auch Exit genannt) nach einigen Jahren;
- Finanzierung oft nicht durch die klassische Hausbank, sondern aus einer Mischung aus eigenen Mitteln (»Family & Friends«) sowie Kapital von öffentlichen Fördermitteln und Geldern von privaten Anlegern (»Business Angels«, »Family Offices«) bzw. institutionellen Anlegern wie Risikokapitalgebern (»Venture Capital«).

Oberstes Ziel der jungen Wachstumsunternehmen ist die schnelle Erarbeitung eines skalierbaren Geschäftsmodelles, denn nur so gelingt es, sich am Markt nachhaltig zu etablieren, profitabel zu wirtschaften und sich dann selbst zu finanzieren.

Der Weg dahin ist spannend und im positiven Sinne durchaus abenteuerlich und voller Unwägbarkeiten. Es erfordert neben der hervorragenden Idee, die dem Ganzen zugrunde liegt, ein hohes Maß an Innovations- und Risikobereitschaft sowie die richtige Balance zwischen Flexibilität und Stabilität. Mitentscheidend – wie bei »normalen« Unternehmen auch – ist u. a. die Rekrutierung begabter und hochmotivierter Mitarbeiter. Dies stellt, wie wir später noch sehen werden, eine der größten Herausforderungen der heutigen digitalen Startups in Deutschland dar.

Die Digitalisierung bietet eine hervorragende Möglichkeit für junge Gründer, sich mit neuen Ideen in der Wirtschaft zu positionieren. So sind laut einer Studie von 2018[65] fast 32 Prozent aller Startups in Deutschland in der IKT (Informations- und Kommunikationsbranche) tätig, gefolgt von Ernährung/Konsumgütern und Medizin mit jeweils ca. 9 Prozent. Und bestimmt sind Sie einem solchen Unternehmen begegnet: Haben Sie bzw. ihre Familienangehörigen (vor allem die weiblichen ☺) schon mal Modeartikel bei Zalando bestellt oder Ihren abendlichen Appetit durch eine Bestellung bei HelloFresh gestillt? Oder haben Sie sich von Ihrer Bank quasi verabschiedet und tätigen Überweisungen etc. auf der Plattform von N26? Willkommen in der deutschen innovativen Gründerszene! Mit diesen Beispielen kann man einiges verdeutlichen.

Die beiden ersten stammen aus Berlin und dort von einem Unternehmen, das Ihnen eventuell schon vertraut ist, denn es ist ebenfalls börsennotiert: Rocket Internet. Als Startup von drei Brüdern gegründet, hat sich das Unternehmen über die Jahre nicht nur sehr erfolgreich auf die internationale Verbreitung bereits existierender Geschäftsmodelle spezialisiert, sondern sich auch als sogenannter Incubator (Geburtshelfer) anderer Startups einen Namen gemacht. Dabei stellt es den aus seiner Sicht vielversprechenden Teams nicht nur eine Teilfinanzierung zur Verfügung, sondern, ebenso wichtig, auch Infrastruktur wie Gebäude, IT etc. sowie Know-how in Form von Experten, Coaches usw. Erreichen die Unternehmen die vereinbarten Ziele, werden sie weiterhin gefördert. Aus diesem Mechanismus sind zahlreiche erfolgreiche größere Firmen entstanden; Zalando im Bereich E-Commerce sowie HelloFresh im stark wachsenden Subsegment »Online-Food« sind lediglich Beispiele.[66] Sie weisen eine Reihe weiterer Indikatoren im deutschen Startup-Markt auf[67]:

- Berlin war 2018 mit fast 40 Prozent aller Finanzierungsrunden der Hotspot der deutschen Szene, gefolgt von Bayern und – mit Abstand – NRW und Hamburg.

- Mehr als jeder zweite Euro wurde in Berliner Unternehmen investiert (57 Prozent), wiederum gefolgt von Bayern mit knapp 17 Prozent.
- Hauptinvestitionsfeld war in 2018 (wie in den Vorjahren) das Segment E-Commerce, gefolgt mit weitem Abstand (ca. ein Drittel) von Fintech (Startups in der Finanzbranche) und dem sicherlich zukunftsträchtigem Gebiet Software & Analytics (u. a. KI, Blockchain etc.).
- Insgesamt wurden knapp 600 Startups mit fast 4,6 Milliarden Euro gefördert (dabei machten allein vier Deals fast 1 Milliarde aus, alle in Berlin: Auto1, Home24, GoEuro und N26).
- Im internationalen Vergleich (erstes Halbjahr 2018) liegt, bezogen auf die Anzahl der Deals bzw. das Investmentvolumen, Berlin meist auf Platz 2 bzw. 3 hinter den führenden Cities London und Paris. Interessant ist bei der Betrachtung Europas auch die Tatsache, dass asiatische Venture-Capital-Firmen eine immer stärkere Rolle spielen. So haben sie 2013 ca. 200 Millionen Euro in Europa investiert; 2017 waren es bereits 4,5 Milliarden Euro![68]
- Ein vergleichender Blick nach Israel lohnt auch: In dem Land mit ca. 10 Prozent der Bevölkerung Deutschlands wurden allein im ersten Halbjahr 2018 ca. 2,5 Milliarden Euro in Startup-Unternehmen investiert. Nicht zuletzt durch die enge Verflechtung von Militär, Gesellschaft und Wirtschaft ist Israel eine hochinnovative Region und kann bei den Kernthemen wie KI, Blockchain und Cybersecurity durchaus mit den großen Nationen USA und China mithalten.[69]

Also auf nach Berlin, werden Sie denken. Nun, wie so oft im Leben: Kommt ganz darauf an. Nämlich, mit welcher Idee Sie sich auf den Weg machen, das nächste Google, Facebook oder Tesla zu werden. Wie die deutsche Wirtschaft nicht nur *ein* Zentrum hat, sondern sich je nach Branche in unterschiedlichen Städten bzw. Regionen konzentriert, so folgt die Startup-Szene dieser Struktur. Auch, weil man natürlich mit den etablierten Konzernen sehr gern auf unterschiedlichste Art und Weise kooperiert. Berlin ist der magische Anziehungspunkt für die »Kreativszene« und alles, was mit dem Handel über das Internet zu tun hat. Und das auch über die deutschen Grenzen hinaus. Die Mischung aus relativ idealen Lebensbedingungen für junge Leute (allerdings etwas eingetrübt durch den massiven Anstieg der Immobilienpreise in 2017 und 2018) und guter Vernetzung mit Politik und Medien hat der Hauptstadt (»arm, aber sexy«) zu ihrer sehr guten Position verholfen.

Im Süden des Landes spielt sich die Szene vor allem in München sowie in Stuttgart und Karlsruhe ab. Schwerpunkte sind hier eher Gründungen mit immer wieder faszinierenden Ideen aus den Ingenieurs- bzw. Maschinenbaustudiengängen sowie der Biotechnologie. Viele namhafte deutsche Großunternehmen sowie »hidden champions«, also Mittelständler mit »Tüftlern« als Gründer, sind hier angesiedelt und kooperieren intensiv mit den jungen Teams. Und auch die renommierten Forschungseinrichtungen der Fraunhofer- bzw. Max-Planck-Institute haben zunehmend Initiativen gestartet, um aus dem großartigen Pool von Ideen und Patenten entsprechende Geschäftsmodelle zu realisieren.

Im Westen der Republik sind vor allem die Gegenden um Frankfurt und Köln bzw. das Ruhrgebiet interessante Zentren; Frankfurt als Bankenhauptstadt natürlich für alles, was mit der Fintech-Branche zu tun hat, also der Digitalisierung erheblicher Teile des klassischen Bankgeschäfts, in Köln ist die Medienbranche stark vertreten.[70] Auch Hamburg hat sich in den letzten Jahren verstärkt innovativen Unternehmen geöffnet und es zu zahlreichen Ansiedelungen und Investitionen – ebenfalls im Segment Medien, aber auch in der stark wachsenden Gaming Branche – gebracht.[71] Im Osten Deutschlands sind vor allem Dresden, Leipzig und Chemnitz zu nennen, die immer wieder mit cleveren Ideen zum Beispiel im Bereich Biotechnologie und Mobilität auf sich aufmerksam machen.[72]

Laut einer Studie von PWC 2018 ist die Stimmung unter den jungen, aufstrebenden Unternehmen gut, denn sie erwarten für die nächsten zwölf Monate sowohl Umsatzwachstum als auch die Aufstockung des Personals um jeweils ca. 8 Prozent.[73]

Alles prima also in Deutschland? Leider nicht ganz, wie ein zweiter Blick zeigt. Denn wie sagte Albert Einstein so schön: »Alles ist relativ.« Die Bedeutung in Bezug auf den Startup-Markt wird deutlich im internationalen Vergleich. Die Abbildungen 12 und 13 zeigen Ihnen den großen Abstand, den Deutschland, aber auch Europa insgesamt im internationalen Vergleich der Plattformfirmen hat; beim Zukunftsthema KI gehen die Patente und Investitionen ebenfalls nicht von Deutschland bzw. der EU aus. Das hängt mehr oder weniger unmittelbar mit den drei größten Herausforderungen zusammen, die 1000 deutsche Startup-Unternehmen bei einer Befragung 2018 durch die Beratungsfirma PWC aufführten[74]:

- Personalplanung und -rekrutierung (50 Prozent);
- Rechtliche Themen (41 Prozent);
- Finanzierung (35 Prozent).

Natürlich schlägt der Mangel an Fachkräften auch auf die Startup-Branche durch. Denn zusätzlich zu der einfach zu geringen Anzahl geeigneter Absolventen (gerade aus dem MINT-Bereich) stehen die jungen Arbeitgeber im harten Wettbewerb mit den großen Firmen, die ja ebenfalls nach fähigen Köpfen suchen, um die Digitalisierung in ihren Geschäftsfeldern voranzubringen. Im Hinblick auf die Finanzierung als Hürde auf dem Weg zum Erfolg sieht die Situation vor allem dann schwierig aus, wenn es um große Beträge geht, sprich: um 100 Millionen aufwärts. »Um Finanzierungsrunden in einer dreistelligen Millionen-Größenordnung stemmen zu können, bedarf es jedoch in den meisten Fällen eines Konsortiums von Kapitalgebern und zudem der Hinzunahme von ausländischem Kapital«, so Nicolas Gabrysch, Partner in der Kanzlei Osborne Clark, selbst beteiligt an ca. 70–80 Finanzierungsrunden pro Jahr.[75] Durch das Engagement ausländischer Investoren – unter denen sich neben den klassischen Finanzvehikeln auch zunehmend große Unternehmen mit ihren Investmentarmen aus den USA (wie Google) oder aus Asien (wie Tencent/China oder Softbank/Japan) befinden – kommen viele ausgezeichnete Ideen in die Hände potenzieller Mitbewerber auf den globalen Märkten. Und dies in einer Zeit des Umbruchs von *Analog* zu *Analog + Digital*. Zu erkennen ist diese Herausforderung auch, wenn man sich anschaut, wie viele sogenannte *Unicorns* es in den einzelnen Ländern bzw. Regionen gibt. Das sind Startup-Unternehmen, die einen vorbörslichen Wert von mehr als einer Milliarde Dollar haben, also genauso selten sind wie Einhörner. Im Herbst 2018 hatte Deutschland sechs Exemplare dieser Spezies.[76] Eins davon haben Sie eventuell mal genutzt: Flixbus. Dagegen sind die USA mit ca. 116 und China mit ca. 67 Unicorns Deutschland und Europa weit entrückt. Großbritannien verfügt immerhin über 13, Frankreich über lediglich zwei. Das war's dann für eine Region mit ca. 500 Millionen Menschen, also erheblich mehr als in den USA. Hmm ... – gibt einem zu denken.

Die Ursachen dafür sind recht vielfältig. Sie reichen von einer Kultur, die tendenziell risikoscheu ist und in der »Scheitern« immer noch eher negativ als positiv (»Und, was haben Sie daraus gelernt?«) bewertet wird, bis zu fehlenden steuerlichen Anreizen. Hinzu kommt das Fehlen einer – nicht nur aus meiner Sicht – dringend notwendigen aktiveren Industriepolitik, was die Digitalisierung betrifft. So mahnen auch die beiden sehr erfolgreichen Internetunternehmer Ralf Dommermuth (u. a. 1&1, GMX) und Oliver Samwer (Rocket Internet, Zalando etc.) in einem Interview mit dem Handelsblatt im August 2018 u. a.: »Am Ende steht die Frage: Wollen wir noch Produzenten von Technologie und Plattformen sein, oder reicht uns die Rolle als Anwender und Kunde? Letzteres ist eine Weile komfortabel, würde aber auch das Ende des Wirtschaftsstandortes Deutschland einläuten.«[77] Und sie stehen damit nicht allein. Zahlreiche Unternehmen und Verbände mahnen seit Langem, dass wir die erste Welle der Digitalisierung verpasst haben, und nun droht, dass auch die Kernthemen der nächsten Welle wie KI, 5G, Blockchain etc. durch zu langes Zögern, Taktieren und Diskutieren abermals zunächst ohne uns oder aber mit großem Rückstand realisiert werden.

Die deutsche Startup-Szene kann dabei der notwendige digitale Katalysator sein, den es braucht, um manche verstaubte Geschäftsmodelle zu innovieren und für den globalen Wettbewerb fit zu machen. Aber, so muss man wohl oder übel anfügen: Insgesamt wird nur eine *gemeinsame* europäische Digitalstrategie die Grundlage dafür bilden, dass wir den (digitalen) Anschluss an die USA und China nicht verlieren.

8. Wie werden Startups vom Staat und anderen Institutionen gefördert?

Die Politik in Deutschland ist sich der oben beschriebenen Problematik, aber auch der Chance grundsätzlich wohl bewusst und unterstützt den Ausbau des Startup-Marktes mit verschiedenen Programmen sowohl auf Bundesebene als auch in den einzelnen Bundesländern:

- Exist ist ein Förderprogramm des Bundesministeriums für Wirtschaft und Energie (BMWi)[78] mit dem Fokus auf der Förderung der Startup-Kultur an wissenschaftlichen Einrichtungen sowie dem Aufbau von Unternehmen durch Studenten und Wissenschaftler von Universitäten und Forschungseinrichtungen wie Fraunhofer- und Max-Planck-Instituten.
- *Invest:* Dieses Programm des BMWi adressiert die so wichtige Finanzierung in der Anfangsphase.[79] Private Investoren, die oft bei der ersten »Geldsammelrunde« von großer Bedeutung sind, erhalten u. a. 20 Prozent ihrer Investition steuerfrei erstattet, wenn sie sich mit mindestens 10.000 Euro Wagniskapital an dem Unternehmen beteiligen. Laut BMWi wurden durch dieses Programm seit 2013 ca. 288 Millionen Euro an Mitteln für 3705 Investments bewilligt (Stand: 30. Juli 2017).
- *High-Tech-Gründerfonds (HTGF):* Dieses Programm ist ein sehr gutes Beispiel für die Kooperation zwischen Staat und Wirtschaft. Der 2005 aufgelegte Investmentfonds wurde mit Mitteln des Staates und von Unternehmen gegründet und investiert in Hochtechnologieunternehmen, die nicht älter sind als drei Jahre und in die bisher nicht mehr als 500.000 Euro Investmentkapital geflossen sind.[80]

- Im Koalitionsvertrag von 2018 sind weitere Maßnahmen zur
  Förderung der Gründerszene aufgeführt, u. a. die Gründung
  eines *Tech Growth Funds* in Höhe von zehn Milliarden Euro (der
  2016 vom BMWi vorgeschlagen wurde) sowie eines *Digitalfonds*
  zum Anschub der Digitalisierung.[81] Und zahlreiche Bundesländer haben weitere – für ihre Regionen spezifische – Maßnahmen ergriffen und zum Teil eigene Investmentvehikel gegründet.

Insgesamt also einiges, was die Szene unterstützt. Im Hinblick auf die
beschriebene aktuelle Situation würde man den handelnden Personen
und Institutionen gern zurufen: »Weiter so, aber bitte *mehr* und vor allem
schneller!« Erwähnenswert ist aber auch das hohe Engagement von einigen sehr erfolgreichen Unternehmerpersönlichkeiten in Deutschland.

»Mit unserem neuen Entrepreneurship Center in Garching haben
wir nun einen Ort, an dem Gründer, Startups aber auch etablierte Unternehmen Unterstützung und Begleitung entlang des gesamten Grün-
dungsprozesses finden – von der ersten Idee bis zur Wachstumsphase.
Das ist in Europa einzigartig«.[82] Dieses Zitat von Susanne Klatten, u. a.
Großaktionärin bei BMW, findet man auf der Internetseite eines Vor-
zeigeprojektes im Münchner Norden namens UnternehmerTUM. In Kooperation mit der TU München hat sie einen ganzen Campus ins Leben
gerufen, der Startups hervorragende Bedingungen gibt, ihre Ideen in die
Realität umzusetzen. Von Europas größter öffentlich zugänglicher
Hightech-Werkstatt, in der auf 1500 qm Prototypen u. a. mittels 3D-
Druck hergestellt werden können, über einen Investmentfonds für Gründer inkl. Coaches etc. bis hin zu einem Institut speziell für angewandte
KI finden sich hier hervorragende Bedingungen für Menschen mit großen Ideen. Ein weiteres Großprojekt von Frau Klatten ist der Aufbau eines neuen Innovations- und Gründerzentrums mit dem Fokus auf Smart-
City-Solutions (siehe Kapitel 6). Ebenfalls in München angesiedelt, soll
hier bis 2020 auf über 11.000 qm zusammen mit der Stadt München ein
Ort geschaffen werden, an dem sich Unternehmer, Startups und Wissenschaftler damit beschäftigen, wie die Stadt der Zukunft aussehen soll.[83]

Digitalisierung in Verbindung mit Nachhaltigkeit steht dabei im Vordergrund.

Auch die Stiftung der Familie Schwarz (Lidl-Gruppe) hat bei Heilbronn vor einiger Zeit einen großen Bildungscampus mit Schulen und Universitäten finanziert und plant dort ein ähnliches Konzept wie das vom UnternehmerTUM zu implementieren. In Verbindung damit hat sie vor Kurzem für relativ große Schlagzeilen mit der Stiftung von 20 Professorenstellen (lebenslang!) an der TU München (sieben davon via Kooperation in Heilbronn) gesorgt.[84] Kritische Stimmen warnten vor zu großer Nähe von Wirtschaft und Universität. Die Stiftung möchte vor allem auch die Ausbildung von Studenten im Bereich Unternehmertum fördern, was aus meiner Sicht definitiv zu begrüßen ist. Denn noch ist – trotz vieler MBA-Studiengänge – der große Teil der Managementausbildung in Deutschland viel zu stark von den privaten Universitäten wie der WHU in Vallendar geprägt (u. a. Oliver Samwer hat dort studiert). Wenn wir mit unserer Startup-Unternehmensberatung *(www.thegrowthfactory.de)* auf junge Gründer treffen, sie beraten und je nachdem auch in sie investieren, stellen wir sehr oft fest, dass es in Deutschland wirklich hervorragende Ideen gibt, es aber oft an der operativen Umsetzung der Konzepte mangelt bzw. man manchmal daran scheitert.

So ist einer der am meisten unterschätzten Bereiche der Vertrieb. Deutschland, so bemerken wir immer wieder, ist halt noch in erster Linie – auch bedingt durch die Art der Ausbildung – ein Ingenieursland, und viele junge Teams denken in erster Linie vom Produkt her und nicht, wie so mancher Gründer in den Vereinigten Staaten es scheinbar mit der Muttermilch aufsaugt, vom Kunden und vom Markt her. Immer wieder schauen wir in überraschte Augen von Gründerteams, wenn wir nach der ersten Präsentation der Firmenvision und ihrer Alleinstellungsmerkmale nach dem sogenannten GTM (GoToMarket)-Modell fragen, also ganz banal danach, wie denn nun dieses technisch hervorragende Produkt seinen Weg zum Kunden finden soll. Immer noch denkt man zu oft: »Ist doch so toll, muss doch jeder haben wollen.« Dass dem nicht so ist und der Vertrieb eines der komplexesten Themen überhaupt darstellt, lernen die Startups dann in den ersten Jahren oder Monaten nach ihrer Gründung. Wie sagte mal mein Kollege, Ideengeber für unsere kleine Firma und erfolgreicher Investor, Jürgen Gallmann: »Vertrieb ist nicht alles, aber alles ist nichts ohne Vertrieb.«

Dieses und vieles andere mehr – wie Führung von Mitarbeitern und das Management wachsender Organisationen – sollte aus unserer Sicht viel tiefer und früher in die Ausbildung einfließen. Viele Studiengänge sind noch zu stark verkrustet und spiegeln nicht die Erfordernisse des Marktes wider. Das erkennt man auch, wenn man sich die jährlichen Ranglisten der Top-Business-Schools weltweit anschaut. So finden sich im anerkannten FT (Financial Times)-Ranking der Top-Entrepreneurship-Studiengänge lediglich zwei deutsche Unis unter den Top 50: Die WHU Beisheim in Vallendar auf Platz 6 (klasse!) und die ESMT in Berlin auf Position 38.[85] Also noch genug Luft nach oben im Bildungssektor Deutschland!

Alles in allem also ein gemischtes Bild: Tolle Ideen mit tollen Menschen als Gründern, eine ganze Reihe guter Initiativen und Programme zur Förderung der Startup-Kultur und eine insgesamt gute Entwicklung in den letzten Jahren. Aber: Im Hinblick auf den digitalen Wandel braucht es von allem mehr: von der Ausbildung über Finanzierungsmöglichkeiten und -anreize bis hin zu einer weitaus höheren Geschwindigkeit bei der Umsetzung vieler guter Ideen, die sich in den zahlreichen Strategiepapieren der Regierung wiederfinden.

9. Wie verändert die Digitalisierung die Demokratie?

Wenn Sie sich spontan fragen, ob das eine wirklich relevante Frage ist, dann geben Sie sie mal bei einer Suchmaschine ein. Sicher sind nicht alle Ergebnisse zielführend, aber sie zeigen doch, wie viele Artikel über den Zusammenhang der beiden Begriffe erstellt worden sind. Und im Prinzip ist das keine Überraschung: Denn ich hoffe doch, dass Sie ein Gefühl für die enorme Dynamik und Veränderungsmacht bekommen haben, mit der die digitale Transformation gerade Geschichte schreibt. Und sie macht natürlich nicht Halt vor den »Grenzen« unserer Gesellschaft und der Art und Weise, wie wir im Westen zusammenleben. Die Juristin, Geschäftsführerin eines KI-Unternehmens und bekannte Buchautorin Yvonne Hofstetter beschreibt die Konsequenzen relativ drastisch in ihrem Vortrag auf den 20. Hannah-Arendt-Tagen 2017 (Demokratie und Digitalisierung): »Nach den Erfahrungen des Jahres 2016 gilt deshalb, die Naivität gegenüber der Digitalisierung ganz abzulegen und nicht all ihren Begleitideologien auf den Leim zu gehen. Denn für die demokratische Herrschaftsform ist die Digitalisierung, wie sie sich heute vollzieht, extrem schädlich.«[86]

Ähnlich wie andere Kritiker der Digitalisierung bzw. von deren massiver Auswirkung auf die Gesellschaft prangert auch der Soziologe Harald Welzer die zunehmende Dominanz der Internetunternehmen an. Ebenso kritisiert er die »sehr bereitwillige« Art, unsere Daten preiszugeben, sodass wir durch personalisierte Werbung nicht nur zu immer mehr Konsum »verführt« werden[87], sondern sich durch den massiven Datenhandel (siehe Kapitel 1) das Profil unseres »digitalen Zwillings« im Netz immer weiter ausprägt. Mittels KI bekommen wir dann via Suchmaschinen lediglich den Ausschnitt aus der Welt zu sehen, der dazu passt, anderes wird ausgeblendet. Wir leben immer mehr in sogenannten »Filterblasen«, werden bestätigt in unseren vorgefassten Meinungen und werden immer blinder für alternative Sichtweisen. Die traditionelle freie Presse hat bisher dafür gesorgt, dass Gesellschaften sich über sich selbst »unterhalten« und Vereinbarungen treffen. Ein allgemein akzeptierter Common Sense und eine gemeinsame Realität entstanden. Nun aber haben sich Suchmaschinen und andere digitale Plattformen zwischen den Bürger und die Information geschaltet. Damit können Menschen und ganze Gesellschaften natürlich recht einfach »gelenkt« werden. Sei es von oben durch den Staat, wie es in China mit dem Social Scoring der Fall ist, oder durch die mächtigen Internetkonzerne aus den USA, die mehr das »höher, schneller, weiter« im Auge haben als die direkte Überwachung im politischen Sinne. Im Prinzip nichts Schlechtes, denn so funktioniert nun mal der heutige globale Wettbewerb, jedoch erscheint zunehmend »der Preis« dafür auf vielen Ebenen zu hoch. Problematisch wird es, wenn es Quasi-Monopole sind, die als »Zwischenschicht« von

»Fakten/Wahrheit« und Empfänger, also dem Bürger fungieren. Und über die Dominanz der großen digitalen Player im Werbemarkt haben Sie ja bereits gelesen. Erste Diskussionen über eine mögliche Zerschlagung der mächtigen Konzerne gibt es mittlerweile sogar in der »America First«-Regierung unter Präsident Trump![88]

Schon heute werden zahlreiche Nachrichten im Netz von Algorithmen erstellt. Die renommierte BBC aus England schätzt, dass 2022 ca. 80 Prozent aller Nachrichten von Robotern erstellt werden.[89] Und im US-Wahlkampf mit den fast legendären Duellen zwischen Donald Trump und Hillary Clinton wurden von *beiden* Seiten sogenannte Social Bots eingesetzt, die nichts anderes waren als gefakte Profile.[90] Diese gaben vor, »reale« Personen zu sein, waren in Wahrheit aber Computerprogramme, die sich auf den verschiedensten Rechnern (oft auch als Virenprogramme auf Fremdrechnern) befanden und enthusiastisch jede Nachricht ihres vermeintlichen Favoriten durch Beifallsbekundungen unterstützten. Man schätzt, dass ca. ein Viertel aller Twitter-Nachrichten in Bezug auf Trump während der US-Wahlen von Bots stammten.[91] Man machte sich die Welt halt so, wie man sie haben mochte, das kannten wir ja von Pippi Langstrumpf ☺. Nur war es in dem Kontext halt lustig!

»Der Nutzer kann dann den Eindruck erhalten, dass ein bestimmtes Thema von herausragender Bedeutung ist und politisch wichtiger als andere Themen oder Aspekte eines Themas.« So die Meinung des Kommunikationswissenschaftlers André Haller aus Bamberg.[92] Und verboten waren diese Mittel auch nicht, denn die AGBs der sozialen Netzwerke ließen die Nutzung dieser Hilfsmittel indirekt zu.

»Wie wirklich ist die Wirklichkeit?«, kommt mir dabei in Erinnerung an den großen Kommunikationswissenschaftler Paul Watzlawick[93] in den Sinn. Denn darum geht es ja: Was kann man noch glauben, was nicht? Was ist objektiv? Was ist die Meinung der vermeintlichen Mehrheit oder wo ist eine Minderheit einfach nur »lauter«, weil sie sich sehr effektiv der digitalen Mittel bedient? Nicht nur deswegen habe ich mich im Abschnitt über Bildung so sehr für »reflektiertes Denken und Medienkompetenz« als Kernbestandteil einer digitalen Bildung unserer Kinder ausgesprochen.

Die EU hat die Probleme erkannt und u. a. einen sogenannten Think Tank ins Leben gerufen, das »Lisbon Council«.[94] Dessen Ziel ist es, Thesen und Konzepte für eine neue digitale Vision Europas zu erarbeiten, quasi als Alternative zum dominierenden US-Konzept und zum aufstrebenden chinesischen Modell. Luukas Ilves, Sohn eines estnischen Politikers und einer US-Psychologin, arbeitet daran mit: »Es gibt eine europäische Hypothese der besseren digitalen Zukunft. Wir glauben, dass Digitalisierung besser funktionieren könnte, wenn der Mensch im Mittelpunkt steht.«[95] Man kann nur hoffen, dass aus diesen Gedankenspielen und Visionen relativ schnell Realität wird. Denn sonst mag der langjährige Geschäftsführer von Google, Eric Schmidt, Recht behalten mit seiner Behauptung, dass das Internet innerhalb der nächsten zehn Jahre in zwei Welten aufgespalten wird: die eine würde dabei den amerikanischen, die andere den chinesischen Regeln folgen.[96]

Die andere – eher positive – Seite der Digitalisierung in Bezug auf die Demokratie wurde bereits vor ca. zehn Jahren von der damaligen Piratenpartei in den Blick der Öffentlichkeit gerückt: Um die Bürger mehr an der politischen Meinungsbildung und vor allem der Entscheidungsfindung zu beteiligen, schlug die Führung der Partei vor, die ja schon damals weitverbreiteten Möglichkeiten des Internets zu nutzen. Dazu sollte es jedem Bürger möglich sein, bei anstehenden politischen Entscheidungen über einen Stellvertreter oder *direkt* teilzunehmen. Der Stellvertreter kann dabei sowohl ein Abgeordneter des Parlaments oder eine Privatperson bzw. eine Gruppe von Menschen sein, die über die jeweiligen notwendigen Sach- bzw. Detailkenntnisse verfügt (*Delegated Voting*[97]). So würde man die indirekte Demokratie mit Elementen der direkten Demokratie verbinden und damit Kerngedanken des Aufklärungsphilosophen Jean-Jacques Rousseau über das Wesen der Demokratie folgen: »Wo ein Volk sich Vertreter gibt, ist es nicht mehr frei«, lautet ein zentraler Satz aus seinem Hauptwerk *Der Gesellschaftsvertrag*, erschienen 1762.[98]

Dieses von den *Piraten* propagierte und auch in der eigenen Partei versuchsweise implementierte Verfahren steht unter dem Überbegriff *Liquid Democracy*[99], »flüssige Demokratie«. Damit wollte man Politikverdrossenheit und »Eliten, die abgehoben von der Basis das Land regieren«

entgegentreten und die Bürger stärker in die Gestaltung des Landes einbeziehen.

Schaut man sich einige Entwicklungen und Diskussionen der letzten ein bis zwei Jahre in Deutschland an, ist das sicherlich immer noch ein durchaus aktuelles Thema. Die Begeisterung war damals anfänglich groß, aber auch die Kritik wurde lauter. So wurde u. a. angeführt, dass die meisten Menschen aufgrund der permanenten Entscheidungsfindung wohl überfordert würden, dass sich viele anfänglich von der Bevölkerung kritisierten Maßnahmen im Nachhinein doch als richtig erwiesen hätten, und dass Gruppierungen, die bei der »Abstimmung« im Netz nicht erfolgreich wären, später von »Wahlbetrug« sprechen und damit für erhebliche Unruhe sorgen könnten.[100] Durchsetzen konnte sich schließlich weder die Piratenpartei selbst noch das sicherlich etwas utopisch anmutende Konzept der flüssigen Demokratie. Nichtsdestotrotz werden die Grundgedanken aktiv weiterverfolgt: Unter *www.liqud.net* haben sich engagierte Menschen zusammengefunden, um die Ideen weiterzuentwickeln und mit ihnen zu experimentieren. Auf der Webseite heißt es dazu:

> Unsere Arbeit gründet auf der Überzeugung, dass das System der repräsentativen Demokratie in seiner aktuellen Verfassung mehr direkte Beteiligung ermöglichen sollte. Liquid Democracy bietet eine Lösung, indem sie die Barrieren für mehr demokratische Mitsprache sowie die Grenzen zwischen Regierenden und Regierten »verflüssigt«.
> Wir zählen dabei auf die Potenziale der Digitalisierung, um diese Ideen in die Tat umzusetzen, indem wir nützliche Beteiligungswerkzeuge entwickeln. Partizipation wird somit unabhängig von Standort und Zeitpunkt ermöglicht und durch gutes Design effizient und leicht umsetzbar.

Schaut man sich die Ergebnisse von Umfragen an, so stellt man in der Tat einen erheblichen Bedarf fest, über eine bessere Bürgerbeteiligung nachzudenken: So finden »60 Prozent der Deutschen, dass ihre Stimme in der Politik nicht zählt und gar 64 Prozent meinen, die Regierung würde selten oder nie in ihrem Interesse handeln«. Beides sind Ergebnisse des »Democracy Perception Index« 2018 der dänischen Alliance of Democracies Foundation.[101]

Deutschland scheint mit diesem Feedback nicht allein zu stehen, denn viele Bürger anderer Staaten äußern sich ähnlich. Im Prinzip gibt es also ein großes Potenzial für die Digitalisierung als »Lösungshilfe« für diese nachdenklich machende Entwicklung. Denn über eine zunehmende Extremisierung der Gesellschaft bzw. der politischen Landschaft muss man sich angesichts dieses Stimmungsbildes eigentlich nicht wundern. Es bleibt abzuwarten, ob sich genug Momentum aufbaut, die digitale Transformation auch in der Politik dazu zu nutzen, auf den vielen positiven Errungenschaften aufzubauen und sie zeitgemäß weiterzuentwickeln.

Impuls zum Nachdenken

Der Megatrend digitale Transformation hat u. a. massiven Einfluss auf Wirtschaft, Gesellschaft und Politik. Die Ausgangssituation in Deutschland ist gut, denn noch leben wir von Errungenschaften der Vergangenheit. Doch was fehlt, ist der klare Blick nach vorn, verbunden mit einer digitalen Vision und vor allem mit einer klaren Umsetzung der Maßnahmen. Bisher sind wir in vielen Bereichen der Digitalisierung eher Ankündigungsweltmeister. Was wir benötigen, ist ein »digitaler Masterplan 2040«, der als Teil einer übergeordneten Vision Deutschland 2040 mit klaren, messbaren Meilensteinen versehen ist und über dessen Implementierung in regelmäßigen Abständen öffentlich berichtet wird. Denn zu sehr wird der Status quo verwaltet, und wir Bürger lassen uns (noch) davon täuschen, dass es ja irgendwie »läuft«. Beim Thema Klima, das im Hinblick auf Ankündigungen versus Umsetzung zahlreiche Parallelen zur Digitalisierung aufweist, haben wir bereits reagiert.

Und da das Thema digitale Bildung überragende Bedeutung hat: Warum sind die Lehrpläne sowie die Lehrerausbildung und die Ausstattung der Schulen nicht längst einheitlich den Erfordernissen der Digitalisierung angepasst worden? Hier erscheint die föderalistische Verantwortung für die Schulen – auf jeden Fall was die

Digitalisierung betrifft – hinderlich. Denn es gibt zwar Lederhosen, Kölsch und Küste, aber nur eine digitale Welt!

Aber auch wir Bürger sind gefordert, uns dem digitalen Wandel konstruktiv kritisch zu stellen. Zu negativ reagieren wir manchmal mit dem Hinweis auf Datenschutz, wenn es um digitale Anwendungen im Bereich Medizin geht, während wir gleichzeitig zum Beispiel relativ unreflektiert Fitnessarmbänder tragen und ein guter Teil unserer Gesundheitsdaten sowieso längst auf digitalen Plattformen landet, nur halt in den USA und demnächst in China, wenn es uns nicht gelingt, eigene Plattformen in Europa aufzubauen.

Insgesamt geht es hier um nicht weniger als um die Zukunft unseres Landes! Und wir sind alle dazu aufgefordert, unseren Anteil beizutragen.

Kapitel 3

Künstliche Intelligenz und Roboter

1. Was sind Algorithmen und wieso haben sie so eine große Bedeutung?

Stellen Sie sich vor, Sie ziehen um und müssen Ihr Auto ummelden. Nun gilt der bange Blick Ihrer TÜV-Plakette. Ist der TÜV noch für einige Monate gültig, so können Sie mit all den notwendigen Unterlagen direkt zur Zulassungsstelle fahren. Ist er jedoch abgelaufen, müssen Sie zuerst zum TÜV. Wird der Wagen dort abgenommen, können Sie mit neuer Plakette die Fahrt zur Ummeldung antreten. Erhalten Sie aber eine Mängelliste, dann führt der Weg wohl in die Werkstatt. Basierend auf einem Kostenvoranschlag entscheiden Sie dann, ob sich die Reparatur noch lohnt. Falls Ihnen das Investment zu hoch ist, verkaufen Sie Ihr Gefährt oder bringen es zum Abwracken. Andernfalls lassen Sie es herrichten und hoffen darauf, dass Sie nun die Abnahme erhalten. Wenn dies der Fall ist, geht es nun endlich zur Zulassungsstelle. Ansonsten müssten sie wohl oder übel mit der neuen Mängelliste wieder zur Reparatur, um dort auf Basis einer neuen Kostenabschätzung zu entscheiden, ob sich das noch lohnt. Nach hoffentlich wenigen dieser Zyklen haben Sie nun eine erfolgreiche Ummeldung oder kein Auto mehr ☺. Zumindest das Problem der Zulassung ist gelöst.

Das heißt also, Sie zerlegen Ihr Problem in eine Abfolge von endlichen Schritten mit dem Ziel eines klaren Ergebnisses. Und schon haben Sie einen Algorithmus entwickelt. Was das Unterbewusstsein alles so macht ... Freud hätte seine helle Freude. So werden im Prinzip auch alle Probleme, die via Computer gelöst werden, in Teilschritte zerlegt. Dieses Vorgehen ist seit Langem ein unsichtbarer Bestandteil unseres täglichen Lebens. Denn wie sagte ja Alan Turing (siehe Kapitel 1): »Sind kognitive Prozesse zerlegbar in endlich viele und klar definierte Einzelschritte, so können diese auch auf einer Maschine ausgeführt werden!« Dabei gelten folgende Kriterien für einen Algorithmus (= eine eindeutige Handlungsvorschrift):

- Ein Algorithmus muss eindeutig und ohne Widersprüche beschrieben sein.
- Jeder Einzelschritt muss ausführbar sein.
- Nach endlich vielen Schritten muss der Algorithmus ein Ergebnis liefern.
- Bei gleicher Ausgangssituation muss er stets das gleiche Ergebnis liefern.
- Zu jedem Zeitpunkt der Ausführung besteht maximal ein möglicher Fortsetzungsschritt.

Schauen Sie diesen Kriterien einfach nochmals auf das Beispiel, und Sie erkennen die Bedeutung jedes einzelnen Schrittes. Die Welt der Algorithmen bestimmt maßgeblich die der KI, denn diese setzt genau darauf auf. Und sie geht noch einen wesentlichen Schritt weiter, denn sie setzt etwas um, das auch wir machen: Lernen durch Erfahrung. Beispiel: Sie spielen zum ersten Mal Schach gegen einen Freund. Sie wissen nicht, wie er eröffnet oder welche Strategien er anwenden wird. Ist er eher ein »aktiver« Spieler oder eher ein »taktischer«, der nur auf Ihren ersten Fehler lauert, um dann den Überraschungscoup zu landen? Das heißt, Sie gehen relativ offen in das Spiel und »schauen mal«, wie sich die Dinge so entwickeln. Nach einer Reihe von Zügen und eventuell kurz vor der Schmach einer Niederlage fangen Sie an, Ihre nächsten Zugmöglichkeiten anders zu bewerten, denn Sie sind ja lernfähig! So wird Ihr Spiel variabel und den Gegebenheiten angepasst, denn so langsam haben Sie ja die Taktik des Kumpels durchschaut. Denken Sie zumindest, denn natürlich ist auch er nicht festgelegt auf seine am Anfang gezeigte Strategie – und schon entwickelt sich ein spannendes Spiel. Sie verlieren, weil Sie dann doch zu spät reagiert haben, und müssen das Abendessen bezahlen.

»OK, Revanche«, rufen Sie, erhalten sie und starten beim nächsten Spiel schon etwas anders. Denn Sie *bewerten* ihre zahlreichen Möglichkeiten der Eröffnung natürlich anhand der gemachten Erfahrung. Nach über 100 Spielen wird es dann immer schwieriger, den Gegner zu überraschen, und die Spiele werden immer enger. Sie haben einen »lernenden« Algorithmus erzeugt bzw. benutzt, und der spielt beim nächsten Thema eine große Rolle: bei den neuronalen Netzen.

2. Was sind neuronale Netze und warum können Computer auf einmal lernen?

Nun, die Antwort geht zum Teil zurück bis zu unserer Geburt. Als Sie und ich auf die Welt kamen, hatten wir ca. 90 Milliarden Nervenzellen (Neuronen) in unserem ca. 1,5 kg leichten Gehirn (ganz schön wenig für so einen Superrechner!), unabhängig davon, ob wir Albert Einstein waren oder einfach ein »normal« begabter Mensch.[1] Die Hauptaufgabe dieser Zellen ist – stark vereinfacht ausgedrückt – der Empfang und die Weiterleitung von Signalen. Im Laufe der Entwicklung in den ersten Lebensjahren vernetzen sich diese Neuronen so, dass jede einzelne bis zu 10.000 Verbindungen zu anderen Nervenzellen hat. Dieses Netz bezeichnet man als »neuronales Netz«.[2]

Entscheidend für den Aufbau und die Funktionsweise von »künstlichen neuronalen Netzen« ist die Art und Weise, wie wir Menschen lernen und wie sich dabei die Verbindungen – gerade in der frühkindlichen Phase – ausprägen. Stellen Sie sich dazu ein kleines Kind vor, ein Jahr alt, das in einem Kinderstuhl in der Küche neben der Mama sitzt, die am Herd steht und kocht (geht natürlich auch mit Männern, die kochen! ☺). Das Kind legt nun, von der Mama kurz unbeobachtet, die Hand auf die heiße Herdplatte, weil sie so schön glatt aussieht, und das Drama nimmt seinen Lauf. Der Schmerz in der Hand ist zwar nur kurz, aber heftig, die

Mama ruft verzweifelt: »Kind, was machst du?!«, und der Papa, der vom Esszimmer aus zuschaute, fällt vor Schreck um ☹. Das Kind – genau genommen: das Gehirn – bekommt so drei Impulse: den einen über die Haut, einen anderen über die Ohren und den dritten visuell, weil Papi sich ja auf einmal in die Horizontale verabschiedete. Diese drei Signale sorgen nun dafür, dass sich im Gehirn die eben erwähnten Verbindungen zu anderen Neuronen ausprägen. Man beachte, dass, wenn wir das Licht der Welt erblicken, die Milliarden von Nervenzellen *nicht* mit den anderen verschaltet sind. Durch Erfahrungen wie die beschriebene und viele andere und weitaus harmlosere *lernen* wir. Das Kind ist ja erst ein Jahr alt, und wenn es sich wieder – diesmal neben dem Papa ☺ – am Herd befindet und kurz die Hand in Richtung dieser so verführerisch glänzenden Herdplatte führt, dann wird es sich – allerdings nur, wenn der Schmerz, also die Erfahrung, beim letzten Mal intensiv genug war (!) – davor hüten, sie abermals daraufzulegen. All das spielt sich ohne kognitives Wissen ab, denn das Kind kennt natürlich nicht die fundamentalen Gesetze der Wärmelehre und deren Konsequenzen. Es basiert ganz einfach auf Erfahrung. Die faszinierenden Prozesse im Gehirn dabei sind hochkomplexe biochemische Prozesse, die dazu führen, dass sich – je nach gemachter Erfahrung – manche Verbindungen zu anderen Zellen stärker oder schwächer ausprägen als andere. Sie erhalten sogenannte Gewichtungsfaktoren, sodass der Weg, der zum abermaligen Schmerz führen würde, mit einer »Zahl« nahe oder gleich Null gewichtet und damit auf »unwahrscheinlich« gesetzt wird. Wiederholt das Kind den Fehler hingegen, so passiert dies erst beim zweiten Mal, denn »Erfahrung nicht schmerzhaft genug« bedeutet »Gewichtungsfaktor ungleich Null«. Wir haben es also mit einem »lernenden Algorithmus« zu tun, den Mutter Natur clever konzipiert hat. Respekt! Aber damit das nicht falsch verstanden wird: Fühlen und Denken ist mehr als ein purer (algorithmisierbarer) biochemischer Prozess, zumindest auf Basis heutiger wissenschaftlicher Erkenntnis. In Frage 7 gehen wir dem näher nach, denn für die KI ist das von entscheidender Bedeutung.

Die Informatik entwickelte sehr früh ein großes Interesse am Aufbau von Netzen, bestehend aus diversen Verbindungspunkten, genannt

»künstliche neuronale Netze« (KNN)[3], und man erkannte schon in den 40er- und 50er-Jahren das enorme Potenzial solcher damals noch fast rein mathematischer Strukturen, um komplexe Probleme effizient zu lösen. Das »Trainieren« solcher Netzstrukturen war von Anfang an ein Kernbestandteil der mit zunehmender Rechenleistung von Computern rasant wachsenden Fähigkeiten der KNNs. Schnell fand man heraus, dass sie vor allem durch folgende Maßnahmen »lernen«:

- Entwicklung neuer Verbindungen
- Löschen existierender Verbindungen
- Veränderung der Gewichtungsfaktoren
- Hinzunahme oder Löschung von Neuronen
- Anpassen von Ein- und Ausgabefunktionen

Diese Verfahren wurden über die Jahre perfektioniert, bis sie in den letzten 10–15 Jahren zu immer aufsehenerregenderen Ergebnissen führten (siehe auch Kapitel 1). Dabei spielte nicht nur die exponentielle Entwicklung auf den Gebieten der Halbleiter und Rechner eine große Rolle, sondern auch der massive Fortschritt auf dem Gebiet der Neurowissenschaften (siehe Frage 7). Erwähnenswert ist dabei, dass ein deutscher Informatiker maßgeblichen Anteil an den zunehmenden Möglichkeiten der KNNs hatte und immer noch hat. Professor Jürgen Schmidhuber, ausgebildet an der TU München, ist einer der weltweit anerkanntesten Experten auf dem Gebiet der KI.[4] Er und seine Studenten haben eine ganze Reihe hochkomplexer Verfahren für lernende Algorithmen entwickelt, die sich unter anderem in der KI »Deep Mind« von Google wiederfinden, die 2016 durch den Sieg über den Go-Weltmeister berühmt wurde, und auch in den Smartphones, die nun keinen PIN mehr brauchen, da sie sich mittels Gesichtserkennung öffnen lassen. Die Grundprinzipien der »neuronalen Chips« auf diesen Geräten stammen von Professor Schmidhuber. Er ist gleichzeitig ein Vertreter des Lagers, das an die Realisierung einer starken KI glaubt, und polarisiert dadurch natürlich.[5] In einem sehr interessanten Interview mit der SZ im Oktober 2018 berichtet er von seiner Vision – die er laut eigenen Angaben mit 15 Jahren hatte –, etwas zu entwickeln, das ihm und den Menschen überlegen ist.[6] In Frage 7 und in Kapitel 7 gehen wir dem nach.

Fassen wir zusammen: Die Natur ist wieder einmal Impuls- und Modellgeber für wirklich bahnbrechende menschliche Entwicklungen. KNNs simulieren die hochkomplexen Lernprozesse in unserem Gehirn und bilden die Basis für eine immer leistungsfähigere KI. Aber Achtung: Sie bilden *nicht* das Gehirn in seiner Gesamtheit ab bzw. nach, denn sie simulieren »lediglich« einen winzigen Ausschnitt aller uns bekannten Fähigkeiten unseres Denkorgans. Das machen sie allerdings sehr eindrucksvoll, und die Ergebnisse sind sowohl verblüffend als auch polarisierend, denn wie in Kapitel 1 erläutert, wissen wir nicht, wie der Algorithmus im Einzelnen zu seinen Ergebnissen kommt. Die Komplexität ist so hoch, dass wir mit heutigen Mitteln nicht verstehen, wie der Output zustande kommt. Bevor wir uns später mit den daraus resultierenden ethischen Problemen auseinandersetzen, werfen wir zunächst einen Blick in die unmittelbare Realität.

3. Wo ist KI schon im Alltag zu finden und was sind die Haupteinsatzfelder?

Wie Sie wahrscheinlich wissen oder zumindest erahnen, sind wir bereits von KI und Algorithmen »umgeben«, und eine ganze Reihe von Anwendungen erleichtert vielen Menschen ihren Alltag. Wohl bekannteste Beispiele sind Spracherkennungssysteme wie Siri oder Alexa (meine »Stimme aus dem Nichts« hatte ich ja *Andrea* genannt). So verblüffend oder lustig manche Antworten auch sind: Der Begriff KI ist hier aus meiner Sicht stark überzogen und dient vor allem dazu, Aufmerksamkeit zu generieren (neben einem höheren Aktienkurs natürlich ☺). Denn diese Systeme basieren auf einfachen Grundprinzipien der Physik und der Informationsverarbeitung: Schallwellen treffen auf ein Mikrofon, werden dort in ein elektronisches Signal umgewandelt, analysiert (hier greift der Algorithmus) und anschließend verarbeitet in Form einer »Suche« im WWW, um dann die Antwort auf umgekehrtem Wege zu erzeugen. Technisch absolut klasse und ob der Geschwindigkeit auch immer wieder be-eindruckend, aber »intelligent« war lediglich der Ingenieur, der das alles erfunden hat.

Gleiches gilt für Navigationssysteme in Ihrem Auto, gesteuert durch Sprache oder Tastatur; auch der Hinweis bei manchem Onlinehändler auf das Einkaufsverhalten anderer (»die, die das kaufen, kaufen auch das«) ist nichts anderes als die Anwendung von Algorithmen auf Input via physikalischen Signalen oder Daten (wie Ihren Einkäufen in den letzten Jahren sowie denen anderer Kunden, die zu Ihrer »Konsumentengruppe« gehören). Sie nutzen Suchmaschinen? Logisch, und schon sind Sie im Spielfeld der schwachen KI, denn der Suchalgorithmus basiert natürlich ebenfalls auf den oben beschriebenen Verfahren. Aber auch in der Berufswelt (siehe Kapitel 1) werden die lernenden Verfahren zunehmend eingesetzt, von Aktienanalysen bis hin zum Einsatz in der Medizin und bei der Polizei. Dort nutzt man die Fähigkeiten der Systeme, um Vorhersagen zu treffen, wo gemäß aktueller Daten- und Gefahrenlage am Wochenende eventuell mit Schwierigkeiten zu rechnen ist, und steuert darüber den Einsatz von Polizeieinheiten. Aber solche Algorithmen haben mit Intelligenz in unserem Verständnis nichts zu tun! Manche Experten sprechen daher auch lieber von KI als *Künftige Informatik*, nur lässt sich halt *Künstliche Intelligenz* besser »hypen« und vermarkten. Also immer genau hinschauen, wenn irgendwo »KI inside« daraufsteht. Es muss nicht immer Intelligenz drin sein.

Das Vorhersagen nutzt man auch im Bereich der Wartung von Maschinen und Anlagen. Zunehmend werden diese mit Sensoren ausgestattet, die auf die Messung wichtiger physikalischer Parameter wie Temperatur, Ausdehnung, Schwingungsfrequenzen etc. eingestellt werden, um dann die Messdaten regelmäßig an ein zentrales IT-System zur Auswertung mittels KI zu senden. Überschreiten die Daten gewisse vorher definierte Werte, wird automatisch der Servicetechniker beauftragt, nach dem Zustand der Bauteile zu schauen. Also, *bevor* sie Defekte hervorrufen. »Vorbeugende Wartung« bzw. »Predictive Maintenance« heißt dieses Vorgehen, was sicherlich zu einem wesentlich geringerem Materialverschleiß und zu weniger Ausfallzeiten führen kann.[7] Man denke nur an die 2018 in Italien eingestürzte Brücke ☹ oder einfach an den letzten Heizungsausfall bei Ihnen zu Hause, um das Potenzial zu erkennen. Coole Anwendung.

In der Medizin gibt es mannigfaltige Einsatzmöglichkeiten für KI: vom Auswerten Ihrer Gesundheitsdaten, die hoffentlich bald unter höchstmöglichem Datenschutz auf Ihrer Gesundheitskarte gespeichert werden, über die Unterstützung von Radiologen bei der Analyse von Röntgenbildern bis hin zur Unterstützung von Servicerobotern in der Gesundheits- und Altenpflege, ein Feld, in dem die KI – bei richtiger Lenkung – viel Positives bewirken kann.

Auch beim Produktdesign wird lernende Software eingesetzt. Denn eines der gravierenden Probleme der Gesellschaft ist der massive Verbrauch an Ressourcen, von denen Mutter Erde nun mal nur endlich viele für uns bereithält. So hatte Deutschland bereits im Mai 2018 die ihm je Einwohner »zustehenden« Kontingente an Kohlendioxyd, Wasser, Seltenen Erden etc. aufgebraucht; die Weltbevölkerung hatte ihren »Earth Overshoot Day« dagegen »erst« im August 2018.[8] Wir konsumieren einfach zu viel und entwickeln zu viele Produkte, die weder richtig recyclebar noch modular aufgebaut sind, um bei Bedarf einfach Einzelteile austauschen zu können, statt zum Neukauf »gezwungen« zu werden. Sinnvoller ist es, Produkte zu entwerfen, die den gleichen Zweck mit weniger erfüllen. Hier setzt ein Verfahren namens »Generative Design« an. Man gibt dem entsprechenden KI-Programm die Randparameter an, die für den Entwurf wichtig sind, also zum Beispiel bei einem Stuhl statische Eckdaten und die gewünschten Abmessungen. Der Algorithmus macht dann Vorschläge, die oft verblüffend sind.[9] Der »klassische« Stuhl würde signifikant mehr Holz verbrauchen als der von der KI entworfene. Und dieser würde trotzdem die gleiche Last tragen können. Prima Idee, oder?

Viele weitere Beispiele könnten benannt werden; in Kapitel 6 wird die Thematik Digitalisierung und Nachhaltigkeit intensiver behandelt. KI ist also längst in »unserem Alltag« angekommen, und es wird jeden Tag mehr. Fast alle Anwendungen aber sollten eher unter »neues IT-Tool« statt unter »Künstliche Intelligenz« laufen, denn all diese Programme können weder lachen noch weinen, weder tanzen noch trösten, und der Name KI suggeriert zum Teil falsche Möglichkeiten und – je nachdem – auch Ängste.

4. Wieso investieren viele Unternehmen und Länder so viel Geld in KI und wie sehen einzelne Länderstrategien aus?

Unschwer zu erkennen ist, dass das Potenzial von KI sowohl für Unternehmen wie für Staaten enorm ist. Beide sind daran interessiert, ihre jeweilige Position auszubauen und ihre Wettbewerbsfähigkeit im lokalen wie im globalen Markt zu verbessern. Die Umsatzschätzungen für KI im Jahr 2025 belaufen sich auf ca. 90 Milliarden USD, ca. acht Mal so viel wie in 2019![10] Quasi alle Industriestaaten haben in den letzten Jahren eine KI-Strategie entworfen und sind nun dabei, sie umzusetzen. Deutschland und Europa sind auf den Zug aufgesprungen, als er schon fast den Bahnhof verlassen hatte. Abbildung 17 zeigt den rasanten Aufstieg Chinas, sei es bei Investments oder bei eingereichten Patenten. Seit Jahren setzt China auf KI, um bis spätestens 2049 die Wirtschaftsnation Nummer 1 zu werden. Die Ergebnisse – auch in den anderen Feldern der Digitalisierung – sprechen für sich (siehe Kapitel 2). All das hätte sich mancher, und ich gehöre dazu, auch von Deutschland und vor allem Europa gewünscht. Das nächste »Wirtschaftswunder« ergibt sich aus der Kombination von *analog* und *digital*, und ein Land allein wird es nicht schaffen, dem enorm wachsenden Wettbewerbsdruck aus China (und natürlich den USA) etwas entgegenzusetzen.

! Videotipp: Auf *www.bundestag.de/ausschuesse/weitere_gremien/enquete_ki* finden Sie sehr gute Informationen und Video-Mitschnitte aus Sitzungen der im Herbst 2018 einberufenen KI-Enquete-Kommission, darunter einen Mitschnitt, der Aufschluss über die Strategien der einzelnen Länder der Welt gibt – sehr sehenswert.

Für die Unternehmen erscheint KI als essentieller Baustein der digitalen Transformation (Industrie 4.0, Internet der Dinge etc.), um Produktivitätsfortschritte zu erzielen, wie man sie seit Langem nicht mehr erreichen konnte. Denn auch wenn es für Sie angesichts der boomenden Wirtschaft überraschend klingen mag: Trotz zunehmender Technologisierung und Automation von Prozessen hat sich die Produktivität der Industrie (z. B. mehr Umsatz/Gewinn je Mitarbeiter) negativ entwickelt, und das seit Jahrzehnten.[11] Die Auswirkungen sind sehr gut an den USA zu beobachten. So kam Präsident Trump u. a. durch die Thematisierung dieser Herausforderung an die Macht, sein »Amerika First«-Programm ist eine Konsequenz daraus.

Nun kommt mit der rasanten Entwicklung im Bereich KI (und Robotik) eine Technologie auf den Markt, die nicht nur Abläufe signifikant schneller und effizienter gestalten kann, sondern die komplett neue »Ideen« in die Arbeitsprozesse einbringt und dadurch – endlich – die langersehnten Produktivitätszuwächse verspricht. Damit steht der Mensch nicht nur auf dem Gebiet des quantitativen Vergleichs mit einer Maschine im Wettbewerb (»Wer bearbeitet in derselben Zeit mehr Vorgänge?«), sondern zunehmend auch auf dem Feld der Kreativität und Innovation. Die möglichen sozialen Konsequenzen werden etwa bei der Diskussion über ein bedingungsloses Grundeinkommen mit Einführung einer Robotersteuer zur Finanzierung desselben sichtbar.[12]

Die gute Nachricht ist, dass viele Staaten und Unternehmen mittlerweile erkannt haben, welche ethischen Probleme mit dem zunehmenden Einsatz von KI entstehen können. Sie haben entsprechende Ethikbeiräte bzw. Kommissionen gegründet, um diesen zum Teil recht komplizierten Fragestellungen nachzugehen. Insbesondere die Thematik »autonome Systeme« beschäftigt die Experten. Mehr darüber in Kapitel 7.

5. Wie weit ist man bei der Entwicklung von Robotern, wo werden sie eingesetzt und welche Szenarien sind für die Zukunft denkbar?

Woran denken Sie spontan, wenn Sie das Wort *Roboter* lesen oder hören? Eventuell kommen Ihnen Bilder aus Science-Fiction-Movies in den Sinn, Filme wie *I-Robot*, *Der Terminator* mit Arnold Schwarzenegger oder *Ex Machina* (2014), der die Thematik Roboter, KI und Gefühle zum Inhalt hatte. Oder arbeiten Sie in der Produktion schon zusammen mit Robotern, den sogenannten Co-Bots, Robotern, die *co-operativ* mit uns Menschen arbeiten und zusammen mit uns Autos montieren? Oder denken Sie einfach an Ihren automatischen Rasenmäher, der Ihren japanischen Rasen so gut mäht, dass Angelique Kerber gern darauf spielen würde? Ich denke an meine ersten Tanzstunden im Alter von 15 Jahren und daran, um wie viel besser ich die Mädels meines Herzens im Dreivierteltakt über die Tanzfläche gewirbelt hätte, wenn ich bei einem Roboter einige Tanzstunden genommen hätte, und wie viel weniger ich ihnen auf ihre Füße gestiegen wäre (sorry, Marit ☺). Möglich ist es bereits: »Forscher haben einen 1,80 Meter großen Roboter entwickelt, der Menschen beim Tanz führen und ihnen beim Einüben von Tanzschritten helfen soll. Über Kraftsensoren und zwei Laserdistanzmesser erfasst die Tanzmaschine die Bewegungen des Partners. Der Roboter bewegt sich dabei auf Rädern, der bewegliche Oberkörper ist mit Armen und Gesichtspartie aber menschenähnlich gestaltet.«[13]

Davon hat man vor Jahrhunderten bzw. Jahrtausenden nur träumen können, auch wenn manche Menschen sich schon damals mit der Konzeption von Maschinen und Automaten auseinandersetzten. So berichten schon Erzählungen aus der griechischen und der chinesischen Mythologie von selbstfahrenden Vehikeln und autonom gehenden Androiden. Und im alten Alexandria entwickelten Forscher wie Heron und Pythagoras Maschinen, die bei Theateraufführungen Vorhänge automatisch öffneten, oder Musikmaschinen, die – angetrieben von Wind oder Wasser – »selbstständig« spielten.[14] Leonardo da Vinci (1452–1519) entwickelte neben Konzepten für Flugzeuge und U-Boote auch Prototypen von Robotern. Im 18. Jahrhundert erregten die Maschinen des französischen Ingenieurs Jacques de Vaucanson Aufsehen. Seine Automaten – wie seine berühmte mechanische Ente – simulierten biologische Lebewesen, und für die Industrie entwickelte er automatische Webstühle, die in der Textilproduktion eingesetzt wurden und ihn zu einem reichen Mann machten.[15] Also können wir auch hier von alten Träumen sprechen, die mit heutiger Technologie weitaus besser realisiert werden können.

Das Beispiel des Tanzroboters zeigt den »aktuellen« Stand der heutigen Entwicklung auf. Auf der einen Seite ist man extrem weit, sodass wir beim Betrachten mancher Videos über Roboter im Jahre 2018 einfach baff sind (suchen Sie auf Youtube zum Beispiel mal nach Videos von *Boston Dynamics*); auf der anderen Seite erkennen wir, dass wir auch hier noch ziemlich am Anfang einer revolutionären Phase stehen. Denn während Industrieroboter nicht mehr in Käfigen stehen müssen, um die Menschen um sie herum vor zu groben Bewegungen zu schützen, sondern direkt neben dem »Kollegen« Mensch agieren, hat man im Bereich der Simulation von für uns relativ einfachen Bewegungen und Abläufen noch viel Luft nach oben – auch wenn die Forschung in den letzten Jahren unglaubliche Fortschritte gemacht hat.

Nehmen Sie einfach mal das Beispiel: »Ich mache ein Rührei und serviere es meinem Gast«. Was sogar für viele Männer ein ganz einfacher Vorgang ist, ist für einen Roboter eine große Herausforderung. Denn es bedarf einer ganzen Menge an Feinmotorik (Sie erinnern sich, wie dünn die Eierschale ist?) und an Koordinationsvermögen. Dinge, die für uns selbstverständlich sind und quasi automatisch ablaufen (und ja, die Pfanne liegt diesmal woanders, easy für uns), sind für einen Roboter trotz extremer Fortschritte im Bereich Sensorik, Softwaresteuerung und Feinmechanik nur teilweise autark zu erledigen. Zu komplex ist all das, was wir »intuitiv« machen, und äußerst schwierig, wenn sich die Umgebung verändert, denn jedes Mal muss »Robi« neu lernen. Und wir können uns beim Kochen noch parallel mit unserem Gast unterhalten, einen Witz erzählen oder zur Musik tanzen. All das sollen Roboter künftig auch machen, um zum Beispiel als Servicekräfte im Haushalt oder in der Gastronomie tätig zu werden; ich gehe fest davon aus, dass sie es in einigen

Jahren auch können, um eines der größten Probleme in Deutschland und in vielen anderen Ländern der Welt anzugehen: die größer werdende Anzahl alter Menschen, die gepflegt werden müssen.

Laut Bertelsmann-Stiftung werden im Jahr 2030 in Deutschland bis zu 500.000 (!) Pflegekräfte fehlen.[16] Viele von Ihnen sind damit konfrontiert, und während Pflegepersonal händeringend gesucht wird, forschen viele hochintelligente Köpfe an einer (Teil-)Lösung für diese Megaherausforderung, und dies mit zunehmendem Erfolg. Einer davon ist Professor Sami Haddadin, ein nicht nur außerordentlich kluger, sondern auch – wie ich selbst erfahren durfte – sehr geerdeter und sympathischer Forscher. Er baut an der TU München seit 2018 einen neuen Lehrstuhl für Roboterwissenschaften und Systemintelligenz auf und beschäftigt sich vor allem mit dem Thema Assistenzsysteme in der Pflege, auch *Geriatronik* genannt.[17] 2017 bekam er für seine Entwicklungen den deutschen Zukunftspreis[18], 2018 den hochdotierten Leibnitz-Preis.[19] Die Studenten stehen Schlange, um bei ihm arbeiten zu dürfen. Immer wieder betont er in seinen Vorträgen, dass es nicht darum geht, den Menschen, also in dem Fall den Altenpfleger, zu ersetzen, sondern darum, Systeme zu entwickeln, die die heutigen und künftigen Arbeitskräfte in diesem wichtigen Bereich bei ihrer Arbeit bestmöglich unterstützen.

Viele weitere innovative Konzepte im Bereich Robotik und Pflege gibt es bereits:

- Der Rollstuhl-Greifarm EDAN ist in der Lage, mit seiner Fünf-Finger-Hand motorisch eingeschränkten Menschen ein Glas Wasser zu reichen. Gesteuert wird der intelligente Roboter über Muskelsignale von drahtlosen Elektroden. Als Teil des Projekts *Smile* (Servicerobotik für Menschen in Lebenssituationen mit Einschränkungen) der Caritas und des Deutschen Zentrums für Luft- und Raumfahrt (DLR) arbeiten Wissenschaftler verschiedener Fachrichtungen an Lösungen für den Pflegealltag.[20]
- In Kliniken ist der Serviceroboter Casero 4 im Einsatz. Der intelligente Hightech-Wagen stellt automatisch Pflegeutensilien

bereit und dokumentiert den Materialverbrauch. Die Steuerung durch die Pflegekräfte erfolgt über die mobile Transportplattform via Smartphone oder über den integrierten Touchscreen.[21]

- Der humanoide Roboter Pepper ist Ihnen vielleicht mal im TV begegnet. Er kann unter anderem mit Musik unterhalten, zu Bewegungsübungen anleiten, tanzen und Witze erzählen. Ziemlich cool. Auch an seinen »empathischen« Fähigkeiten arbeitet man, sodass er auch Gefühlslagen und Stimmungen erkennen kann. In einer Kieler Senioren-WG bringt Pepper unter dem Pseudonym »Emma« bereits Schwung in den Pflegealltag.[22]
- Das Hightech-Kuscheltier *Paro* wird seit Jahren in japanischen Heimen als Therapiebegleiter eingesetzt. Der robbenförmige Roboter mit weißem Fell reagiert auf Streicheleinheiten und kann sein Verhalten dem Nutzer anpassen. So soll er unter anderem die Interaktion von Demenzkranken fördern.[23]

Eine ganze Reihe weiterer Beispiele, speziell aus der Alten- und Krankenpflege, könnte man hier aufführen. Und ein Blick nach Japan zeigt, wo die Reise auch für uns hingehen mag. Denn dieses hochentwickelte, faszinierende Land ist aufgrund seiner Demographie und Gesellschaftsstruktur massiv mit der Thematik »alternde Gesellschaft« konfrontiert. Dabei bedienen sich die Japaner sehr aufgeschlossen der technischen Möglichkeiten der Robotik, denn aufgrund des kulturellen Kontextes lassen sie sich lieber von einem Roboter als von einem Ausländer pflegen; gegenüber Maschinen, die hierzulande bei vielen Menschen negative Assoziationen hervorrufen, öffnen sie sich mit viel Neugier und spielerischem Verhalten. Viele westliche Industrieländer, die ja fast alle mit fallenden bzw. stagnierenden Geburtenraten kämpfen, schauen aufmerksam nach Japan, um von dortigen Entwicklungen lernen zu können.

Ich kann Ihnen wirklich empfehlen, das Buch »Japan – Abstieg in Würde« zu lesen.[24] Auch wenn man es sicherlich nicht eins zu eins auf uns hier übertragen kann, so gibt es doch viele Impulse, wohin sich die Gesellschaft entwickeln wird. Ich glaube, dass uns von den drei großen Herausforderungen Demographie, Klimawandel und Digitalisierung das erste Thema als Erstes massiv herausfordern wird, sei es auf der Ebene der Finanzierbarkeit oder auf gesellschaftlicher Ebene in Bezug auf Zusammenhalt, Generationengerechtigkeit und Ethik. Die Robotik, genau wie die Digitalisierung generell, kann – richtig eingesetzt – einen durchaus positiven Beitrag dazu leisten.

Aber nicht nur in der Pflege und in der industriellen Fertigung kommen Roboter zum Einsatz: Das Militär ist natürlich sehr daran interessiert, wie diese Technologie im Ernstfall zu taktischen und strategischen Vorteilen verhelfen kann. Eine der führenden Firmen dabei ist *Boston Dynamics.* 1993 in den USA als Ausgründung der Spitzenuniversität MIT begonnen, arbeiten die Forscher seitdem im Auftrag des US-Militärs vor allem an humanoiden Robotern sowie an »Maschinen«, die sich wie Tiere bewegen können. Die der Öffentlichkeit zugänglichen Videos sind echt beeindruckend und lassen erahnen, was in den Labors los ist.[25] Das will man wahrscheinlich alles gar nicht im Detail wissen. Keine wirkliche Überraschung ist jedenfalls, dass Google die Firma 2013 erworben hat, um ein weiteres lukratives Geschäftsfeld zu besetzen – zusätzlich zu ihrer damals schon starken Position in der KI. Überraschend dann eher der Verkauf 2017 an die Investmentfirma Softbank. Als wesentlich für den Verkauf wurden die zunehmenden Fragen und auch Proteste der Google-Mitarbeiter angesehen, die nicht an der Programmierung von »Killerrobotern« beteiligt sein wollten![26] Über die Thematik »autonome Waffen« wie »Killerdrohnen« lesen Sie dann mehr in Kapitel 7.

Im Zivilschutz werden Roboter zum Identifizieren und Entschärfen von Sprengkörpern benutzt oder auch zum Aufspüren von Verschütteten in engen Räumen. Im Haushalt haben Sie vielleicht schon den Roboter als Rasenmäher oder den automatischen Staubsauger im Einsatz. Und in der Medizin können spezialisierte »Roboter« schon für Operationen eingesetzt werden, u. a. vom Chirurgen über das Internet ferngesteuert! Das Münchner Großklinikum Großhadern führt schon seit 2009 mit großem Erfolg roboterassistierte (minimal-invasive) Operationen durch.[27]

Wo geht die Reise hin? Ich denke, wir werden in den nächsten Jahren Zeugen einer rasanten Entwicklung, die – wenn wir sie lenken und gestalten – viel Positives bewirken kann. Roboter sind – ähnlich wie KI – noch ganz, ganz weit weg davon, das zu können, was wir so draufhaben. Denken Sie an das Rührei und unterschätzen Sie bitte nicht, was *Sie* alles so können, angelegt in der Schöpfung und entwickelt durch die Evolution. Das ist ziemlich genial, auf jeden Fall in vielen Bereichen (in einigen anderen erschrickt man wohl eher, aber auch das gehört zu unserer Spezies). Durch die Kombination von selbstlernenden KI-Systemen mit der immer besser werdenden Mechanik und Sensorik werden uns die humanoiden Roboter freilich immer »ähnlicher«, was Aussehen und Verhaltenssimulation betrifft. Einen Einblick darin gab der Auftritt von *Sophia* im Oktober 2017 vor den Vereinten Nationen und darauffolgend in vielen TV-Shows.[28]

Sophia ist ein sogenannter humanoider Roboter, der in Teilen menschliches Aussehen hat und in der Lage ist, uns in Mimik und Gestik zu imitieren. Sie kann, ähnlich wie die bekannten Spracherkennungssysteme, Fragen beantworten und auch über vorher definierte Themen ein Gespräch führen. Aber Achtung (und lesen Sie dazu die Antwort zu Frage 7!): Sie hat kein Bewusstsein, sie kann nicht denken wie Sie und ich, und sie handelt nicht »aus sich heraus«! Einen Ausblick bietet der recht gut gemachte Science-Fiction-Film *Ex Machina*, in dem ein Technologieunternehmer, der an KI und Robotik forscht, herausfinden will, ob einer seiner jungen Mitarbeiter Gefühle für einen humanoiden (und mit weiblichen Attributen ausgestatteten) Roboter entwickelt, obwohl er weiß, dass es lediglich eine KI ist, die da mit ihm »flirtet«. Spannend!

Alles zu weit weg, denken Sie, kommt nie, wie so viele andere Visionen aus der Digitalisierungswelt? Manches bleibt wohl in der Tat eine Utopie, zumindest hoffentlich, mag man denken. Aber generell erinnere ich die Menschen in meinen Vorträgen immer an die Aussagen von drei sehr intelligenten Männern, die – wie der Verlauf der Geschichte dann zeigte – ganz schön danebenlagen mit ihren Prophezeiungen:

- »Das Internet ist nur ein Hype.« Bill Gates 1993 (das Jahr, in dem Tim Berners Lee die heutige Struktur des Internets erfand).
- *Ich denke, dass es einen Weltmarkt für vielleicht fünf Computer gibt.«* Thomas Watson, IBM-Gründer, 1943 (ein paar mehr hat er dann wohl doch verkauft).
- »Alles, was erfunden werden kann, wurde bereits erfunden.« Charles Duell, Chef des US-Patentamts, 1899 (OK, dann lasst uns hinter uns abschließen und der Letzte macht das Licht aus ☺).

Also denken Sie groß und in langen Zeiträumen. 50 oder auch 100 Jahre sind nichts in der kosmischen Zeitrechnung. Und: Ich persönlich schließe – Stand heute – nichts aus; was ich mir allerdings wünsche, steht auf einem anderen Blatt. Übrigens: Sophia erhielt im Oktober 2017 die arabische Staatsbürgerschaft. So schnell kann es gehen.

6. Wo steht Deutschland im Bereich Robotik im internationalen Vergleich?

»Aus, aus, aus … das Spiel ist aus, Deutschland ist Weltmeister!« Erinnern Sie sich? Nein, nicht 1954, sondern 2018! Bitte was? Wir sind doch bei der Fußball-WM in Russland nach einer wahrlich unterirdischen Leistung als Letzter in der Gruppe grandios ausgeschieden, oder? Stimmt, aber ich rede von der Robocup-WM im Juni 2018 in Montreal, Kanada.[29] Nicht gehört oder gesehen? Tja, da haben Sie etwas verpasst, was unseren Nationalstolz wieder anheben könnte. Wir sind sogar zweifacher Weltmeister geworden! Nun, hier die Auflösung: Bei der Robocup-WM treten die weltweit besten Roboterteams gegeneinander an und messen ihre Geschicklichkeit in verschiedenen »Sportarten«. Eine davon ist Fußball. Und hier gewann Deutschland gleich in zwei Kategorien (nach Größe der Roboter) das Finale, Doppelweltmeister also. Geht doch! Und das ist kein Zufall, denn im Gegensatz zu anderen Bereichen der Digitalisierung sind wir bei der Robotik recht gut unterwegs, handelt es sich doch um die Kombination von Hardware und Software, worin Deutschland schon immer viel Innovationspower hatte.

Deutschland lag 2017 beim Einsatz von Industrierobotern weltweit auf Platz 3.[30] Dabei wurde in der gesamten Robotik- und Automationsbranche ein Umsatz von über 15 Milliarden Euro erzielt, was fast einer Verdoppelung innerhalb der letzten zehn Jahre entspricht.[31] Unternehmen wie Siemens, aber auch viele erfolgreiche Mittelständler trugen dazu bei; sie haben durch die Digitalisierung nun eine sehr gute Chance, ihre starke Position abzusichern und weiter auszubauen. Schade ist, dass man immer wieder mal Hochtechnologiefirmen, zum Beispiel die Roboter-Firma Kuka, an ausländische Investoren (in dem Fall an China) verliert. Hier würde man sich eine »aktivere« Industriepolitik wünschen, offene Märkte hin oder her.

Beim Thema Industrie 4.0 (siehe Kapitel 1) haben viele Unternehmen die notwendigen Weichen gestellt, und auch hier spielen Roboter im Rahmen der digitalen Fabrik eine entscheidende Rolle. Unsere Grundlagenforschung an den Universitäten und z. B. an den Fraunhofer-Instituten für Fabrikbetrieb und -automatisierung (IFF) in Magdeburg oder für Produktion in Stuttgart liefert in Zusammenarbeit mit der Industrie sehr gute Lösungen und Innovationen für Roboter in der Produktion und im Service, Stichwort Pflege. Ein Besuch auf den Webseiten der Einrichtungen lohnt sich, sehr beeindruckend.[32]

Zwischenfazit: Während wir in einigen Aspekten der Digitalisierung (KI, Bildung, Breitband etc.) großen Nachholbedarf haben, was mittlerweile ja auch von der Politik erkannt wird (siehe die Ernennung einer Digital-Ministerin in Bayern oder die Verkündung einer KI-Strategie Deutschlands im Dezember 2018), sind wir im Bereich Robotik gut unterwegs. Interessant wird die Beobachtung folgender Aspekte sein: Können wir eventuell ins Ausland ausgelagerte Produktionen wieder zurückholen (Elektronik, Textil etc.), weil die Produktivität der Industrieroboter höher ist als die der »billigen« Arbeitskräfte im Ausland? Und wie gehen wir mit der Thematik »Wettbewerb Mensch vs. Maschine« um? Ist es einfach eine Koexistenz oder sind wirklich so viele Arbeitskräfte vom Wegfall ihrer Jobs bedroht, wie manche Studien vorhersagen? Können wir beim Thema KI und Software im Allgemeinen in den nächsten Jahren ein Stück aufholen? Denn nur beides zusammen, Hardware und Software, versprechen im globalen Wettbewerb Erfolg. Die nächsten fünf bis zehn Jahre werden es zeigen.

7. Können Roboter und KI bald alles, was Menschen können, also zum Beispiel auch denken und fühlen, und welche Rolle spielt dabei der rasante Fortschritt der letzten Jahre im Bereich der Neurowissenschaften?

Bevor wir uns mit dem ja eigentlich schon »älteren« Thema *denkende Maschinen* beschäftigen, werfen wir einen Blick auf ein anderes faszinierendes Gebiet der Forschungswelt: die Neurowissenschaften. Auch durch die immer genaueren medizinischen Geräte in der bildgebenden Diagnostik – wie MRT (Magnetresonanztomographie), Kernspin und PET (Positron-Emissions-Tomographie) – hat man es in den letzten Jahren geschafft, Aufbau und Funktionsweise unseres Gehirns immer besser zu verstehen. Diese Fortschritte tragen zu besseren Medikamenten und Therapien bei. Aber – und dieses aber ist ganz wichtig bei der Einordnung vieler anderer Themen im Zusammenhang mit KI und Robotik –: Noch immer, und eventuell Gott sei Dank, wissen wir im Endeffekt ganz, ganz wenig über unser Gehirn. Manche Wissenschaftler, darunter einige Philosophen, bezweifeln, dass wir den »Code« unseres Steuerungsorgans jemals vollends entschlüsseln können. So heißt es zum Beispiel in dem hervorragenden Buch »Mythos Determinismus« der Philosophin Birgit Falkenburg: »Doch dem Gehirn beim Denken zusehen, das kann keines dieser Verfahren ... Die bildgebenden Verfahren machen keine mentalen Prozesse sichtbar, und sie werden es niemals tun. Sie bilden keine Bedeutungen, Empfindungen, Gefühle und Erlebnisse ab, sondern Hirnströme und Sauerstoffkonzentrationen.«[33]
    Abbildung 18 zeigt eine stark vereinfachte und bei Weitem nicht vollständige Übersicht, was wir heute wissen und was nicht (ich bin kein

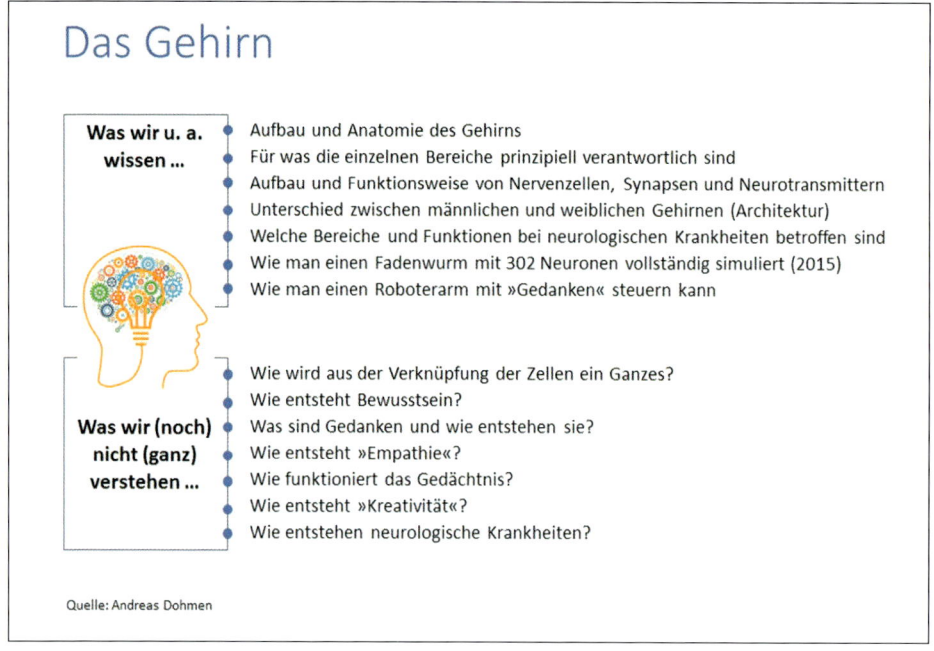

Abbildung 18

Neurowissenschaftler, habe jedoch einiges darüber gelesen und versucht, es hier zusammenzufassen). Wie Sie sehen, wissen wir einerseits schon eine ganze Menge: vom grundsätzlichen Aufbau und der Anatomie des Gehirns über die Funktionsweise von Nervenzellen und die Rolle von sogenannten Neurotransmittern, die bei Themen wie Depression eine wesentliche Rolle spielen, bis zum »Verantwortungsbereich« der einzelnen Hirnregionen. Wir kennen auch den Unterschied zwischen männlichen und weiblichen Gehirnen (guter Stoff für nette Diskussionen). Wissenschaftler haben es geschafft, den Fadenwurm, ein Wesen mit 302 Neuronen, vollständig »nachzubauen« und zu 100 Prozent zu simulieren.[34] Als wesentlich spektakulärer empfinden wir Experimente, bei denen Menschen, die zum Teil vom Kopf abwärts querschnittsgelähmt sind, mittels eingesetzter Chips und Elektroden (Brain-Computer-Interface) Bewegungen eines Roboters allein durch die Kraft ihrer Gedanken steuern können. Was manch einen an Science-Fiction-Filme erinnern wird, ist für die Betroffenen ein Gefühl, wie es Neil Armstrong gehabt haben mag, als er den Mond betrat; so beschrieb es eine Patientin 2015.[35] Forscher am renommierten DFKI (Deutsches Forschungsinstitut für KI) haben 2018 zusammen mit Roboterwissenschaftlern der Uni Bremen gezeigt, wie man mittels EEG (Elektroenzephalographie), also nichtinvasiv, ebenfalls Roboter, in diesem Fall ein sogenanntes Exoskelett, steuern kann. Dieses an Teilen des Körpers angebrachte Gerät soll dann Funktionen von gelähmten oder teilgelähmten Armen oder Beinen übernehmen (zum Beispiel nach Schlaganfällen); eine tolle Perspektive![36]

Wie Abbildung 18 aber auch zeigt, stehen wir noch immer – und eventuell wirklich für immer – vor vielen fundamentalen Fragen beim Verständnis dieses so faszinierenden Organs. So wissen wir zum Beispiel nicht, wie aus der Verknüpfung der Zellen »ein Ganzes« wird. Wir haben schon gehört, dass der Mensch – ob hochbegabt oder »Normalo« – bei der Geburt mit über ca. 90 Milliarden Nervenzellen ausgestattet ist. Jede von ihnen bildet dann gerade in der frühkindlichen Phase (bis zu zwei Jahren) bis zu 10.000 Verbindungen (Synapsen) zu anderen Nervenzellen aus. Die Frage nach dem Gedächtnis ist noch ziemlich ungeklärt, denn im Gegensatz zu einem Computer haben wir weder RAM (Random Access Memory), also einen Arbeitsspeicher, noch ROM (Read Only Memory), in denen der Rechner Daten zum Arbeiten zwischenlagert oder gar für längere Zeit zentral speichert. Wir »speichern« im Netz und verbrauchen durch diesen genialen »Trick« lediglich ca. 20–30 Watt beim Nachdenken (auch wenn es sich zumindest bei mir und Ihnen manchmal so anfühlt, als ob die »Birne glüht« ☺).[37] Sensationell und nobelpreisverdächtig! Computer müssen die Daten immer wieder über einen »Datenbus« zu diesen Speichern schicken, was mit einem immensen Energieaufwand verbunden ist, während unser Gehirn »im Netz« selbst speichert. Daher benötigen wir keine immensen Kühlvorrichtungen wie die großen Serverfarmen.

Wie das mit dem Gedächtnis genau passiert, gehört zu den Dingen, die Sie im unteren Teil der Abbildung 18 finden, nämlich zu all dem, was wir (noch) nicht wissen. Und ob es *noch nicht* oder *nie* heißen muss, darüber streiten die verschiedenen Lager. Weder wissen wir, wie Erinnerung funktioniert, noch, wie Gedanken entstehen, ganz zu schweigen von Gefühlen. Über die Frage nach »Bewusstsein« haben schon jede Menge Autoren dicke Bücher geschrieben und viele Studenten schlaflose Nächte bei Master- und Doktorarbeiten verbracht. Halt, werden Sie vielleicht sagen, hat da nicht eben etwas gestanden von »Gedanken lesen«, um einen Roboterarm zu steuern? Ja, aber genauer gesagt, sind es einige Signale, hervorgerufen durch biochemische Prozesse, die man dort »ausliest«. Man ist weit davon entfernt, den exakten Zustand der Abermilliarden Nervenzellen zu kennen. Denn wenn ich Sie zum Beispiel frage, was Sie mit »blau« verbinden und Sie entsprechende Assoziationen haben (in der Philosophie sagt man *Qualia*[38] dazu: *subjektiver Erlebnisgehalt mentaler Zustände*), so ist das bei jedem von uns unterschiedlich. Das kann der Pool sein vom letzten Urlaub, das wunderschöne Meer oder die blauen Socken, die Sie tragen. Was für uns selbstverständlich ist und uns als Menschen ausmacht, ist für die Forscher immer noch ein großes Geheimnis. Und wenn Sie jetzt sagen: »Moment, wenn ich aber meine KI Andrea frage, was blau ist, bekomme ich eine Antwort, also können doch Computer heute schon denken«, dann muss ich antworten: »Leider oder auch Gott sei Dank – nein«, denn Andrea schaut auch hier nur in einer Datenbank nach und gibt wieder, was sie dort vorfindet. Das basiert aber eben nicht wie bei uns – und das ist ganz wichtig – auf Erfahrung, die mit *Leib und Seele* gemacht worden ist und deshalb so tief sitzt. Weil halt der Ausblick auf das wundervolle blaue Meer und die ganze Stimmung im letzten Urlaub so romantisch war (und ihre blauen Socken so hervorragend dazu passten ☺). Dieses auch als Leib-Seele-Problem beschriebene Rätsel (*Wie verhalten sich mentale Zustände – Bewusstsein, Geistliches, Psyche, evtl. Seele – zu physikalischen – insbesondere neuronalen – Zuständen?*) war und ist Inhalt von vielen spannenden Diskussionen in der Philosophie, und nicht nur dort.[39]

Die einen sagen: »OK, das akzeptiere ich, aber wir müssen nur lange genug forschen, dann finden wir die Antwort darauf.« Stimmt sicherlich, wenn man auf einige Beispiele der Vergangenheit schaut: Früher – vor der Entdeckung der Quantenmechanik – hätte ja auch keiner daran gedacht, dass Teilchen sich mal wie eine Welle und mal wie ein Körper verhalten würden, je nachdem, wie man »reinschaut« in Mutter Natur. Vor

Kopernikus stand die Erde und damit der Mensch im Mittelpunkt von allem, bevor wir dann erfuhren, dass wir mit der Milchstraße rotieren und inmitten von Abermillionen Galaxien um die Sonne kreisen. Ups … All das bedeutete eine Revolution in dem Bild, das wir uns von der Natur und natürlich auch von uns selbst machen. Andere meinen aber, wie oben angedeutet, dass wir schon im Ansatz zum Scheitern verurteilt sind, weil der Beobachter, also wir, nicht den Beobachter selbst, also uns, beobachten kann. Soll vereinfacht heißen: Wir sind – so intelligent wir auch manchmal sind – doch am Ende in uns »gefangen«. Selbst wenn wir wüssten, so die Argumente, welche Neuronen bei welchem Gefühl aktiv sind, so könnten wir doch *nie* wirklich erfahren, was die Assoziation von Blau auslöst und warum es beim einen das Meer ist und beim anderen die Socken sind.

Es gibt noch etwas »anderes«: 1 + 1 = 3 ist mathematisch falsch, aber in einem System wie dem unseren – und dazu gehört eben nicht nur das Gehirn, sondern *alles* – gelten andere Gesetze. Das Ganze ist mehr als die Summe seiner Teile: Geheimnis und Faszination vieler Systeme. »Na ja«, sagen dann möglicherweise die Neurowissenschaftler, die dem »deterministischen« Ansatz (sprich: »alles ist messbar«) folgen: »Ich sehe halt in meinen hochauflösenden Kernspins etc. vieles, jede Menge Signale von biochemischen Prozessen etc., wenn ich den Probanden Bilder aus der Vergangenheit hinhalte, um eine emotionale Reaktion zu erzeugen. Und die aktiven Hirnregionen erkenne ich *vor* dem Lächeln oder dem traurigen Gesichtsausdruck. Jedoch sehe ich keinen freien Willen, keine Seele gar oder Ähnliches.« »Na ja«, würde dann der eine oder andere antworten: »Nur weil du es nicht siehst, heißt es nicht, dass es nicht da ist. Und überhaupt: Du wirst es auch nie schaffen, es zu finden oder zu messen, weil es uns eben verborgen ist. So hat es die Schöpfung bzw. die Evolution nun mal angelegt.« »Es ist also keineswegs der Fall, wie Presseberichte manchmal glauben machen, dass man eine Versuchsperson einfach in ein MRT legen und dann direkt sehen kann, wie das Gehirn arbeitet. Und erst recht gewähren die Hirnscanner keinen Liveeinblick in das, was Probanden fühlen oder denken. Es ist eine Menge Statistik und Interpretation im Spiel. Vom echten Gedankenlesen ist man meilenweit entfernt.«[40] So lautet es in einem guten Artikel der Wissenschaftszeitschrift Spektrum zu dieser spannenden Thematik.

Sie sehen schon: Komplex, verwirrend und zum jetzigen Zeitpunkt offen. Weder der eine noch der andere kann eine stringente Beweisführung wie in Mathematik oder Logik zur Unterstützung seiner Position vorbringen und nachweisen, dass die Gegenseite mit ihren Thesen falsch liegt. Auf dem Fußboden vor mir liegen einige faszinierende Bücher zu dieser Thematik mit so spannenden Titeln wie: »Die philosophischen Grundlagen der Neurowissenschaften«, oder »Wie das Gehirn die Seele macht«. Zwei weitere möchte ich Ihnen ebenfalls sehr empfehlen: Zum einen das Buch von Henning Beck, promovierter Neurobiologe und deutscher Meister im Science Slam, einer sehr unterhaltsamen Art und Weise, Menschen Kompliziertes aus der Wissenschaft lustig und einfach zu erklären. »Hirnrissig. Die 20,5 Neuromythen – und wie unser Gehirn wirklich tickt«, lautet der Titel.[41] »Kann das Gehirn das Gehirn verstehen?«, heißt das andere sehr interessante Buch. Es ist von Matthias Eckolt; er berichtet aus neun Interviews mit Neurowissenschaftlern und beleuchtet dabei auf sehr informative Art die Komplexität dieser Frage und ihrer Antworten.[42]

Warum ist all das so wichtig für KI und Robotik? Einige Prognosen zur Zukunft der KI basieren auf potenziellen massiven Fortschritten in den Neurowissenschaften in den nächsten Jahren, nach dem Motto: »Also, wenn das ›da oben‹ nun wirklich einfach eine Abfolge biochemischer Prozesse ist, dann kann ich es ja am Ende doch in einen Algorithmus einspeisen und Andrea beibringen!«

Oder noch besser – und wir kommen noch darauf –: Ich kann dann Intelligenz und Bewusstsein vom Körper (die Software von der Hardware) trennen und auf einen Chip im Kopf übertragen, um beides schlussendlich in einen Avatar, also ein in einer virtuellen Welt geschaffenes Kunstwesen, einzufügen, sogenanntes *Mind Uploading*[43] (keine Angst, ich habe außer Kaffee heute noch nichts getrunken). Willkommen in der Welt des Transhumanismus (siehe auch Kapitel 4), der sich zum Ziel gesetzt hat, die Grenzen des Menschseins mit technischen Mitteln zu erweitern oder gar zu überwinden.[44]

Einer der Anhänger und Unterstützer dieser Bewegung ist Ray Kurzweil, Unternehmer, Visionär, Cheftechnologe bei Google und Träger von 19 Doktorhüten ehrenhalber. In seinem herausfordernden Buch »Menschheit 2.0« prognostiziert er u. a., dass spätestens im Jahr 2045 die Rechenleistung von Supercomputern die der Gehirne der ganzen Menschheit übersteigen wird. Er bezeichnet dies als *(technische)* Singularität.[45] Hmm ... – was ist das nun wieder?

Erinnern Sie sich noch an Ihren Matheunterricht? Ich weiß, es war »nicht einfach« ☺. Aber unabhängig davon, was durften Sie nicht tun? Klar, abschreiben und Papierflieger bauen. Doch viel schlimmer in den Augen von Mathematikern wäre es wohl gewesen, wenn Sie durch Null geteilt hätten! Denn das ist nicht definiert! Man schreibt dieses kryptische Zeichen *unendlich* (∞) hin, aber was ist denn *unendlich* für eine Zahl, bitteschön? Etwas dramatischer ausgedrückt: Sie teilen durch Null, und es passieren komische, eventuell dramatische Dinge. Sind Sie mal in ein Schwarzes Loch gefallen? In ein tiefes Loch fehlender Motivation eventuell, aber in ein Schwarzes Loch? Nein. Ist auch gut so, denn dann könnten Sie diese Zeilen nicht lesen. Der geniale Astrophysiker Stephen Hawking hat sein ganzes Leben darüber geforscht, was passiert, wenn Sterne kollabieren und ihre gemeinsame Masse sich auf kleinstem Raum zusammendrückt. Eine gewaltige Gravitationskraft sorgt dafür, dass alles, was von ihr angezogen wird und in dieses »Loch« fällt, nicht mehr herauskommt.[46] Auch die Lichtquanten nicht – also ziemlich dunkel, die ganze Veranstaltung. Wir wissen trotz toller Forschung nur bedingt, was dort passiert, denn wir können es zwar berechnen (OK, zumindest einige unserer Spezies), aber nicht experimentell simulieren. Es ist wie beim Urknall: Was hat sich in exakt dem Moment abgespielt, als es »bumm« machte? Wir wissen es nicht zu 100 Prozent, denn auch hierbei handelt sich quasi um »durch Null teilen«: Wir betreten absolutes Neuland, in dem unsere Gesetze und Erfahrungen nicht mehr gelten. Und genau so soll es sein, wenn die Superrechner »abheben«, also so schnell rechnen, wie wir alle zusammen es nicht könnten, und damit in »neue Dimensionen« vorstoßen. Das in Verbindung mit einer Künstlichen Intelligenz, so warnen einige Forscher, und Hawking war einer davon, könnte dazu führen, dass aus einer »harmlosen« KI eine Super-KI entsteht, die ja oft in Science-Fiction-Filmen als Horrorvision eine Rolle spielt.

Diese Super-KI würde natürlich, so Ray Kurzweil, auch auf den bis zum Zeitpunkt der Singularität erreichten Fortschritten der Hirnforschung basieren. Zu Forschungs- und Ausbildungszwecken hat er dazu zusammen mit anderen in Kalifornien die *Singularity University* gegründet.[47] Dort forscht man an all den möglichen Effekten, die bei solchen exponentiellen Prozessen sowie den sich daraus ergebenden Möglichkeiten auftreten können.

Wie gesagt: Wer weiß, was alles möglich sein wird, wenn wir »durch Null« teilen; ausschließen würde ich auch hier nichts mehr. Wenn auch sicherlich der Zeitstrahl etwas anders aussieht, als Kurzweil und andere propagieren. Aber was sind meinetwegen 50 Jahre im kosmischen Zeitrahmen? Sie erinnern sich? Ca. 13,7 Milliarden Jahre, so die heutige Wissenschaft, seitdem es den großen Knall gab. 50 oder auch 500 Jahre sind in dem Kontext nichts weiter als ein Rundungsfehler, ohne dabei die Bedeutung unserer Evolution zu vernachlässigen. Seien wir einfach ab und zu einfach mal etwas »demütig« in Anbetracht der kosmischen Dimensionen. Mir hilft es jedenfalls, einige Dinge, die passieren, zu relativieren.

8. Droht die Übernahme der Welt durch eine Super-KI?

Der potenzielle Kontrollverlust des Menschen und das damit verbundene mögliche Szenario, dass sich eine KI zu einer sogenannten Super-KI entwickelt, ist nicht nur Gegenstand einiger Science-Fiction-Filme, sondern auch der Ausgangspunkt für die Überlegungen und Gedankenmodelle einiger Wissenschaftler. So auch von dem Physiker und Philosophen Nick Bostrom in seinem spannenden, wenn auch an manchen Stellen ziemlich abstrakten und utopischen Buch »Superintelligenz«.[48]

Dabei definiert Bostrom eine Superintelligenz (SKI) als »einen Intellekt, der die menschliche kognitive Leistungsfähigkeit in nahezu allen Bereichen weit übersteigt.«[49] Eine SKI ist für ihn eine *allgemeine* Intelligenz (d. h.: Intelligenz liegt im Übermaß vor) und nicht eine hochentwickelte, aber auf ein bestimmtes Gebiet (zum Beispiel das Go-Spiel) beschränkte Fähigkeit. In Kapitel 2 seines Buches beschreibt Bostrom mögliche Wege zu einer SKI. Sie reichen von der Simulation der biologischen Evolution durch genetische Algorithmen auf schnellen Computern über die sogenannte Emulation des menschlichen Gehirns bis hin zu großangelegten Eugenik-Programmen, um durch genetische Manipulationen einen Quantensprung in der Entwicklung der menschlichen Intelligenz zu erreichen. Vieles davon mag man als Utopie einordnen wollen. Allerdings ist gerade die Entwicklung im Bereich der digitalen Medizin in Kombination mit Gentechnologie und synthetischer Biologie schier atemberaubend, wie es Thomas Schulz in seinem Buch über »Medizin im Silicon Valley« beschreibt.[50] Manche von Bostroms Gedanken erscheinen nach dieser Lektüre in einem anderen Licht, denn laut Schulz ist einiges nicht mehr so weit in der Zukunft wie gedacht.

Ausgehend von der möglicherweise rasanten Entwicklung von einer KI zu einer SKI beschäftigt sich Bostrom dann mit dem sogenannten Kontrollproblem. Dieses ergibt sich ihm zufolge dadurch, »dass wir nicht einfach davon ausgehen können, eine Superintelligenz teile notwendigerweise irgendwelche der finalen Werte, die man bei Menschen üblicherweise mit Weisheit und geistiger Entwicklung assoziiert: wissenschaftliche Neugier, wohlwollende Fürsorge für andere, spirituelle Erleuchtung und Kontemplation [...].«[51] Daraus folgt laut Bostrom die dringende Notwendigkeit, schon beim Design einer KI mit SKI-Potenzial über entsprechende Kontrollmethoden nachzudenken und möglicherweise nötige Maßnahmen proaktiv zu ergreifen.

Und genau in diese Richtung ging die Warnung von Stephen Hawking: »KI ist entweder das Beste, was der Menschheit je passiert ist, oder das Schlechteste.« Andere namhafte Forscher teilten diese Auffassung und riefen ebenfalls dazu auf, sich früh genug mit den potenziellen Gefahren und Möglichkeiten des Kontrollverlustes durch den Menschen zu beschäftigen. Und auch deswegen haben seit einiger Zeit zahlreiche Ethikräte begonnen, sich mit der Thematik Werte und Moral in Algorithmen zu beschäftigen. Mehr darüber dann in Kapitel 7.

Impuls zum Nachdenken

Stand heute können Computer und Roboter weder im menschlichen Sinne denken noch fühlen. Sie leisten sensationelle Dinge, ihre Fähigkeiten werden in den nächsten Jahren signifikant zunehmen, sie können der Menschheit große Dienste erweisen und werden dies auch zunehmend in unserem Alltag tun – aber nur, wenn wir die Entwicklung entsprechend lenken! Wie weit sie sich bzw. wir sie entwickeln können und werden, erscheint aus heutiger Sicht offen. Fakt ist, dass wir uns einige grundsätzliche Gedanken machen müssen über unser Menschenbild und wie wir glauben, das, was den Menschen ausmacht, auch schützen zu wollen bzw. zu können.

Spätestens beim Thema »Länger leben« und »Unsterblichkeit« (z. B. durch »Mind Uploading«) sind wir dabei, mehr als nur Neuland zu betreten. Es geht um absolut grundsätzliche Fragen: Gehört der Tod bzw. auch Leiden zum Leben? Und ich weiß, dass die spontane Reaktion bei dem ersten Thema meist ist: »Ja«; beim »Leiden« höre ich öfters »Hmm ... also ...«, da ist man sich nicht sicher. Allerdings ist die Überwindung von beidem ja ein alter Traum der Menschheit und hat nichts mit aktuellen Entwicklungen in der KI zu tun, denn der Tod zum Beispiel war vielen Menschen schon immer ein Dorn im Auge, etwas, das es zu überwinden gilt. Wollen Sie ewig leben bzw. wünschen Sie es Ihren Kindern?

Kapitel 4

Digitalisierung und Medizin

1. Welche Bedeutung hat die Digitalisierung für die Gesundheit und die Medizin?

Ein Themengebiet der digitalen Transformation erhält rasant öffentliche Aufmerksamkeit: die digitale Medizin. Erkenntnisse aus Jahrzehnten und Errungenschaften aus Informatik, Chemie, Physik, Biologie und Robotik fließen nun zusammen und begründen laut Thomas Schulz, Autor des Buches »Zukunftsmedizin«, einen neuen Hype und ein neues Zauberwort im Silicon Valley, dem Mekka des technologischen Fortschritts: »convergence«. Durch das Zusammenwirken der verschiedenen Wissenschaften, den Aufbau von Teams aus den »Besten der Besten« und den massiven Zufluss an Kapital rückt die Realisierung alter Träume in scheinbar greifbare Nähe: Von personalisierter Medizin und Nano-Robotern, die das Arzneimittel zielgenau an den Bestimmungsort im Körper transportieren, über das An- und Ausschalten fehlerhafter Chromosomen in der DNA bis hin zu Designer-Babys und zur Unsterblichkeit durch »Minduploading« – nichts scheint mehr unmöglich. Und über die enormen Möglichkeiten von Robotern zur Unterstützung im Bereich Pflege haben Sie im vorigen Kapitel schon einiges gehört.

Doch schön alles der Reihe nach. Schauen wir uns zunächst die gesellschaftliche und demographische Ausgangssituation der Welt an[1]:

- Die durchschnittliche Lebenserwartung für einen im Jahr 2013 geborenen Menschen beträgt laut Vereinten Nationen ca. 71,5 Jahre, sechs Jahre mehr als noch 1990; in Deutschland liegt sie sogar bei ca. 78 Jahren für Männer und 83 Jahren für Frauen, und sie wird sich bis 2050 um jeweils weitere fünf Jahre nach oben verschieben.
- Das Durchschnittsalter der Weltbevölkerung wird laut UN von 29 Jahren (2010) auf 36 Jahre (2050) steigen. Zugleich wird der Bevölkerungsanteil der Kinder bis 15 Jahre von 25,8 Prozent (2013) auf ca. 20 Prozent (2050) sinken, der Anteil der über 60-Jährigen hingegen von 11,7 Prozent auf 21,1 Prozent ansteigen!
- Im Jahr 2050 wird jeder dritte Deutsche älter als 60 Jahre sein. Umgekehrt wird der Anteil der jungen Menschen weiter abnehmen. Heute ist gut ein Fünftel der Deutschen jünger als 20 Jahre, 1950 waren es etwa 30 Prozent. Für 2050 prognostiziert das Statistische Bundesamt einen Anteil von nur noch 16,3 Prozent.
- Der Altersaufbau in Deutschland wird sich dann innerhalb von 100 Jahren umgekehrt haben: 2050 wird es mehr als doppelt so viele ältere wie junge Menschen geben, während 1950 noch doppelt so viele Menschen unter 20 Jahren wie über 60 Jahren waren.

Die gute Nachricht ist, dass wir immer älter werden, und die Herausforderung ist, dass wir immer älter werden. Denn dadurch wird nicht nur der Druck auf die Rentensysteme massiv steigen, sondern auch die Anpassung unseres gesamten Gesundheitssystems mehr als notwendig werden. Und das entlang der gesamten Kette: von der Vorsorge jedes Einzelnen über die gezielte und effiziente Versorgung von Kranken bis hin zur optimalen Betreuung im Pflegefall. Genau hier kann Digitalisierung einen entscheidenden Beitrag leisten, und sie muss es sogar. Denn uns allen ist wohl klar, dass das heutige Gesundheitssystem in den meisten Industrieländern der demographischen Entwicklung nicht gewachsen sein wird. Keine große Überraschung also, dass der weltweite Markt für digitale Gesundheit (Digital Health) 2020 laut Roland Berger auf über 200 Milliarden Dollar ansteigen wird, mehr als eine Verdoppelung in nur fünf Jahren.[2]

Betrachten wir mal einige Trends und bereits existierende Anwendungen, die dieses enorme Wachstum ermöglichen werden: Beginnen wir mit dem Bereich *Mobile Health*, der mit sogenannten mobilen Gesundheitslösungen über 75 Prozent des Gesamtumsatzes generieren soll. Darunter versteht man laut dem Londoner Professor Robert S. H. Istepanian, der den Begriff 2006 erstmals verwendete, »aufkommende mobile Kommunikations- und Netzwerktechnologien für das Gesundheitswesen«.[3]

Eine der zahlreichen Anwendungen ist die Ermittlung von Vitalwerten wie Blutzucker, Körpertemperatur oder Herzfrequenz via Applikationen (Apps) auf Ihrem Smartphone. Denn die dort eingebauten Sensoren, oft noch erweitert durch andere »Wearables« wie digitale Uhren (Smart Watches) oder Armbänder, können eine ganze Reihe an gesundheitsbezogenen Daten erfassen und verarbeiten. Und sie können so zum Beispiel die »Fernüberwachung« von Patienten mit chronischen Beschwerden ermöglichen. Und »Überwachung« ist hier absolut positiv zu sehen! Denn mit zunehmendem Alter wird auch die Zahl der chronisch Kranken signifikant ansteigen; laut der Unternehmensberatung PWC wird sie sich in den nächsten 20 Jahren glatt verdoppeln.[4]

Es gibt allein im Apple Apps Shop weit über 100.000 Gesundheitsprogramme. Hier sind einige Beispiele:

- »Mit dem mySugr Paket erhältst du unbegrenzt Teststreifen, ein Accu-Chek® Guide Blutzuckermessgerät, die mySugr App und Diabetes-Beratung wo und wann immer du willst. Mach Diabetes einfacher«, heißt es auf der Webseite der sehr erfolgreichen Diabetes App mySugr. Über 1,4 Millionen Diabetiker nutzen bereits diese Anwendung zur besseren Steuerung und Überwachung ihrer Blutzuckerwerte (www.mysugr.com/de). 2017 wurde das österreichische Startup von Roche aufgekauft.[5]

(Anmerkung: Auch hier gab es in der Vergangenheit Diskussionen über den Datenschutz.[6])

- Die App CANCADO hilft Krebspatienten bei der Dokumentation ihrer Medikamenteneinnahme und Beschwerden. Mittels eines digitalen Tagebuches kann der Arzt wichtige Daten in Echtzeit erhalten und diese in die Behandlung miteinfließen lassen (www.cankado.com).
- Mit App und Kabel können Sie mittels CardioSecur (www.cardiosecur.com/de) sehr einfach ein EKG erstellen und diese Daten mit Ihrer Ärztin teilen. Gerade bei Patienten nach einer OP dient diese Anwendung zur mobilen Überwachung.

Einen guten Überblick über auch bei Krankenkassen zugelassene weitere Anwendungen erhalten Sie auf der Webseite der Krankenkassen *(www. krankenkassen.de)*.[7] Jedoch sollte man beachten, dass die Wirksamkeit der allermeisten Anwendungen nicht erwiesen ist und einen leicht auch in die »falsche« Richtung navigieren kann. So ließ das Bundesgesundheitsministerium (BMG) 2016 den Markt und die Möglichkeiten von Gesundheits-Apps untersuchen. Die Ergebnisse waren ziemlich ernüchternd, denn laut der Studie (350 Seiten, 18 beteiligte Autoren) fehlte es weitestgehend an wissenschaftlicher Evidenz der Wirksamkeit sowie an einheitlichen Kriterien und Zulassungsverfahren.[8] Und nicht vergessen sollten wir, dass nicht alle von uns »Digital Natives« sind, also problemlos mit all den zum Teil ja durchaus verwirrenden Möglichkeiten des Smartphones oder Tablets umgehen können. Hier sind also andere Lösungen bzw. Bildungsangebote gefordert, wie sie zum Beispiel viele Volkshochschulen anbieten. Von der großen Besorgnis über den Datenschutz wird noch die Rede sein.

Für Patienten, die mit akuten oder chronischen Krankheiten zu kämpfen haben, können die mobilen Gesundheitslösungen eine sehr gute Ergänzung zu anderen Maßnahmen darstellen und sie bei unliebsamen Entwicklungen unterstützen. So können Sie bei Bedarf ein Armband tragen, das mithilfe eingebauter Sensoren bei einem Sturz automatisch eine vorher definierte Person/Institution benachrichtigt. In Zeiten, wo immer mehr Menschen im Alter allein leben und möglichst lange zu Hause bleiben möchten: alles sehr gute Anwendungen. Denn oft sind der Weg zum Arzt und die lange Zeit in überfüllten Wartezimmern ein belastender Prozess, der zur Erkrankung als solcher noch hinzukommt.

Aber auch im Verwaltungsbereich des Gesundheitswesens spielen mobile Anwendungen eine große Rolle, wenn man sie adäquat einsetzt. So können elektronische Patientenakten auf mobilen Geräten für Patienten und Fachpersonal außerordentlich hilfreich sein. Ich denke, dass die Potenziale zur Digitalisierung der Prozesse in den meisten Krankenhäusern enorm sind. Zu viel ist noch in Papierform vorhanden, auf unterschiedlichen Systemen und nicht zentral und mobil zugänglich.

Ein weiteres großes Gebiet des Milliardenmarktes Digitale Gesundheit ist der Bereich der Tele-Gesundheit (Tele-Health). Die Ihnen eventuell bereits bekannte Anwendung der sogenannten Tele-Medizin ist ein Teilbereich davon.

Schon immer hat man versucht, den rasanten Fortschritt der Kommunikationsmedien wie Telefon, Bildübertragung und Internet auch auf dem Gebiet der Gesundheit zu nutzen. So ließ sich der Erfinder des Telefons, Alexander Bell, von seinem Arzt via Telefongespräch behandeln, und die Astronauten, die das Weltall eroberten, wurden mithilfe von Fernüberwachung und -diagnose auf ihren Reisen medizinisch unterstützt.

Mit den heutigen technischen Möglichkeiten von Smartphone, Tablets, PCs etc. eröffnen sich ganz neue Möglichkeiten, schnell und effizient Menschen verschiedener Gruppen zusammenzubringen. Der Austausch zwischen Ärzten, um eine gemeinsame Diagnose zu erstellen, der Dialog der Bürger mit ihren Krankenkassen oder mit Medizinportalen, um sich über Behandlungsmöglichkeiten bzw. vorbeugende Maßnahmen zu informieren: Vieles davon wird in nächster Zeit Realität werden. Oder stellen Sie sich vor, Sie können sich Anleitungen zur Reha nach einer Knieoperation von einem Physiotherapeuten via Video geben lassen. Vieles kann man dann zu Hause erledigen und spart sich (und natürlich auch der Umwelt) zeitaufwendige Anfahrten. Das alles wird ergänzend zu notwendigen stationären Behandlungen erfolgen.

Heute lebt ein signifikanter Anteil der Menschen in Deutschland allein.[9] Laut Statistischem Bundesamt gab es 2018 ca. 42 Prozent Ein-Personen-Haushalte in unserem Land; ein signifikanter Anteil entfällt dabei auf Menschen über 65, Tendenz stark zunehmend. Wie hilfreich wäre es dann, wenn man bei einem plötzlichen Unwohlsein einen Roboter bitten könnte, einen Anruf bei einem Arzt oder einem medizinischen Notdienst zu tätigen, der sich dann via Telekonferenz mit einem in Verbindung setzt. Denn »Robi« verfügt natürlich über Kamera und Bildschirm, und gesteuert wird er einfach über Sprache. Der Spezialist unterhält sich mit dem Anrufer, schaut sich die aktuellen Gesundheitsdaten an (in einer zentralen Datenbank und/oder auf mobilen Geräten wie dem Smartphone etc.) und fordert seinen digitalen Helfer auf, den aktuellen Blutdruck zu messen oder einen Ultraschall-Scan durchzuführen. Wie bitte? Ja, alles möglich. Lösen Sie sich von den Bildern der großen, teuren Gerätschaften, die in den Arztpraxen stehen. Vieles wird durch unser heutiges »Tor« zur digitalen Welt, das Smartphone, in Verbindung mit digitalen Erweiterungen möglich werden, und das zu weit geringeren Kosten als zum Beispiel das große Ultraschallgerät in der Arztpraxis. Es mag nicht all die Funktionalitäten haben, aber sehr oft reichen ja 80 Prozent aus, damit die Spezialistin am anderen Ende der Leitung über die nächsten Schritte entscheiden kann. Im Zentrum für Geriatronik in Garmisch arbeitet man an der Realisierung solcher Lösungen.[10]

Einen erheblichen Anteil an der Veränderung des Gesundheitssystems wird auch der Bereich der »Speicherung« unserer Gesundheitsdaten haben – im Hinblick auf den Datenschutz ein sehr emotionales und diffiziles Thema, wie wir im Kapitel 5 noch deutlicher sehen werden. Aber: Schauen Sie einfach mal auf Ihre eigene Situation. Haben Sie einen Hausarzt, der eine komplette Übersicht über all die Diagnosen und Behandlungen hat, die Sie in Ihrem Leben bekommen haben, inklusive des zugehörigen Datenmaterials? Falls ja, können Sie sehr glücklich sein, denn dann sind Sie die berühmte Ausnahme, die die Regel bestätigt. Bei der Mehrheit von uns befinden sich die Informationen über unsere Gesundheit in unterschiedlichsten Formaten bei verschiedenen Ärzten, auf diversen Servern und Datenbanken oder noch in Aktenordnern. Sie selbst haben mithilfe von Gesundheits-Apps vielleicht weitere Daten über sich gesammelt und gespeichert, die aber wiederum kein Arzt hat, usw. Klingt nicht gerade optimal, und ich gehe davon aus, dass Sie zum Beispiel den Überblick über Ihre finanzielle Situation in Form von Kontoauszügen, Einkommensbescheiden, Rentenmitteilungen etc. wesentlich strukturierter zur Verfügung haben. Die Digitalisierung kann und wird im positiven Sinne für Veränderung sorgen.

Wie schwierig das bei der Realisierung ist, konnten Sie in Kapitel 2 beim Thema Deutschland und Gesundheitskarte bzw. digitale Patientenakte lesen, und bei der nächsten Frage erfahren Sie noch etwas mehr über den aktuellen Status. Aber denken wir mal für einen Moment positiv: Stellen Sie sich vor, Sie *hätten* alle Ihre Gesundheitsdaten auf einer Karte und/oder in einer Datenbank (Datenschutz gewährleistet!), auf die Sie via Clouddiensten zugreifen könnten. Sie wären endlich »Herr bzw. Frau im eigenen Daten-Haus«. Sie und Ihr Arzt oder ein sogenannter Gesundheitsmanager könnten sich die für Ihr jeweiliges Anliegen relevanten Daten anschauen, freigegeben von Ihnen! Sie hätten endlich die Chance auf eine mehr »gesamtheitliche« Betrachtung Ihrer aktuellen Situation, Sie würden unnötige, aber heute ja leider durchaus übliche Mehrfachbelastungen (und -kosten) durch die bildgebende Diagnostik vermeiden, und die Behandlungsvorschläge und -konzepte wären viel besser aufeinander abgestimmt.

Erinnern Sie sich noch an die Möglichkeiten der Künstlichen Intelligenz bei der Analyse von Big Data und an das Auffinden von Mustern und Erkenntnissen, basierend auf dem Vergleich von Millionen Datenpunkten? Ihre Gesundheitsdaten sind prädestiniert für solche Anwendungen. Gesundheits-KI-Tools werden ein Standardinstrument von Ärzten, aber auch von alternativen Medizindienstleistern sein. Ihre Daten, freigegeben von Ihnen, können durch die Datenanalyse im Hinblick auf Behandlungs- und Therapieempfehlungen untersucht werden. Der Vergleich mit eventuell Millionen anderen Patienten, die unter ähnlichen Symptomen leiden, hilft bei der optimalen Strategie zur Gesundung. Aber denken Sie auch hier immer an das, was ich in den bisherigen Kapiteln sagte: KI ist (Stand heute) nur so gut wie die Qualität der Daten, die man in das

Tool eingibt. Die Daten sollten so repräsentativ wie nur irgend möglich für Ihr Krankheitsbild sein, denn fehlerhafte bzw. unzureichende Informationen führen – wie beim Arzt – zu nicht optimalen und eventuell sogar zu falschen Diagnosen. Absolut wichtig ist, dass der Faktor Mensch – sprich: Arzt bzw. Spezialist – nicht aus dem Prozess genommen wird, sondern immer die »finale« Kontrolle über eingeleitete Maßnahmen hat. Denn nur weil eine KI etwas sagt, muss es noch lange nicht richtig sein; auch Maschinen können irren!

Die gute Nachricht ist, dass vieles davon in den nächsten Jahren Realität werden wird, denn die Technologien dafür gibt es in weiten Teilen ja schon. Die zu überwindenden Hindernisse ergeben sich oft vielmehr durch die Komplexität des Gesundheitssystems, wie wir nun gleich am Beispiel Deutschland sehen werden.

2. Wo steht Deutschland in Bezug auf die digitale Transformation des Gesundheitswesens?

Schauen wir uns einige Fakten an: 2017 gab es in Deutschland ca. 385.000 Ärzte[11], ca. 2000 Krankenhäuser[12] (10 Prozent weniger als im Jahr 2000) und 110 gesetzliche Krankenkassen (420 im Jahr 2000)[13] bzw. 44 private Krankenkassen.[14] Die Gesundheitswirtschaft ist ein stark wachsender Markt in Deutschland mit einer Bruttowertschöpfung von ca. 248 Milliarden Euro (2016); davon entfielen ca. 21 Prozent auf den industriellen Teil (Medizintechnik, Biotechnologie, Arzneimittel etc.) und ca. 79 Prozent auf den Dienstleistungsbereich (Krankenversicherungen, Apotheken, Versorgungseinrichtungen etc.). Ca. eine Milliarde Arztbesuche gab es im Jahr 2015, Tendenz steigend. Ca. 3,41 Millionen Menschen waren im Dezember 2017 pflegebedürftig im Sinne des Pflegeversicherungsgesetzes[15], das entspricht einem Zuwachs von ca. 75 Prozent in den letzten 15 Jahren![16] Bis zum Jahr 2060 soll diese Anzahl laut Schätzungen auf ca. 4,8 Millionen Menschen anwachsen.[17] Laut Bertelsmann-Stiftung soll die Lücke im Bereich Pflegepersonal bis 2030 ca. 500.000 Kräfte betragen.[18]

Deutschland ist im Vergleich mit anderen Ländern definitiv ein Land mit sehr guter Versorgung. Aber natürlich gibt es auch bei uns nicht nur Licht, sondern auch Schatten, teilweise bedingt durch den immensen Kostendruck durch die Demographie, die zunehmenden Möglichkeiten der Medizin sowie die anwachsende Ökonomisierung des Gesundheitswesens (Privatisierung von Kliniken etc.).

Insgesamt ist das ein riesiger, komplexer Markt mit vielen verschiedenen Akteuren und Interessengruppen. Dementsprechend schwierig gestaltet sich jeglicher Wandel, insbesondere der der digitalen Transformation, verändert diese doch nicht nur die Rollen der einzelnen Marktteilnehmer, sondern auch ganze Geschäftsmodelle! Und wo stehen wir im internationalen Vergleich, was die Digitalisierung der Medizin betrifft? Leider auch hier ähnlich wie bei manchem European Song Contest der letzten Jahre: »Germany: 1 Point«. Denn laut einer Studie der Bertelsmann-Stiftung vom November 2018 steht Deutschland im Vergleich von 17 Ländern auf Platz 16! Lediglich Polen ist noch hinter uns zu finden. Und der Abstand zu den Top 3 (Estland, Kanada und Dänemark) ist beträchtlich, denn die liegen beim Digital Health Index um ca. 150 Prozent höher als wir.[19] Das kennen wir leider aus anderen Bereichen wie Bildung, Breitband oder KI.

Aber wie sehen denn nun die verschiedenen Sichtweisen der Beteiligten und Verantwortlichen auf die Digitalisierung aus? Fangen wir mit der Politik an – und hier ist auch gleich die erste gute Nachricht: »Flächendeckende ärztliche Versorgung, Pflege, Digitalisierung – das sind die ›drei großen Themen‹ vom neuen Bundesgesundheitsminister Jens Spahn.«[20] So hieß es in den Medien beim Amtsantritt im April 2018. Damit waren die Prioritäten klar, und seitdem wurde vom Ministerium einiges in Bezug auf die Digitalisierung in der Medizin angeschoben. Das ist auch dringend notwendig, denn Minister Spahn »... gab zu, dass die Politik in der Vergangenheit nicht immer rechtzeitig wichtige Hebel umgelegt und so dazu beigetragen habe, dass im deutschen Gesundheitswesen manche Digitalisierungsschritte langsamer vonstattengehen als anderswo. Er dreht es allerdings ins Positive: ›Umso weiter wir hinterher sind, umso mehr können wir aufholen.‹«[21] Leider haben wir Ähnliches schon bei anderen Digitalisierungsthemen in Deutschland gehört. Aber bleiben wir positiv und schauen wir zum Beispiel auf die Webseite des Bundesgesundheitsministeriums, deren Besuch sich sehr empfiehlt, gibt sie doch einen guten Überblick über die geplanten Maßnahmen, erste Ergebnisse sowie eine Erläuterung der wesentlichen Begriffe.[22]

> Digitale Technologien können uns helfen, die Herausforderungen, vor denen fast alle Gesundheitssysteme der westlichen Welt stehen – immer mehr ältere und chronisch kranke Menschen sind zu behandeln, teure medizinische Innovationen zu bezahlen, strukturschwache ländliche Gebiete medizinisch zu versorgen –, besser zu lösen. Sie ermöglichen eine bessere und effizientere Versorgung und einen breiteren Zugang zu medizinischer Expertise insbesondere auch in ländlichen Regionen. Auch neue Formen einer besseren Betreuung der Patienten im häuslichen Umfeld können realisiert werden.

So heißt es dort, und »Problem erkannt« kann man es wohl nennen. Maßgeblich für die die Lösung des Problems ist das im Dezember 2015 in Kraft getretene »E-Health«-Gesetz. Einiges davon wurde bereits umgesetzt: So haben Sie wahrscheinlich (und hoffentlich) eine Gesundheitskarte Ihrer Krankenversicherung mit Passbild sowie einem Aufdruck GK 2.1 (oben rechts) darauf. Diese Karte genügt den neuesten Datenschutz- und Verschlüsselungsrichtlinien, beinhaltet Notfalldaten (falls Sie sie angegeben haben) und bildet die dringend notwendige Basis für die Speicherung Ihrer sämtlichen Gesundheitsdaten und den Zugriff darauf. Auf der Webseite des BMG finden Sie gute weitere Informationen dazu, unbedingt mal anschauen.[23]

Auch im Bereich der Telemedizin wurden Fortschritte erzielt: So beschlossen die Delegierten auf dem Deutschen Ärztetag eine wichtige Änderung der Muster-Berufsordnung, in der sie künftige Behandlungen von Patienten auch via Telefon, Videokonferenz und Online-Chat zulassen. Diskutiert wird noch über die Verschreibung von Medikamenten sowie Krankschreibungen. Aber: sicherlich ein guter Schritt im Hinblick auf die weiteren Möglichkeiten der Telemedizin (siehe Frage 1).

Und 2019 wird dann wohl auch das E-Health-II-Gesetz verabschiedet, das weitere Maßnahmen in Bezug auf die lange in Planung befindliche digitale Gesundheitsakte sowie den Einsatz von weiteren telemedizinischen Anwendungen beinhaltet.[24] An dieser Stelle sei auch auf ein kleines, aber gutes Buch von Jens Spahn hingewiesen, welches er zusammen mit zwei Ärzten verfasst hat. In »App vom Arzt« geben die Autoren dem Leser einen guten ersten Überblick darüber, was Digitalisierung in der Medizin für Deutschland bedeutet, und man kann durchaus die Ausrichtung der künftigen Gesundheitspolitik in unserem Land erkennen.[25]

Und wie schauen die Ärzte auf die digitale Herausforderung? Ein Blick in eine Studie vom Bitkom e. V. und dem Hartmannbund gibt Aufschluss darüber[26]:

- Sieben von zehn Ärzten sehen in der digitalen Technologie eine Chance; dabei erscheinen Zeitersparnis, bessere Behandlungsmöglichkeiten sowie eine flächendeckende Versorgung in ländlichen Regionen als größte Vorteile.
- Mehr als 60 Prozent glauben, dass digitale Technologien helfen können, Kosten zu senken und die Prävention zu verbessern.
- Über 85 Prozent erwarten den Einsatz von OP-Robotern im Jahr 2030, 80 Prozent die Herstellung von Prothesen, Implantaten etc. im 3D-Druckverfahren, 67 Prozent die Unterstützung der Ärzte bei Diagnose und Therapie durch KI und immerhin noch fast 40 Prozent den Einsatz von »digitalen« Tabletten, die registrieren, wenn der Patient sie eingenommen hat.
- Als größte Hemmnisse nennen die Befragten die Sorge um den Datenschutz (67 Prozent) sowie die IT-Sicherheit der medizinischen Einrichtungen (60 Prozent) und die mangelnde Praxisreife der digitalen Anwendungen (47 Prozent).

Also genug Luft nach oben (wird schon!). Dementsprechend mahnt auch der Hauptgeschäftsführer der Bitkom, Dr. Bernhard Rohleder: »Derzeit liegt Deutschland in Sachen digitaler Gesundheit immer noch im grauen Mittelfeld. Die Patientenversorgung wird künftig nur mit digitaler Unterstützung funktionieren.«

Und was denken die Patienten bzw. die Bürger über das Angebot der digitalen Medizin? Auch hier gibt es noch Potenzial, denn laut einer Umfrage (von 18–64-Jährigen) im November 2018[27] nutzen (bzw. beabsichtigen es) zwar mehr als 50 Prozent die Terminabsprache via Internet und mehr als 40 Prozent die Möglichkeit von Onlinerezepten, aber nur knapp 10 Prozent wollen Anwendungen der Telemedizin in Anspruch nehmen. Und knapp 31 Prozent »verweigern« sich generell digitalen medizinischen Diensten. Dafür waren aber 2016 mehr als 70 Prozent der Befragten bereit, zur Prävention von Krankheiten bzw. zur Verbesserung von Therapien relevante persönliche Daten erheben und auswerten zu lassen. Und fast jeder Zweite nutzt laut Bitkom das große Angebot an Gesundheits-Apps; dabei liegt der Schwerpunkt zurzeit noch bei der reinen Erhebung von Vitaldaten wie Herzfrequenz, Blutdruck etc. und weniger bei den eventuell daraus resultierenden Vorschlägen von Spezialisten.[28]

Fast 50 Prozent können sich sogar Operationen vorstellen, die von Spezialisten aus der Ferne unterstützt werden; genauso viele würden Telekonferenzen nutzen, um von ausländischen Experten eine Zweitmeinung einzuholen.

Die Erfahrung aus meinen Weiterbildungen für Erwachsene zeigt mir, dass die Bürger in Deutschland durchaus offen sind für die Möglichkeiten der digitalen Medizin, denn jeder begreift die demographische Herausforderung, vor der unser Land steht. Neben dem generellen Bedarf an Aufklärung, »wie das denn eigentlich so alles funktioniert«, gilt die größte Skepsis dem Datenschutz. Dies ist sicherlich auch bedingt durch die zahlreichen Skandale der letzten Jahre im Bereich der Sozialen Medien bzw. des E-Commerce.

Also bleibt insgesamt noch einiges zu tun, mahnt auch der Geschäftsführer der Bayerischen TelemedAllianz, Prof. Dr. Siegfried Jedamzik an: »Mit dem E-Health-Gesetz wurde ein wichtiger Grundstein gelegt, jetzt muss die Digitalisierung im Gesundheitswesen endlich Fahrt aufnehmen. Krankenkassen, Ärzte und Kliniken müssen sich schneller bewegen und den Herausforderungen stellen.«[29] Dem ist nicht viel hinzuzufügen, auf geht's!

Und was bedeutet das nun alles für die Medizintechnikproduzenten, Pharmaunternehmen, Apotheken und all die anderen Player im Milliardenmarkt Gesundheit?

Schauen wir uns nochmals an, was die Digitalisierung für deren Kunden bedeutet, denn das erklärt einiges. Laut der Unternehmensberatung Roland Berger wird die Digitalisierung den Gesundheitsmarkt um zusätzliche Segmente erweitern, denn der Patient, der »Kunde« also, wird im Mittelpunkt einer sogenannten P4-Medizin stehen: Behandlungen »werden« *prädiktiv* (vorhersagend durch Datenanalysen und KI), *präventiv* (vorbeugend durch die Analysen und den Blick auf das komplette Gesundheitsbild), *personalisiert* (*Ihre* persönliche Tablette bzw. Medizin, basierend auf *Ihren* Daten – von klassischen Gesundheitsdaten bis zu Gen-Analysen, ausgedruckt vom 3D-Drucker in Ihrer Apotheke oder von einem Online-Versandhändler wie DocMorris) und *partizipativ* (der Patient wird viel mehr in den Behandlungs- bzw. Gesundheitsprozess einbezogen, denn er hat die Übersicht über die Daten und ihre Veränderungen).[30] Dadurch wird der Mensch ein wesentlich ebenbürtigerer Partner für die Ärzte, und er öffnet sich gleichzeitig neuen medizinischen Analysen, Angeboten und Diensten. Dadurch wiederum können neue Marktteilnehmer wie Startups, aber auch große Technologieunternehmen in diesen hochattraktiven Markt eindringen. Bestes Beispiel dafür ist der boomende Markt für Gesundheits-Apps für das Smartphone. Allein dieses Segment wächst jährlich mit über 40 Prozent.[31]

Erinnern Sie sich noch an Kapitel 2, an den Begriff der Plattformfirmen und die begonnene Umwälzung des Automobilmarktes, wo Internetfirmen auf einmal zum neuen Herausforderer der klassischen Anbieter werden? Das Gleiche passiert jetzt im medizinischen Bereich. Technologien, die – wie das Mobiltelefon – an und für sich als Consumer-Produkt große Verbreitung fanden, finden jetzt Anwendung im medizinischen Bereich und werden zu *dem* Fenster in Ihre persönliche (medizinische) Datenwelt. Sie können – wenn Sie wollen – Ihre Gesundheits- und Vitaldaten auf einer zentralen, digitalen Plattform (in der Cloud) speichern und (in von Ihnen festgelegten Ausschnitten) den Anbietern von digitalen medizinischen Diensten zur Analyse zur Verfügung stellen. Diese Spezialisten müssen nicht immer Ärzte sein, sondern kommen aus Berufszweigen wie Gesundheitsmanagement, Ernährungsberatung, Fitnessberatung etc. Indem Sie Ihre Gesundheitsdaten ausgewählten Pharmaunternehmen »freigeben«, können diese neue und auf Sie und vergleichbare Klienten zugeschnittene Medikamente entwickeln, ohne dass man dafür Ärzte oder Apotheker aufsuchen muss. Für die Medizintechnikunternehmen geht es darum, neben den sicherlich immer noch notwendigen Hochleistungsgeräten wie Kernspin etc. vernetzbare und kleinere (digitale) Geräte zu bauen, die zum Beispiel nach einer Operation den Fortschritt der Reha-Maßnahmen überwachen und protokollieren.

All dem werden die Krankenkassen und Regulierungsbehörden auch in Deutschland Rechnung tragen müssen. Und bestimmt wird es auch hier am Anfang zu ähnlichen Diskussionen kommen wie zum Beispiel bei Uber und Airbnb. Für die digitale Welt, die keine Grenzen kennt, sind nationale Gesetze aus der Zeit der analogen Technologien als suboptimal zu bezeichnen. Versicherungen werden ihr Angebot internationaler ausrichten müssen und bisherige nationale Regelungen müssen für das globale Dorf harmonisiert werden.

Wo immer ein Umbruch durch neue technologische Errungenschaften stattfindet, bietet sich die Möglichkeit für neue, junge Unternehmen, einen großen Teil des Marktes mit innovativen Lösungen zu erobern. Und wie beim autonomen Fahren ist das auch hier der Fall. Denn allein die Medizintechnikunternehmen verzeichneten 2017 mit ca. 138.000 Mitarbeitern und einer Exportquote von nahezu 64 Prozent einen Umsatz von ca. 30 Milliarden Euro.[32] Allerdings tun sich nicht nur in diesem Bereich der digitalen Gesundheit junge Unternehmen schwieriger als die Etablierten, ist der Markt doch sehr fragmentiert und von zahlreichen Regelungen überzogen; die Investoren sind aufgrund dessen eher vorsichtig mit der Finanzierung innovativer Geschäftsmodelle. Mittelfristig wird sich das sicherlich ändern. Hauptproblem ist wieder einmal das Auffinden der richtigen Mitarbeiter mit digitalen Ausbildungen und Fähigkeiten. Auf der Webseite *www.healthcare-startups.de* findet sich ein guter Überblick über in Deutschland ansässige Neugründungen und deren Lösungen. Dabei erkennt man sehr schnell die große Dynamik in diesem Bereich – äußerst informativ und motivierend, was den Standort Deutschland betrifft.

Insgesamt also eine spannende Dynamik, die uns definitiv die nächsten Jahre unmittelbar begleiten und betreffen wird.

! Buchtipp: Johannes Jörg, »Digitalisierung in der Medizin. Wie Gesundheits-Apps, Telemedizin, Künstliche Intelligenz und Robotik das Gesundheitswesen revolutionieren«. Der Facharzt Professor Jörg beschreibt hier sehr pragmatisch und gut verständlich aktuelle Entwicklungen im digitalen Gesundheitsbereich und erläutert seine ärztliche Sicht auf diese Innovationen sowie deren Konsequenzen für alle Beteiligten.

3. Wohin geht die digitale Reise der Medizin?

Die Chancen des Fortschritts in der Medizin durch die Digitalisierung sind also enorm. Viele Krankheiten könnten endgültig besiegt werden, Leiden minimiert oder gar ganz verhindert werden. Allerdings tun sich in Kombination mit den Entwicklungen in der synthetischen Biologie (z. B. künstliche Organe) und der Gentechnologie viele Fragen ethischer Natur auf, die besonders dann zum Tragen kommen, wenn es nicht mehr nur um therapeutische Ziele, sondern um reine Optimierung geht.

Schauen wir etwas genauer hin. Wie wir gesehen haben, ist die Innovationstiefe innerhalb der Digitalisierung an vielen Stellen schier atemberaubend und stellt den Menschen vor fundamentale Fragen. Die Entwicklungen im Bereich Künstliche Intelligenz sind exemplarisch für Möglichkeiten, die vor einiger Zeit noch ins Reich der Fantasie bzw. der Science Fiction verwiesen worden wären. Und sie zeigen die Verantwortung des Menschen, die rasanten Entwicklungen aktiv zu begleiten, ja, zu steuern.

Deutlich wird dies zum Beispiel an einem Unternehmen, gegründet von Sebastian Thrun, einer Art Legende im Silicon Valley. Er entwickelte u. a. die Grundprinzipien des autonomen Fahrens mithilfe von KI und hat nun zusammen mit anderen eine Software erfunden, die Hautveränderungen – und damit potenziellen Hautkrebs – schneller erkennt als Ärzte. Allein in den USA sterben jährlich 10.000 Menschen an dieser Krankheit. Thomas Schulz spricht in seinem Buch »Zukunftsmedizin« von der Medizin als dem »scheinbar wichtigsten und größten Anwendungsfeld für lernende, sich selbst verbessernde Maschinen«. Ihm zufolge liegt eine der größten Stärken der lernenden Algorithmen darin, »aktuelle Untersuchungsergebnisse mit Daten aus der Vergangenheit abzugleichen, um künftige Entwicklungen möglichst exakt vorhersagen zu können«.

Dieses Prinzip wird auch von Palantir, einem weiteren milliardenschweren Startup aus dem Silicon Valley, bei der Forschung nach neuen Wirkstoffen gegen Krebs angewandt. »Wir stehen am Beginn einer grundlegenden Revolution, nie zuvor in der Geschichte der Medizin ist so viel passiert«, so der CEO von Palantir, der promovierte Philosoph Stefan Oschmann.

Alle großen Unternehmen der IT-Branche wie IBM, Microsoft, Google und Facebook etc. investieren gerade Unsummen in diese Verfahren, denn der Markt dafür scheint enorm. In Anbetracht von Skandalen der jüngeren Vergangenheit (zum Beispiel Facebook und Cambridge Analytics) sowie der Quasi-Monopolstellung mancher Firmen wirft das einige der offensichtlichsten ethischen Fragen auf: Wie sicher sind die Daten der Patienten und sind diese Verfahren auch für alle zugänglich?

Und da selbst von den Experten, die diese künstlichen neuronalen Netze programmieren, schlussendlich nicht erkannt werden kann, was eigentlich innerhalb dieser Algorithmen vor sich geht, stellt sich weiterhin die Frage nach dem »Wahrheitsgehalt« der KI-Empfehlung. »Mysteriös« sei es, was im Innern der Programme passiert, sagt selbst Sebastian Thrun.

Hier betritt man das weite Feld der sogenannten Korrelationswissenschaften, die Sie aus Kapitel 1 kennen, deren Erkenntnisse sich nicht wie in der Grundlagenforschung durch eine klare Ursachen-Wirkung-Beziehung ergeben, sondern durch Beziehungen zwischen mehreren Datenpunkten. Dies gewinnt insbesondere dann an Bedeutung, wenn immer mehr KI-Systeme Empfehlungen für die Behandlung von Patienten aussprechen werden. Behält nicht ein Arzt das letzte Wort, in das er seine langjährigen Erfahrungen sowie seine darauf basierende Intuition in die Entscheidung einfließen lässt, wird möglicherweise der Weg zu einer noch technokratischeren Medizin geebnet. Auch auf die mögliche Gefahr des »Missbrauchs« von Datenanalysen durch KI seitens der Ärzte sei hingewiesen. »Alexa empfiehlt dringend eine OP« mag manchen stark nach wirtschaftlichen Parametern handelnden Ärzten eine Rechtfertigung für eventuell unnötige, aber profitable OPs liefern.

Ein entscheidender Schritt in der Revolution der Medizin der letzten Jahre wurde durch die Technologie Crispr-Cas9 (auch als »Genschere« geläufig) gemacht.[33] Stark vereinfacht ausgedrückt, ermöglicht sie, »fehlerhafte« Gene nicht nur herauszuschneiden, sondern auch neue Gene einzusetzen sowie an- und auszuschalten bzw. umzuprogrammieren. Auch hier ist es nur ein »kleiner« Schritt vom längeren und besseren Leben zum Albtraum von Biowaffen, Eugenik und Mutanten. Thomas Schulz zitiert dazu Jennifer Doudna, die Miterfinderin dieses Verfahrens: »Die Macht, unsere genetische Zukunft zu kontrollieren, ist fantastisch und gleichzeitig furchteinflößend. Zu entscheiden, wie wir damit umgehen, ist vielleicht die bislang größte Herausforderung, vor der wir je standen.«[34] In die breitere Öffentlichkeit gelangte diese Thematik, als im November 2018 der chinesische Forscher He Jiankui behauptete, das für eine potenzielle HIV-Erkrankung verantwortliche Genom bei Zwillingen bereits im Embryonenstadium durch die »Genschere« entfernt zu haben. Große Empörung weltweit machte sich breit, und die WHO ist in der Zwischenzeit dabei, den etwas mysteriösen Vorgang zu bewerten.[35]

Und noch deutlicher schließlich wird die gesamte Entwicklung im Bereich der sogenannten »Longevity«, der Langlebigkeit, deren Endziel die Unsterblichkeit ist, ein altes Thema der Menschheit. Im Kapitel

»200 Jahre leben« beschreibt Schulz das Bestreben zahlreicher Startup-Unternehmen, die Lebenserwartung des Menschen signifikant zu steigern. Dabei werde man getrieben, so schreibt er, von der Hoffnung, dass es keine fest in unsere Gene eingeprägte maximale Lebensspanne gibt. Man betrachtet den Körper als Informationsverarbeitungssystem, das kontrolliert und gesteuert werden kann, wenn man nur alle seine Bausteine und Prozesse kennt.

Also abermals der Hinweis auf ein sehr mechanistisches Menschenbild, das damit eine der Basen legt für den Trans- und Posthumanismus, eine Bewegung, der sich viele der Silicon-Valley-Unternehmer zugehörig fühlen.

4. Welche Ziele verfolgt der Transhumanismus?

Ziel des Transhumanismus ist die Erweiterung der menschlichen Möglichkeiten durch den Einsatz technologischer Verfahren, nicht nur durch eine Kopplung des menschlichen Gehirns an einen Computer, sondern auch durch genetische Manipulation, synthetische Biologie und anderes. Im klassischen Humanismus ging es immer darum, das Beste aus der menschlichen Natur zu machen. Im Transhumanismus wird die Natur als inakzeptabel unvollkommen betrachtet, und es wird deshalb angestrebt, sie mittels Technik zu überwinden – wie wir es teilweise ja schon tun! Man denke nur an das Impfen, den Einsatz von Herzschrittmachern und die enormen Möglichkeiten der künstlichen Befruchtung. Es soll ein evolutionärer Sprung, eine neue kulturelle Entwicklungsstufe bewusst eingeleitet und erreicht werden.

Der Transhumanismus ist aber keine homogene Strömung. Unter dem Dachbegriff sammeln sich verschiedenste Ideen, Konzepte und Forschungsprojekte. Auf der Webseite der deutschen *Transhumanen Partei* (*www.transhumane-partei.de*) heißt es u. a.: »Im Angesicht einer sich immer schneller und tiefgreifender ändernden menschlichen Umwelt erkennt der Transhumanismus die radikalen und weitreichenden Änderungen in Beschaffenheit und Möglichkeiten des Lebens durch

Forschung, Wissenschaft und Technologie sowie die Bedeutung und Chancen einer global vernetzten heterogenen Weltgemeinschaft.«

»Übersetzt« bzw. frei interpretiert bedeutet es wohl: »Die Welt ist zu schnell geworden für uns; die Schöpfung und/oder die Evolution haben uns bis hierhin gebracht. Aber die Digitalisierung ist zu schnell für den Menschen und wir müssen nun Technologie nutzen, um die bisherige Entwicklung des Homo sapiens zu beschleunigen.« Ein sehr polarisierender Ansatz, aber einer, der zahlreiche Anhänger hat und viele bemerkenswerte Initiativen hervorrufen konnte.

Der bekannte Visionär und Serien-Unternehmer Elon Musk hat 2016 das Unternehmen Neuralink gegründet, das das Ziel hat, das Gehirn eines Menschen mit einem Rechenzentrum zu verbinden (Brain Computer Interface, BCI), um damit auf der einen Seite Gehirn- und Nervenerkrankungen zu adressieren und andererseits dafür zu sorgen, dass der Mensch mit der zunehmenden Stärke von KI-Systemen mithalten kann.[36] Ich habe in Kapitel 4 auf die enormen Fortschritte im Bereich der Neurowissenschaften in den letzten 20 Jahren hingewiesen, aber auch versucht, darzulegen, wie umstritten die Erkenntnisse auf diesem faszinierenden Gebiet noch sind. Dazu passt die Bewertung von Professor Thomas Stieglitz von der Universität in Freiburg: »Kognitive Funktionen und deren Darstellung als Hirnsignale sind meines Wissens noch ein weißes Blatt, völlig unklar, wie sie als Nervensignalmuster aussehen, wo genau sie im Gehirn stattfinden und ob zwei Personen die identischen Muster haben.« Zudem sei unklar, wie Assoziationen und Begriffe verknüpft sind. »Wenn das alles unklar ist, kann ich auch kein Wissen irgendwo hochladen und dann wieder ins Gehirn einspielen. Das ist gute Science Fiction, aber auch wissenschaftlicher Humbug.«[37]

Auf der anderen Seite hätten wir vor einigen Jahrhunderten jemanden, der behauptete, dass die Welt mindestens vier statt der drei sichtbaren Dimensionen hat, wahrscheinlich ähnlich beurteilt, bis dann Albert Einstein der Breite, Tiefe und Höhe die Zeit als Koordinate hinzufügte.

Philosophen beschäftigen sich ebenfalls mit dieser Thematik, und nicht alle sind, wie man eventuell vermuten könnte, strikte Gegner eines Transhumanismus. So verwies zum Beispiel der in Rom lehrende deutsche Philosoph Stephan Lorenz Sorgner[38] in einem Interview mit der ZEIT im Mai 2013 auf das – aus seiner Sicht – »Grundrecht des Menschen auf die morphologische Freiheit« zur Überwindung des Körpers als zentrales Element des Transhumanismus.[39] Doch wo sind die Grenzen erreicht? Wer sagt »Stopp« und mit welcher Begründung? In der Enzyklika *Laudatio si'* von Papst Franziskus[40] heißt es indirekt dazu in Abschnitt 4, »die außerordentlichsten wissenschaftlichen Fortschritte, die erstaunlichsten technischen wissenschaftlichen Fortschritte [...]wenden sich, wenn sie nicht von einem echten sozialen und moralischen Fortschritt begleitet sind, letztlich gegen den Menschen.« Treffender könnte man es kaum formulieren.

Impuls zum Nachdenken

Die Digitalisierung erfasst auch den nicht nur in Deutschland sehr komplexen und in Teilen ineffizienten sowie kostenintensiven Gesundheitsmarkt. Ähnlich wie in anderen Bereichen wird es auch hier in den nächsten Jahren zu großen Veränderungen kommen. Etablierte Systeme werden aufgebrochen, neue Spieler kommen in den Markt und für uns Verbraucher und Bürger eröffnen sich gewaltige Chancen, aber auch neue Verantwortungen. Denn es wird wohl jedem relativ schnell klar werden, dass das bisherige Gesundheitssystem in Anbetracht der demographischen Entwicklung die damit verbundenen Herausforderungen in seiner heutigen Form nicht meistern kann.

Die digitalen Möglichkeiten können uns sehr helfen. Dazu müssen wir aber auf der einen Seite dafür sorgen, dass diese Errungenschaften jedem zur Verfügung stehen und die Geräte so einfach wie möglich zu bedienen sind. Und alles, was mit unseren Gesundheitsdaten zu tun hat, muss höchsten Datenschutzrichtlinien genügen. Wir, als Bürger, müssen auf der anderen Seite einen Teil unserer »Technologie-Scheu« ablegen und nicht hinter jedem netten Hilfsroboter direkt »Arnold« als Terminator vermuten. Und wir müssen uns noch mehr mit Technologie bzw. ihren Anwendungen auseinandersetzen, Weiterbildung ist unumgänglich. Denn die technologischen Errungenschaften werden uns noch besser in die Position bringen, uns präventiv vor Erkrankungen zu schützen, durch mehr Bewegung, andere Ernährung etc. Wir be-

kommen die Daten und die Einblicke sowie dadurch auch ein wesentlich besseres Verständnis über Krankheiten und Folgen eines ungesunden Lebenswandels, damit aber auch wesentlich mehr Verantwortung für uns selbst. Sind Sie bereit dafür?

Als Menschen sind wir herausgefordert, über unser »Sein« im Allgemeinen nachzudenken. Denn die rasante Entwicklung, die Thomas Schulz in seinem Buch beschreibt, stellt uns spätestens beim Thema Lebensverlängerung und Unsterblichkeit vor fundamentale Fragen unseres Menschenbildes. Auch wenn vieles davon recht utopisch wirken mag, so glaube ich persönlich daran, dass wir in der Geschichte der Menschheit an einer Wegscheide stehen.

»Man« hat uns Werkzeuge in die Hand gegeben, die viel Elend in der Welt wie Krebs, Demenz und Alzheimer vielleicht final besiegen können. Ebenso scheinen sie jedoch den Menschen in seiner »ursprünglichen Form« massiv verändern zu können. Vielleicht ist das aber auch einfach nur der nächste Schritt in der Evolution, und in 500 Jahren wird das genau so betrachtet wie etwa die Entwicklungsschritte vom Neandertaler zu dem, was wir jetzt sind. Ich mag das nicht final beurteilen. Aber ich hoffe, dass wir im Sinne des Humanismus als Weltgemeinschaft die richtigen Antworten darauf finden.

Kapitel 5

Datenschutz und Cybersecurity

1. Wie anfällig ist die zunehmende Vernetzung der Welt für Angriffe durch Hacker und Cyberterroristen und wie ist die Situation in Deutschland?

Sie haben nun einiges gelesen zur »Vernetzung der Welt«, die mit atemberaubender Geschwindigkeit voranschreitet. Und wenn Sie die Informationen dieses Kapitels lesen, werden Sie vielleicht überrascht oder gar geschockt sein, denn einige Entwicklungen sind durchaus besorgniserregend. So spricht das Bundesamt für Sicherheit in der Informationstechnik (BSI) in seinem Bericht zur »Lage der IT-Sicherheit in Deutschland 2018«[1] davon, dass »die Gefährdungen im Berichtszeitraum im Vergleich zum vorangegangenen Berichtszeitraum vielfältiger geworden« sind. Weiterhin betont der Report, dass es das oberste Ziel sein muss, »durch präventive Maßnahmen potenzielle Angreifer bereits von einem Angriffsversuch abzuhalten bzw. Angriffe ins Leere laufen zu lassen«. Dazu können wir als Nutzer des Internets einen wesentlichen Beitrag leisten, wie Sie im weiteren Verlauf dieses Kapitels noch sehen werden!

Aber schön der Reihe nach. Lassen Sie uns erst einige Begriffe aus der Welt der *Cybersecurity* klären, die für das Verständnis dessen, was da »draußen« so los ist, wesentlich sind[2]:

- *Botnetz:* Dieses bezeichnet einen Verbund von Rechnern (Systemen), die von einem Schadprogramm (eben dem *Bot,* kommt von *Roboter*) befallen sind. Diese Einheiten können vom Betreiber des Netzes ferngesteuert werden. Das heißt im Klartext: Ihr PC oder der Router wird mit einer bestimmten Software »von außen« infiziert, und die Täter können dann die teilweise oder auch vollständige Kontrolle über dieses Gerät übernehmen. Oft in Verbindung mit »digitaler Erpressung«, siehe *Ransomware.*

- *Cookies:* Sind in diesem Zusammenhang keine Schokokekse, sondern Programme, die sich via von Ihnen besuchten Webseiten in Ihrem Internetbrowser einnisten und Informationen über Ihr Surfverhalten und Ihr Profil im Allgemeinen einsammeln.

- *DoS/DDoS:* Steht für *Denial-of-Service* bzw. *Distributed Denial of Service.* Ferngesteuerte Rechner schicken so viele Nachrichten an bestimmte Server, dass diese kollabieren und »den Dienst versagen«.[3] Angriffe dieser Art richten sich gegen die Verfügbarkeit von Internetdiensten, Webseiten oder auch kompletten Netzen. Werden sie parallel von mehreren Systemen ausgeführt, dann spricht man von DDoS-Angriffen. Sie spielen eine große Rolle in den Ereignissen der letzten Jahre. Dazu werden sehr oft auch »Ihre« Geräte gekapert, um dann von dort aus immer wieder Nachrichten/Mails auf die Zielsysteme zu senden, und das permanent und mit äußerst hoher Frequenz.

- *KRITIS:* Bedeutet *Kritische Infrastruktur* und meint damit Organisationen und Einrichtungen mit großer Bedeutung für das Gemeinwesen, wie Wasser- und Energiekraftwerke sowie Flughäfen etc. Alle sind zunehmend in höchstem Maße von funktionierender IT abhängig.

- *Krypto-Mining:* Durch eingeschleuste Software schalten Angreifer nicht nur Tausende von Rechnern in einem Botnetz zusammen, sondern nutzen die so »gewonnenen« zahlreichen Prozessoren auch, um Bitcoin zu »minen«. Sie wundern sich, warum Ihr Rechner wieder einmal so langsam ist, während – unbemerkt – der Prozessor eifrig und schwitzend Algorithmen berechnet, um Bitcoin zu erzeugen. Nur halt leider nicht für Sie! Irgendwie fast »clever«, könnte man meinen, aber in Wahrheit hochkriminell!

- *Phishing:* Ein aus »Password« und »Fishing« zusammengesetztes Kunstwort, das beschreibt, wie Angreifer nach Passwörtern »angeln«. Unter Ausnutzung von gefälschten Webseiten, E-Mails oder auch SMS versuchen sie, an die Daten von Ihnen und mir zu gelangen, um diese dann für ihre Zwecke zu missbrauchen.
- *Ransomware:* Dieser Begriff steht ebenfalls für eine wesentliche Bedrohung. Man versteht darunter Schadprogramme, die den Zugriff auf Daten und Systemen einschränken oder verhindern und als »digitale Erpressung« eine Wiederfreigabe nur nach Zahlung eines Lösegeldes (engl. »ransom«) zulassen. Dreist, oder?
- *Social Engineering:* Bei dieser perfiden Angriffsmethode versuchen Kriminelle, Sie als Nutzer dazu zu bringen, selbst kritische Daten preiszugeben oder selbstständig etwaige Schadprogramme auf Ihrem Gerät zu installieren. Dabei wird oft mit Neugier oder Angst gearbeitet, um Sie zu diesen Aktionen zu verleiten (»Ihre Kreditkarte wurde missbraucht; bitte geben Sie Ihre PIN ein, damit Sie wieder freigeschaltet wird«).
- *Spam:* Den Ausdruck haben Sie bestimmt mal gehört. Unerwünschte Nachrichten, die massenweise durch Mail oder SMS versendet werden. In harmloser Version einfach Werbung, in vielen Fällen aber auch in Verbindung mit Schadprogrammen und Links zu Webseiten, die Ihre Passwörter etc. abgreifen wollen.

Und nun schauen wir uns mal einige Zahlen dazu an. Beginnen wir mit der Welt. Laut einer Umfrage von *Statista* (siehe Abbildung 19) waren 2017 Millionen von Menschen in den verschiedensten Ländern von Cy-

Abbildung 19

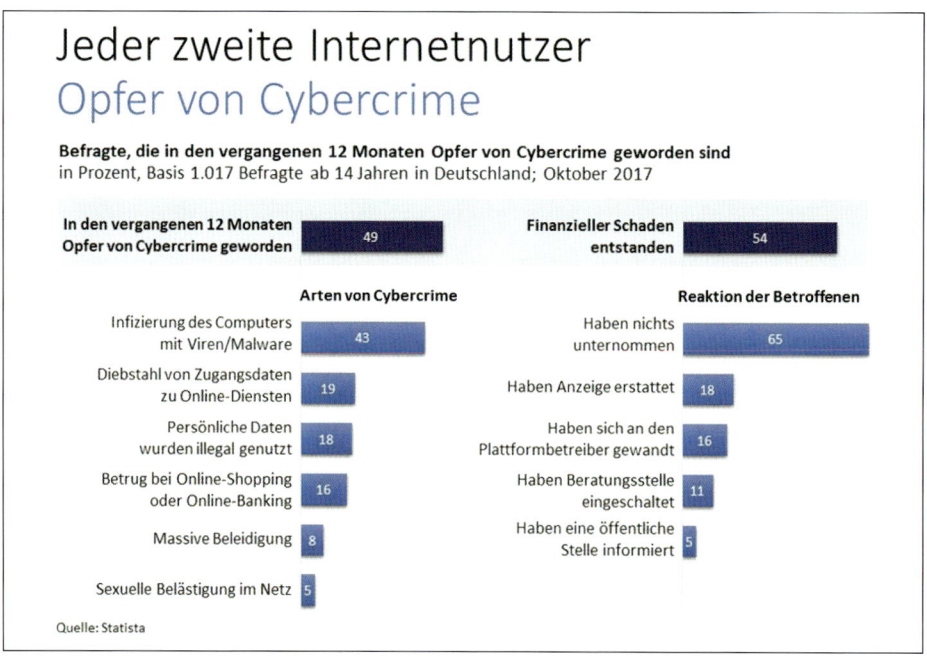

Abbildung 20

berkriminalität betroffen, allein in Deutschland ca. 23 Millionen (Details dazu finden sich in Abbildung 20). Weltweit belief sich der Schaden auf über 100 Milliarden Dollar. Die Schätzungen variieren sehr, denn beileibe nicht alle Geschädigten melden den Schaden bzw. dessen Höhe. Unternehmen fürchten einen möglichen Reputationsverlust bzw. eine Schädigung der Marke. Man kann also davon ausgehen, dass die wahre Höhe um ein Vielfaches höher liegt. Trotzdem und ohne das Problem zu schmälern, lohnt ein Blick auf die relative Einordnung von Internetkriminalität. So beträgt der Anteil von Letzterer ca. 3,9 Prozent an der Kriminalität im Handel im Jahr 2017, während die Wirtschaftskriminalität ca. dreimal so hoch war.[4] Aber wie erwähnt, sind sämtliche Zahlen bezüglich Schäden durch Cyberattacken mit Vorsicht zu betrachten. Klar ist auch, dass diese Zahlen wohl weiterhin stark ansteigen werden, denn im Prinzip ist es wie bei einem Haus: je mehr Fenster und Türen, desto höher die Anzahl der Einbruchsmöglichkeiten. Und unser aller »digitales Haus« wächst gewaltig – und das jeden Tag. Das spiegelt sich auch bei einer näheren Betrachtung der Situation in Deutschland wider: So gaben von der Allianz befragte Unternehmen 2018[5] Cybervorfälle als zweithöchstes Risiko an (51 Prozent), neue Technologien wie das Internet der Dinge und KI landeten immerhin noch auf Platz 7 der Top 10.[6]

Laut einer Umfrage von Statista im Oktober 2017 waren 49 Prozent aller Internetnutzer in den letzten zwölf Monaten Opfer von Cybercrime, 54 Prozent dieser Gruppe entstand ein finanzieller Schaden.[7] Auffallend finde ich, dass aber lediglich 65 Prozent davon danach aktiv geworden sind! Das zunehmende Gefährdungspotenzial sowie einige wichtige Details lassen sich auch bei genauerem Studium des wirklich gut aufbereiteten Jahresberichtes des BSI (siehe oben) erkennen. Dieser beschreibt die Gefährdungslage der IT-Sicherheit in Deutschland von Juli 2017 bis Mai 2018. Hier sind einige Eckdaten aus dem Bericht:

Regierungsnetze:
- »Cyberangriffe auf die Regierungsnetze finden täglich statt.«
- Ca. 28.000 Mails mit Schadstoffprogrammen wurden pro Monat abgefangen.

- Über 40.000 Angriffe wurden im Berichtszeitraum identifiziert.
- Über zwei Millionen Zugriffe, die mit Schadcodes, Betrug oder Datendiebstahl in Verbindung standen, *aus* dem Regierungsnetz auf Server wurden unterbunden.

KRITIS und Wirtschaft:
- »Gefährdungslage insgesamt auf hohem Niveau.«
- 145 KRITIS-Meldungen an das BIS ergingen im Berichtszeitraum, die meisten aus dem IT- und Telekomsektor, gefolgt vom Energiesektor. (Das liegt ca. im Schnitt der letzten Jahre, 2012 zum Beispiel waren es weit über 200, 2013 ca. 75. Also scheinen entweder die Angriffe weniger zu werden bzw. gleich zu bleiben oder – gute Nachricht – die Schutzmaßnahmen der Beteiligten greifen.)
- Ein weltweiter Großangriff erfolgte 2017 durch Ransomware wie *WannaCry* und *NotPetya*.[8] Diese Botnetze und Verschlüsselungsprogramme erlangten durch das Ausmaß ihrer Ausbreitung in 150 Ländern große Aufmerksamkeit in den Medien. Mehr als 200.000 Rechner wurden infiziert und der Schaden wird auf mehrere Milliarden Dollar geschätzt.
- In der seit 2014 jährlich durchgeführten Umfrage unter Unternehmen über die Gefährdungslage gaben 2017 70 Prozent der befragten 900 Unternehmen an, in den Jahren 2016/17 Opfer von Cyberangriffen geworden zu sein. 50 Prozent dieser Angriffe waren erfolgreich!

Gesellschaft:
- Laut einer Onlineumfrage des BSI 2017 ist für 97 Prozent der User Sicherheit bei der Nutzung des Internets von großer Bedeutung. »Allerdings stehen das Informationsverhalten und die tatsächlich genutzten Schutzmaßnahmen diesem hohen Sicherheitsbedürfnis teils diametral gegenüber«, heißt es ziemlich ernüchternd in dem Bericht.[9] Begründung: Nur rund

30 Prozent informieren sich gezielt zum Thema IT-Sicherheit. Während für 71 Prozent die Sicherheit beim Onlinebanking noch sehr groß ist, sind es beim Einkaufen im Netz nur noch 45 Prozent. Und die sichere Nutzung der hochfrequentierten Sozialen Netzwerke ist nur noch für 11 Prozent relevant (trotz des Facebook-Skandals), bei Besitzern smarter Häuser nur noch für 4 Prozent!

• Dem zunehmenden Einsatz von Produkten im Bereich Internet der Dinge (Haushaltsgeräte, Haussteuerung und immer mehr auch Gesundheitsmanagement) widmet der Report einige warnende Seiten, steigt doch mit der exponentiellen Verbreitung auch die Gefahr durch kriminelle Formen des Missbrauchs.

Insgesamt waren 2018 laut BSI allein in Deutschland mehr als unglaubliche 800 Millionen Schadprogramme im Umlauf, ein Anstieg um mehr als 30 Prozent gegenüber 2017. Und die »Geschwindigkeit«, mit der die Angriffe auf die verschiedenen Netze stattfinden, hat sich gegenüber früheren Zeiträumen fast verdreifacht. Dabei wurde die Palette der Ziele wesentlich verbreitert; waren es bis vor einiger Zeit lediglich der Browser und das Betriebssystem, die bei den kriminellen Versuchen im Vordergrund standen, so sind es heute Prozessoren, Smart-Cards, E-Mail-Verschlüsselungen, Überwachungskameras u. v. m. Das BSI und andere staatliche Einrichtungen wie auch die Industrie haben Maßnahmenkataloge erstellt und sind dabei, sie umzusetzen.

2. Wie hilft die neue europäische Datenschutz-Grundverordnung (DSGVO), die Bürger besser vor Datenmissbrauch zu bewahren, und was bedeutet sie für die Unternehmen?

Die EU wird – zu Recht oder Unrecht – oft kritisiert. Allerdings hat sie – aus meiner Sicht – mit der europäischen Datenschutzgrundverordnung einen guten und absolut notwendigen Schritt vollzogen, um die Verbraucher besser zu schützen. Denn vorher basierte der Datenschutz in Deutschland (und ähnlich in vielen anderen Ländern) auf einem Gesetz von 1995 (mehr als anachronistisch, wenn man überlegt, was seitdem alles passiert ist im Internet). Innerhalb Europas gab es keine einheitliche Regelung. Dies führte bekanntlich dazu, dass fast alle internationalen Anbieter ihren Sitz in Europa danach aussuchten, wo die für sie »günstigste« Gesetzeslage bezüglich Datenschutz (und natürlich der steuerlichen Behandlung ihrer Gewinne) vorlag. Irland war eine sehr beliebte Destination für beides (bei der Steuer ist es das noch immer).[10] Nach jahrelangen Diskussionen und Beratungen auf EU-Ebene wurde dann in 2016 die heutige DSGVO vom EU-Parlament ratifiziert und für die zweijährige »Gewöhnungszeit« in der EU ausgerollt, bevor sie im Mai 2018 verbindlich wurde. Unternehmen, Behörden, Vereine etc. hatten zwei Jahre Zeit, sich mit der Thematik und den Konsequenzen auseinanderzusetzen und ihre Webseiten, Kommunikationsstrategien und AGBs entsprechend anzupassen. Die Vorteile für den Verbraucher lassen sich wie folgt zusammenfassen:

- *Einheitlicher Rechtsrahmen* für alle Bürger in der EU, keine Sonderregelungen mehr.
- *Erlaubnisvorbehalt:* Wir müssen zustimmen, bevor mit den Daten gehandelt wird etc. Das war auch vorher deutsches Recht! Diese Zustimmung muss eindeutig und unmissverständlich sein. Also so etwas wie »Wir sind davon ausgegangen, dass Sie einverstanden sind« geht nicht mehr!
- Basiert das Geschäftsmodell vorzugsweise auf der Verarbeitung und dem Handel mit Daten, so muss das Unternehmen einen *betrieblichen Datenschutzbeauftragten* einstellen.
- Eine zentrale Anlaufstelle für die Bürger bei Beschwerden: die nationale Datenschutzbehörde, auch bei internationalen Angelegenheiten.
- *Recht auf Löschung:* Grundsätzlich müssen Unternehmen persönliche Daten löschen, wenn der Betroffene es wünscht!

- Erweiterung des Begriffs »personenbezogene Daten«: Zu den Daten, die potenziell gelöscht werden bzw. herausgegeben werden müssen, gehören nach der neuen Gesetzeslage auch indirekte Daten wie Standort oder Onlinekennungen, falls damit der Nutzer bestimmt werden kann.
- *Auskunfts- und Änderungsrecht:* Wie schon vor der DSGVO (!) müssen Unternehmen bei einer Anfrage mitteilen, ob sie Daten des Anfragers gespeichert haben, und weitreichende Auskunft darüber geben: Herkunft der Daten, Weitergabe an wen mit welchem Zweck, geplante Speicherdauer etc. Weiterhin kann jeder Verbraucher auf Änderung oder Löschung aller Daten bestehen und die Weitergabe verbieten.
- Verstoßen Unternehmen nachweislich gegen das DSGVO, können sie mit *Strafen bis zu 4 Prozent vom Umsatz* belangt werden. Das ist bei einigen globalen Firmen eine erhebliche Summe, trotz der massiven Gewinne und Cash-Reserven.

Also insgesamt eine Menge guter Inhalte für uns Verbraucher. Aber das macht uns nicht frei von der *Selbstverantwortung!*

Das alles hat natürlich auch Konsequenzen für die Unternehmen, und zwar für die kleinen wie für die großen. Und daran macht sich immer noch – auch wenn langsam nachlassend – die Kritik vieler Betroffener fest: *eine* große Regelung für alle. Kleinere Firmen sowie Vereine u. Ä. stöhnen unter der zusätzlichen Last. Zudem haben viele Beteiligte Sorgen, dass demnächst eine Abmahnwelle von »findigen« Kanzleien droht, die etwaige Lücken bei der Umsetzung der DSGVO zum lukrativen Geschäftsmodell machen wollen. Stand Herbst 2018 plante die Bundesregierung ein Gesetz, um genau das zu verhindern.

Schaut man etwas differenzierter hin, so ergibt sich auch für die Unternehmen eine Reihe von Vorteilen, je nach Engagement und Ausrichtung der Firma[11]:

- *Wettbewerbsvorteil:* Durch die Sensibilisierung der Bürger durch die neue DSGVO und die ganze Berichterstattung darüber können die Unternehmen bei adäquater Umsetzung auch damit werben und potenziell neue Kunden gewinnen.

- *International wird es einfacher:* Da ja nun *ein* einheitliches Gesetz vorliegt, ist es nicht mehr notwendig, mit großem Aufwand die jeweiligen Landesgesetze zu beachten und zu integrieren.
- *Datenintegrität und Prozessoptimierung:* Da man sich ja nun sowieso mit dem Thema Daten und Datenschutz auseinandersetzen muss, kann man das auch zum Anlass nehmen, einmal grundsätzlich auf seine Prozesse zu schauen und sie gegebenenfalls zu verbessern. Gleiches gilt für den ja oft immensen, aber veralteten und meist unstrukturierten Datenbestand in einer Firma. »Aufräumen« und aktualisieren zahlt sich bei der nächsten Marketing-Kampagne bestimmt aus!

Also: Wie so oft gibt es zwei Seiten eines Themas. Und die Balance zwischen dem Schutz des Verbrauchers und den Interessen der Unternehmen sowie einer guten und gleichzeitig pragmatischen Umsetzung von Konzepten und Gesetzen ist wirklich nicht einfach.

3. Was sind die wesentlichsten Dinge, die der Einzelne selbst tun kann und sollte, um sich besser zu schützen?

Einiges wird mittlerweile recht gut vom Gesetzgeber geregelt und verhilft uns zu mehr Schutz beim Leben in der digitalen Welt. Den besten Schutz aber bieten die Maßnahmen, die wir *selbst* ergreifen. Und die gute Nachricht ist: Da gibt es vieles, was wir durch relativ einfache Schritte unternehmen können. Als »Überschrift« steht über allem das Prinzip der *Selbstverantwortung*, denn ohne die werden wir den permanenten »Kampf« um unsere Daten wohl verlieren.

Es gibt zur Thematik *Datenschutz* viele sehr gute Bücher. Hier sind einige, die bei mir im Regal stehen und mir weitergeholfen haben:

! »Meine Daten gehören mir – Datenschutz im Alltag« (Verbraucherzentrale 2010). Auch wenn schon einige Jahre alt, immer noch sehr lesenswert, weil es viele prinzipielle Dinge in einfacher und klarer Form mit guten Beispielen anspricht. Die Verbraucherzentralen sind generell eine sehr gute Plattform, um sich über Datenschutz und damit zusammenhängende aktuelle Themen zu informieren.

! Andreas Weigend: »Data for the People. Wie wir die Macht über unsere Daten zurückerobern«, 2017. Ein Buch vom ehemaligen Chefwissenschaftler von Amazon mit gutem Einblick in die Welt der Daten, mit guten Vorschlägen für Privatleute und Unternehmer.

Im Anhang dieses Buches habe ich eine Liste von zehn Punkten zusammengetragen, die ausführlich beschreibt, was Sie tun können, um sich zu schützen (siehe auch Abbildung 21). Sie sollte Ihnen bei Ihrer Reise in der digitalen Welt etwas Orientierung und Hilfe geben.

Zehn Tipps zum Selbstschutz

(1) Kein Gerät kaufen oder verschenken *ohne* Kurs
(2) Überprüfen Sie die (Vor-)Einstellungen an Ihren Geräten
(3) AGBs und Datenschutzerklärung lesen
(4) Virenscanner und Trackingblocker installieren
(5) Vorsicht bei »freiem W-LAN« in öffentlichen Räumen
(6) Payback-Karten etc. eher nicht
(7) Fordern Sie Ihre Daten an und überprüfen Sie sie
(8) Das Netz vergisst nichts: Erst denken, dann posten
(9) Es gibt Alternativen: z. B. *Startpage*, *Threema* etc. ...
(10) Ein Buch zum Thema Datenschutz lesen

Quelle: Andreas Dohmen

Abbildung 21

4. Drohen künftig Kriege zwischen Ländern im Internet?

1,739 Billionen (1739 Milliarden) Dollar gaben laut Schätzungen des anerkannten *Stockholm International Peace Research Institute (SIPRI)* die Staaten 2017 weltweit für Rüstung aus, ähnlich viel wie in den Jahren zuvor.[12] Ein zunehmender Anteil davon geht in die »Aufrüstung« im Internet. Denn wie man sich leicht denken kann, steigen mit der zunehmenden Vernetzung nicht nur die »klassischen« Angriffe von Hackern etc., sondern auch die Möglichkeiten »externer militärischer Kräfte«, Teile der kritischen Infrastruktur eines Landes mit digitalen Mitteln auszuschalten, statt konventionelle Waffen einzusetzen. Und das Militär war schon immer in der Geschichte der Menschheit der »Ort«, wo die besten Köpfe mit großen Budgets an neuen Waffen bzw. an deren Abwehr arbeiteten. Insofern ist die Investition vieler Länder in sogenannte »Cyber Defense Center« nichts anderes als die Fortsetzung einer langen »Tradition«.

Eines der Ergebnisse nutzen wir alle jeden Tag: das Internet. Ab 1968 entwickelte die US-Luftwaffe zusammen mit der Eliteuniversität MIT den Vorläufer des heutigen WWW, das sogenannte ARPANET (*Advanced Research Projects Agency Network*).[13] Auf das setzte dann 1989 der Physiker Dr. Tim Berners-Lee vom CERN (Teilchenbeschleuniger) in Genf auf, als er ein Computernetzwerk für einen besseren und schnelleren Austausch der gigantischen Datenmengen aus den Experimenten zwischen den Wissenschaftlern aufbauen wollte und damit die Grundlage für eine Revolution in der Kommunikation schuf, und das erst vor 25 Jahren!

Viele Ideen und heute sehr erfolgreiche Internetunternehmen in den USA, aber auch in China wurden mit immensen Summen aus dem Militär finanziert – ein Thema, das in politischen Kreisen immer wieder diskutiert wird, wenn es darum geht, wie Europa es schaffen kann, bei der Digitalisierung nicht den Anschluss zu verlieren.

Und man übt intensiv den Krieg und die Abwehr auf dem digitalen Gefechtsfeld:

Den jüngsten Cyberkrieg hat die NATO gewonnen. Rund 4000 Systeme mussten Ende April auf einem fiktiven Schlachtfeld vor über 2500 Angriffen geschützt werden; mehr als 1000 Netzkrieger aus 30 Staaten waren beteiligt. Unter dem Namen »Locked Shields 2018« wurde im »Cooperative Cyber Defence Centre of Excellence« der estnischen Hauptstadt Tallinn der Ernstfall geprobt, auch mit Nicht-NATO-Staaten wie Österreich. Es soll die weltweit größte Cyberverteidigungssimulation sein.[14]

Das war im Frühjahr 2018. Auch die Bundeswehr nahm mit 40 Experten teil an den Übungen, die zum Ziel hatten, die Netzwerke und Systeme des fiktiven Staates Berylia vor Angriffen aus dem Cyberraum zu schützen. Dementsprechend hat man 2015 beschlossen, an der Bundeswehrhochschule in München das angeblich »größte Forschungszentrum für den Cyberraum der Bundeswehr und des Bundes« einzurichten, inkl. internationalem Masterstudiengang Cybersecurity.[15] Ähnliche Aktivitäten gibt es natürlich auch in vielen anderen Ländern.

Eines der Probleme, die man im Bereich Cybersecurity im Gegensatz zu »herkömmlichen« Waffen hat, ist die Lokalisierung des »Verursachers«. Es ist äußerst schwierig, die Quelle eines Angriffs auf das Netz einer Regierung oder eines Kraftwerkbetreibers zu finden, vom Auftraggeber ganz zu schweigen. Denn das Internet bietet zahlreiche Möglichkeiten, den Punkt, an dem die schadhafte Software oder gar die »Angriffs-Ware« ins Netz eingebracht worden ist, zu verschleiern und die wahre Identität des Angreifers – ob Individuum, Institution oder Staat – zu verbergen. Die Meinungen darüber, ob künftige Kriege nur noch »im Saale« stattfinden, gehen weit auseinander. Fakt ist allerdings, dass bei kriegerischen Auseinandersetzungen schon immer Sabotage und Spionage vorbereitend und begleitend, aber auch präventiv eingesetzt wurden. Die Möglichkeiten der digitalen Technologien und die zunehmende Vernetzung der Welt eröffnen natürlich ganz neue Möglichkeiten.

Bekannt wurde das zum Beispiel durch die »digitale« Zerstörung von Zentrifugen zur Urananreicherung in iranischen Atomkraftwerken im Jahr 2009. Es waren wohl US-Spezialisten in Zusammenarbeit mit israelischen Militärs, die ein hochkomplexes, äußerst effektives Virus

(»Wurm«) namens Stuxnet in die Infrastruktur des Iran einschleusten, und Zentrifugen dazu brachten, durch zu hohe Drehzahlen heißzulaufen.[16] Es war eine Software, die David Sanger von der New York Times als »höchstentwickelte Cyberangriffswaffe, die es je gab« bezeichnete. Das war ein klassischer »Präventivschlag«, Gott sei Dank ohne die Folgen eines realen Krieges. Der Iran »rächte« sich später auf digitale Weise und rüstete seine Cyberarmee signifikant auf.

Der Autor und Politikwissenschaftler Thomas Rid stellt in seinem interessanten Buch »Mythos Cyberwar« die These auf, dass der Cyberkrieg *so nicht stattfindet*. Die bisher dokumentierten Cyberattacken ließen sich nicht als Krieg bezeichnen, so Rid, denn es fehle die zielgerichtete Gewalt gegen Menschen, die brutale Zerstörung, die direkt mit dem Gedanken des Krieges verbunden ist. Alles wohl eine Frage der Definition. Fakt ist, dass im Zeitalter von KI, Robotern und Quantencomputer die digitalen Mittel im Krieg eine zentrale Rolle spielen, und dies schon lange. So wurden schon im Kosovokrieg 1999 von beiden Seiten Virenprogramme eingesetzt, um den Gegner zu schwächen.[17] Jeder von uns sollte zumindest versuchen, den »täglichen Krieg« gegen Schadsoftware, Viren und Botnetze zu gewinnen (siehe Frage 3)!

Impuls zum Nachdenken

Es scheint ein wenig zu sein wie beim berühmten Wettlauf von Hase und Igel: Kaum gibt es neue Gesetze und Möglichkeiten, sich zu schützen, finden »kreative« Unternehmen gleich neue und andere Schlupflöcher und »Angebote«, um an unsere Daten zu gelangen. Die kriminellen Aktivitäten steigen natürlich (über)proportional mit den zunehmenden »Einfallstoren«, geschaffen durch neue und mehr Endgeräte sowie die Vernetzung der Welt durch das »Internet der Dinge«. Es lohnt sich sehr, den Bericht des Bundesamts für Sicherheit und Informationstechnik zu lesen, da die Trends durchaus alarmierend sind. Das Ganze wird noch an Dynamik gewinnen, denn Daten gelten als das »neue Öl« für eine wachstumsorientierte Wirtschaft und Gesellschaft und sind gleichzeitig der dringend benötige Rohstoff zum »Trainieren« der Künstlichen Intelligenz. Eine Art Dilemma für die Politik – denn sie muss ja auf der einen Seite die Bürger schützen, aber gleichzeitig das Korsett des Datenschutzes nicht zu eng schnüren, um die heimische Wirtschaft gegenüber den globalen Wettbewerbern nicht zu benachteiligen. Was also tun? Mir fallen spontan zumindest zwei Punkte dazu ein:

- Datenschutz als »Pflichtfach« in der Schule verankern und nicht nur einmal in 30 Minuten im Laufe der Schulzeit abhandeln, sondern immer wieder, auch unter Einbeziehung externer Kräfte, die Kinder und Jugendliche sehr frühzeitig auf die Mechanismen in der Datenwelt hinweisen und ihnen erklären, wie sie sich »geschützt« (soweit irgendwie möglich) in der digitalen Welt bewegen können. Viele gute Initiativen gibt es bereits, mehr davon ist notwendig.
- Wir alle können uns viel besser schützen, als wir es tun. Wie heißt es so schön in einem alten chinesischen Sprichwort: »Bevor du die Welt verändern möchtest, gehe dreimal durch dein eigenes Haus.« Denn die Politik wird den Bürger eben nur bedingt schützen können, und das Prinzip Selbstverantwortung hat – ähnlich wie beim Thema Klima und Umwelt – auch beim Thema Datenschutz eine ganz zentrale Bedeutung.

Und wie schützen Sie sich auf der alltäglichen Reise durch die digitale Welt?

Kapitel 6

Digitalisierung und Nachhaltigkeit

1. Kann Digitalisierung helfen, die Welt zu einem nachhaltigeren Ort zu machen, und wie nachhaltig ist sie eigentlich selbst?

Die Antwort auf den ersten Teil der Frage ist überraschend einfach: Ja, aber ...! Dies wird klar anhand einiger positiver wie negativer Beispiele. Es macht einem wieder mal die Ambivalenz technologischer Entwicklungen sowie die Bedeutung der Technologiefolgenabschätzung deutlich.

Schaut man sich zum Beispiel den energetischen Fußabdruck der digitalen Entwicklung an, so stellt man fest, dass dieser alles andere als positiv zu betrachten ist. Laut Greenpeace beläuft sich der Stromverbrauch aller Informations- und Kommunikationstechnologien heute auf ca. 10 Prozent der weltweiten Stromnachfrage und könnte auf bis zu 50 Prozent im Jahr 2030 wachsen.[1] Und nicht alle IT-Unternehmen, die riesige Rechenzentren betreiben, um den wachsenden Bedarf an sogenannten Cloud- bzw. Streaming-Diensten zu decken, nutzen alternative Energiequellen. So erreichte Apple laut Greenpeace 2016 einen recht hohen Clean Energy Index von 83 Prozent, Amazon dagegen lediglich 17 Prozent[2] (Abbildung 22). Allerdings treiben die IT-Unternehmen den Ausbau von alternativen Energiequellen durch ihre starke Marktposition massiv voran, um ihren Beitrag zur nachhaltigen Energieversorgung weiter zu steigern.

Ein ähnliches Bild ergibt sich bei der Produktion von IT-Gütern: So summierte sich der Energiebedarf allein für die Produktion der sieben

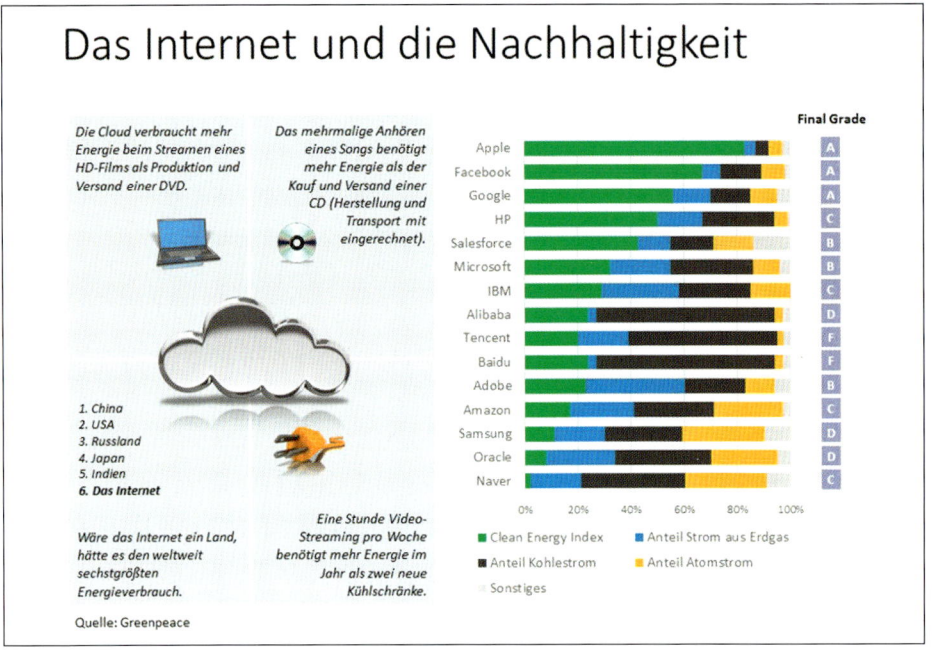

Abbildung 22

Milliarden Smartphones im Jahr 2017 auf ca. 250 Terawattstunden, etwa den jährlichen Bedarf von Schweden.[3] Und auch der Rohstoffverbrauch der IT-Industrie ist enorm: So wurden bei der Produktion der Smartphones ca. 38.000 Tonnen Kobalt, 107.000 Tonnen Kupfer und 157.000 Tonnen Aluminium verbraucht.[4] Und da wir zurzeit noch weit entfernt sind von einer sogenannten zirkularen Ökonomie, in der Produkte so entwickelt werden, dass große Teile der kostbaren Rohstoffe nach Gebrauch problemlos wiederverwendet werden können, sind diese Zahlen als alarmierend und alles andere als nachhaltig zu bezeichnen. Vom Elektroschrott insgesamt, der oft in den an Rohstoffen reichen, aber im Gesamten sehr armen Ländern zur »Ausschlachtung« landet, ganz zu schweigen.[5]

Deutschland lag 2016 in der Statistik mit einem Anteil von 22,8 kg je Einwohner leider ziemlich weit vorn.[6] Schon mal ein Repaircafé[7] in Ihrer Nähe aufgesucht? Vieles lässt sich reparieren und wieder in den Kreislauf bringen.

Meint man, durch die vermehrte Nutzung smarter Geräte und von Musik- bzw. Videodiensten aus dem Internet einen Beitrag zur Nachhaltigkeit zu leisten (da man ja auf den Kauf von CDs und DVDs und damit auch auf den Abfall verzichtet), so täuscht man sich laut Greenpeace gewaltig. Die Cloud verbraucht beim Streamen eines HD-Films mehr Energie als die Produktion und der Versand einer DVD. Gleiches gilt für das mehrmalige Anhören eines Songs über das Netz statt dem Kauf einer CD. Hinzu kommt der gewaltige »Rebound-Effekt«[8]: So ist zwar der Energieverbrauch der Smartphones an sich durch Clouddienste wie iCloud von Apple in den letzten Jahren signifikant gefallen; dafür werden aber umso mehr Videos angeschaut und Musiktitel angehört. Dieser Effekt ist ein zentraler Punkt in vielen Bereichen der digitalen Transformation.[9] Denn auch der zunehmende Onlinehandel (in Deutschland ca. 10 Prozent vom gesamten Konsumumsatz in 2017[10]) hat nicht zu einer korrespondierenden Abnahme des Volumens im stationären Handel geführt, sondern zu einer Ausweitung des Gesamtkonsums.[11] Dabei werden potenzielle Effizienzgewinne zunichte gemacht und noch mehr Ressourcen verbraucht.

Aber wo liegen denn nun die Chancen? Schauen wir uns dafür exemplarisch einen weiteren Megatrend an: die Urbanisierung. Schätzungen der Vereinten Nationen gehen davon aus, dass im Jahr 2050 ca. 68 Prozent der Weltbevölkerung in Städten leben, davon 43 in Megastädten mit über zehn Millionen Einwohnern.[12] Klar ist, dass solche Gebiete komplett anders organisiert werden müssen, als das heute der Fall ist. Sei es die Versorgung mit Lebensmitteln und Energie oder die Neuordnung der Mobilität der Bevölkerung – nur innovative Konzepte können einen potenziellen Zusammenbruch dieser riesigen Städte vorbeugen. Genau dort setzt das Konzept der »Smart Cities« an.[13]

Dabei geht es im Wesentlichen um die vorausschauende Behandlung von Entwicklungen in allen Bereichen einer Großstadt und um die Frage, wie die Digitalisierung bei der Lösung der Probleme helfen kann. Ziel ist es dabei, nicht nur den Bürgernutzen zu erhöhen, sondern ein ganzheitliches, nachhaltiges Konzept zur Umwelt- und Ressourcenschonung zu entwickeln. Viele Städte in Deutschland haben entsprechende Projekte gestartet und eine Reihe von Forschungseinrichtungen unterstützt sie dabei. So heißt es im Juni 2016 in der FAZ:

> Großstädte bieten sich als Versuchsfeld an, erläutert die Leiterin von Fraunhofer Fokus, Ina Schieferdecker: »Städte sind die größten Verbraucher von Ressourcen, haben aber auch das größte Optimierungspotenzial.« Schieferdeckers Institut ist mit 450 Mitarbeitern eines der größten im Fraunhofer-Verbund und forscht in Berlin unter dem Motto »Wir machen Städte schlau« zu Anwendungen, die einer Smart City zugutekommen.[14]

Intelligente digitale Lösungen reichen von neuen Mobilitätskonzepten (zum Beispiel *ein* Ticket für die Nutzung von öffentlichem Personennahverkehr und Carsharing-Angeboten) über die digitale Steuerung von öffentlicher Beleuchtung zur besseren Energieeffizienz bis hin zu Steuerungssensoren zur Reduktion des Verkehrsaufkommens, wie die Stadt Kopenhagen sie bereits einsetzt.[15] Seit 2011 treffen sich Stadtplaner, Forscher, Bürgermeister und Bürgerinitiativen auf dem Smart City World Congress in Barcelona, um sich über aktuelle Trends und Erfahrungen auszutauschen[16] – eine sehr vielversprechende Entwicklung.

In Kapitel 2 haben wir über Plattformen gesprochen, von denen viele alles andere als nachhaltig sind. Dass das Plattform-Geschäftsmodell aber auch anders, nämlich zu wesentlich nachhaltigeren Zwecken genutzt werden kann, zeigen einige andere Beispiele. So bietet *Fairmondo* als Alternative zu den großen Playern einen offenen Onlinemarktplatz an, den es selbst so beschreibt: »Ein nachhaltiger und fairer Marktplatz im Sinne seiner Nutzer*innen: Wir möchten ein nachhaltiges und faires Unternehmen schaffen, dessen Unternehmenspolitik sich nicht nach Wachstum und Gewinnmaximierung, sondern nach den Interessen aller Beteiligten sowie der Gesellschaft und Umwelt richtet.«[17] Hier erkennt man erste Hinweise auf die Bedeutung des Wirtschaftsmodells bei der Digitalisierung. Sie werden im nächsten Abschnitt noch gezielter behandelt.

Einen Schritt weiter geht die Plattform *Avocadostore*. Hier erhält man nur Produkte, die mindestens eines von zehn klar definierten Nachhaltigkeitskriterien erfüllen. Seit der Gründung 2010 wurde die Plattform zum größten Marktplatz für Eco-Fashion und Green Lifestyle. Und auch hier geht es den Gründern um mehr als Gewinnoptimierung: »Mit einem Kauf auf Avocadostore tauschst du nicht einfach Geld gegen Ware. Du unterstützt damit auch nachhaltige Wirtschaftskonzepte, schonst die Umwelt und sorgst für faire Löhne.«[18]

Über 20 Millionen Mitglieder, 52 Millionen eingestellte Artikel, in zehn Ländern aktiv – das sind einige Kenndaten einer weiteren Plattform, die sich zum Ziel gesetzt hat, gebrauchte Kleider wieder in den Kreislauf zu bringen: *Kleiderkreisel*.[19] Auch hier werden die Möglichkeiten der Digitalisierung genutzt, um Elemente der Kreislaufwirtschaft zu unterstützen und den Gedanken der Suffizienz in den Mittelpunkt des Handelns zu stellen.

Schlussendlich sollte man auch auf das 2017 bei den Vereinten Nationen gestartete Projekt *AI for Good*[20] hinweisen. Dieses großartige Projekt ist ein Beispiel dafür, wie man neue, vielversprechende Technologien nutzen kann, um große Probleme der Menschheit zu lösen bzw. es zumindest zu versuchen. Ausgehend von den zur Bekämpfung der größten Probleme der Menschheit formulierten 17 SDGs (Sustainable Development Goals) als Teil der *Vision 2030*[21] der Vereinten Nationen untersucht man in diversen Arbeitsgruppen, wie KI dabei helfen kann, innovative Beiträge zur Bewältigung der globalen Herausforderungen wie Klimaveränderung, Rohstoffknappheit, Armut etc. zu leisten.

Insgesamt also eine enorme Menge an potenziellen Vorteilen, die die digitale Transformation auch im Hinblick auf eine nachhaltigere Welt mit sich bringen kann, wenn man sie entsprechend einsetzt. Wir kommen auf diesen wichtigen Aspekt noch zurück.

2. Was müsste sich unter dem Aspekt der Digitalisierung an unserem Wirtschaftsmodell ändern, um es »nachhaltiger« zu gestalten?

Werfen wir einen Blick auf den Zusammenhang von digitalen Geschäftsmodellen und den »Gesetzmäßigkeiten« des heutigen Wirtschaftsmodells sowie Ideen und Konzepten aus der sogenannten Postwachstumsbewegung.[22] Diese beschäftigt sich mit der Frage, ob Wirtschaft nicht auch »anders« funktionieren könnte, mit »gesünderem« Wachstum oder auch mit weniger bzw. gar keinem Wachstum. Eine ganze Reihe von Vorschlägen und Modellen wurden dazu von Volkswirten und Soziologen entwickelt und viele Ideen umgesetzt. Einen guten Überblick über die – auch gerade im Zeichen des Klimawandels – sehr aktuelle Thematik erhält man in einer 2018 erstellten Studie der Hochschule für Philosophie in München.[23]

Es ist – wie in Kapitel 2 erläutert – offensichtlich, dass in einer vor allem auf Wachstum und Gewinnsteigerung ausgelegten Wirtschaft die Digitalisierung und ihre Möglichkeiten großes Interesse erzeugen. Denn wir wissen ja: Die nächste Wachstumswelle wird mit großer Wahrscheinlichkeit durch eine Kombination von klassischer Technologie und Digitalisierung ausgelöst. So wandeln sich Automobilkonzerne vom reinen Produktentwickler und Hersteller zum Mobilitätskonzern, das Auto mutiert zum Smartphone auf Rädern. Digitale Dienste wie das Buchen autonom fahrender Taxis via Spracherkennung (»Andrea, buch mir ein Auto nach Köln«) inklusive Unterstützung bei der Parkplatzsuche oder das Reservieren von Plätzen im Wunschrestaurant scheinen Quellen großen Profits zu sein. Sie eröffnen dabei – wieder mal – den großen Technologiekonzernen wie Google und Apple den Eintritt in bis dahin für sie nicht wirklich zugängliche Märkte.

Die mögliche Gefahr dabei liegt nun auch hier darin, dass über »Rebound-Effekte« die Nachhaltigkeit auf der Strecke bleibt. Dabei werden zum Beispiel die durch Effizienzsteigerungen erzielten Einsparungen beim Spritverbrauch durch stärkere Autos und mehr gefahrene Kilometer wieder aufgebraucht. So liegt der Gesamtverbrauch aller Autos in Deutschland heute fast 3,5-mal so hoch wie 1960, einhergehend mit einem massiven Anstieg des CO_2- und Stickoxidausstoßes.[24] Insgesamt bräuchten wir also weniger Autos, mehr Carsharing und eine weitaus bessere Verzahnung von privatem und öffentlichem Transport, um die Umweltbelastungen durch den Verkehr zu reduzieren. Und wenn die durch autonomes Fahren frei gewordene Zeit vom Fahrgast für zusätzlichen Konsum durch Onlinehandel genutzt wird, dann erzeugt das zwar auch Wachstum für die beteiligten Unternehmen, leistet aber gleichzeitig einen Beitrag zu noch höherem Ressourcenverbrauch.

Das würde sich möglicherweise ändern, wenn neben die Wachstumsziele auch Nachhaltigkeitsziele treten würden (und die Führungskräfte in der Wirtschaft auch verstärkt danach bezahlt würden). Sei es durch die Selbstverpflichtung der Unternehmen im Rahmen von »Corporate Social Responsibility« (eher unwahrscheinlich), durch gesetzliche Maßnahmen (wie steuerliche Anreize für nachhaltigeres Handeln) oder die Verpflichtung zur Erstellung einer sogenannten Gemeinwohlbilanz, wie sie einer der Väter der Gemeinwohl-Ökonomie, Christian Felber, fordert.[25]

3. Was sind Schlussfolgerungen aus den Vor- und Nachteilen der Digitalisierung im Hinblick auf eine nachhaltigere Entwicklung von Wirtschaft und Gesellschaft, und was müsste geschehen, um die beiden Prozesse positiv zu verknüpfen?

Offensichtlich ist, dass – wie auch bei vielen anderen technologischen Entwicklungen – Chancen und Risiken nah beieinander liegen. Der gravierende Unterschied zu Innovationen der Vergangenheit liegt zum einen im Faktor Zeit (in der Durchdringungszeit von Wirtschaft und Gesellschaft sowie in den zeitlichen Abständen zwischen den einzelnen digitalen Erfindungen), kombiniert mit dem enormen Veränderungspotenzial, das KI und Robotik für viele Segmente in sich tragen. Auffallend ist, dass nicht nur die Digitalisierung mit enormer Geschwindigkeit für Umbrüche und Verwerfungen sorgt, sondern dass gleichzeitig die negativen Konsequenzen aus einem einseitig auf Wachstum ausgerichteten

Wirtschaften sichtbar werden. Sei es die Temperaturerhöhung der Meere durch den hohen CO_2-Ausstoß, die immer knapper werdenden Ressourcen und die damit verbundenen Kämpfe um deren Quellen oder auch die extrem angestiegene ungleiche Verteilung der Vermögen und Einkommen.

Die Soziologen und Volkswirte Steffen Lange und Tilman Santarius beschreiben es nach einer gründlichen Analyse des Zusammenhangs zwischen Digitalisierung und einer nachhaltigeren Welt wie folgt: »Wir sind der Meinung: Gesellschaft und Politik müssen die Digitalisierung viel stärker gestalten und ihr eine klare, eindeutige Richtung geben.«[26] Denn eines erscheint klar: Überlässt man den weiteren Prozess der digitalen Transformation dem freien Markt und damit dem freien »Spiel« der Kräfte, so werden sich die erwähnten Nachteile fortsetzen, bis schließlich Gesellschaft und Politik maximal reagieren, aber nicht mehr agieren können!

Die Wirtschaft allein also wird es nicht »in unserem Sinne« regeln. Helfen dabei könnte die Digitalisierung indirekt selbst: Denn bedingt durch die enormen Verschiebungen und Veränderungen in der Arbeitswelt sieht es so aus, als ob die Art und Weise, wie wir arbeiten und leben, sowieso überdacht werden muss.[27] Die letzten Lohnabschlüsse in der Metallindustrie 2018 waren ein erstes kleines Anzeichen dafür.[28]

Einen Ansatzpunkt, wie eine mögliche Gestaltung durch Gesellschaft und Politik aussehen könnte, liefern Lange und Santarius durch die Formulierung von drei zentralen Leitprinzipien einer zukunftsfähigen Digitalisierung[29]:

- So viel Digitalisierung wie nötig, so wenig wie möglich
- Wessen Daten? Unsere Daten!
- kollaborativ statt kapitalistisch

Im Prinzip sind das Forderungen, die zum Teil auch bei Modellen der Postwachstumsbewegung eine Rolle spielen.

Die Frage ist nun, wie und wo diese Prinzipien zum Tragen kommen bzw. in Konzepte und Strategien einfließen können. Dazu lohnt es sich, die momentane Ausgangssituation zu betrachten, die schnell zeigt, dass gerade Deutschland, aber auch Europa in vielen Fragen der digitalen Transformation nicht gerade eine führende Rolle einnimmt. Dazu meinen Lange und Santarius: »Die bestehenden gesetzlichen, ökonomischen, politischen und kulturellen Rahmenbedingungen führen dazu, dass soziale und ökologische Probleme mit voranschreitender Digitalisierung eher verschärft als gemindert werden.«[30] Schaut man sich an, wie Deutschland im Bereich der digitalen Transformation agiert, so muss man ernüchtert feststellen, dass das Wort Digitalisierung von vielen Politikern zwar fast täglich in verschiedenen Kontexten benutzt wird, dass es aber an einer tragfähigen Gesamtstrategie fehlt. In vielen Bereichen mangelt es vor allem an konkreter und nachhaltiger Umsetzung bestehender Pläne (siehe Kapitel 2).

Weit gravierender jedoch ist, dass sich im Hinblick auf die oben erwähnte Notwendigkeit, die Digitalisierung aktiv zu steuern und eine im Sinne der Nachhaltigkeit positive Entwicklung zu erzeugen, bei der Politik wenige Ansatzpunkte finden lassen. Digitalisierung wird zu oft reduziert auf die – sicherlich notwendige – Versorgung der Bevölkerung mit höheren Breitbandgeschwindigkeiten, das Potenzial von Flugtaxis oder die Künstliche Intelligenz als *das* Zukunftsthema. Alles Einzelthemen, denen augenscheinlich der Rahmen fehlt, in den sie eingebettet sein sollten. Und wenn dann etwas Neues formuliert wird, meist in Form neuer Ankündigungen wie auf dem Digital-Gipfel in Nürnberg im Herbst 2018, fühlt es sich an wie ein permanentes »Hinterherlaufen«, um die weit enteilten USA und die massiv aufstrebende Digital-Ökonomie China einzuholen.

Nun liegt aber ja oft in vielem eine große Chance, und manchmal – so lehrt einen die Wirtschaft – ist es gut, »hinten« zu sein, wenn man dann nach eingehender Analyse die notwendigen Konsequenzen zieht. Hier eröffnet sich die historische Möglichkeit, die Digitalisierung nicht einfach als nächsten technologischen Fortschritt zu betrachten, sondern bei der »Aufholjagd« Aspekte der Nachhaltigkeit aktiv zu integrieren. Deutschland – idealerweise in Verbindung mit Europa – könnte ähnlich wie bei der Energiewende zeigen, dass Technologie gerade in der digitalen Zeit hervorragende Chancen bietet, große Probleme der Menschheit zu bewältigen. Es könnte dann nicht nur der so dringend benötige *digitale Masterplan* entstehen, sondern ein *digitaler Masterplan für eine nachhaltigere und gerechtere Welt.*

Das setzt allerdings voraus, dass Megatrends in der Welt (wie Digitalisierung, Klimaveränderung, demographische Entwicklungen und Ungleichheit in der Vermögensverteilung) nicht isoliert betrachtet werden, sondern in ihrer Gesamtheit, und nicht quasi deterministisch, sondern systemisch. Zu oft schauen wir viel zu sehr auf Einzelereignisse und lassen – auch wegen Partikularinteressen – das »große Ganze« aus den Augen. Nur funktionieren so weder die Natur noch soziale Systeme wie Gesellschaften. Oder kann mir bitte mal einer erklären, wo aus einer ganzheitlichen Betrachtung der Umwelt heraus der Sinn liegt, in deutschen Städten die Diesel zu verbieten, um sie dann nach Osteuropa zu verkaufen und dort weiterfahren zu lassen?[31] Ethisch nicht vertretbar und umwelttechnisch im Gesamten mehr als »Mumpitz«.

Wie bei fast allen Analysen von Postwachstumsmodellen und den entsprechenden notwendigen Transformationsszenarien aufgezeigt, bedarf es einer gemeinsamen Anstrengung aller Beteiligter (Wirtschaft, Politik und Gesellschaft), um die notwendigen Veränderungen zu gestalten und zu bewältigen. Somit ergeben sich weitere Vorschläge, um die Digitalisierung in positive Bahnen zu lenken:

So sollte die Politik neben der Erstellung der Digitalagenda 2040 die öffentliche Diskussion über die Verbindung von Digitalisierung und Nachhaltigkeit anregen und moderieren. Weiterhin muss die bereits eröffnete Diskussion über die Besteuerung der Gewinne von Plattformgesellschaften aus EU-Sicht in eine Gesetzgebung überführt werden.[32] Im selben Kontext könnte man nachhaltige digitale Plattformgeschäftsmodelle steuerlich unterstützen und dadurch weitere Neugründungen sowie die Nutzung durch die Bürger fördern.

Auch die Einrichtung eines speziellen Forschungszweiges bzw. -instituts zum Thema Transformationsforschung im Bereich Digitalisierung und Nachhaltigkeit würde der komplexen Thematik sicherlich gerecht. Erste vielversprechende Initiativen gibt es. So trafen sich im November

2018 ca. 1500 Teilnehmer auf der Konferenz »Bits und Bäume« in Berlin, um über die Nachhaltigkeit von Digitalisierung zu diskutieren und Vorschläge zur zielgerechteren Nutzung zu erarbeiten.[33]

Darüber hinaus muss die längst überfällige Anpassung der Lehrpläne für die Schulen erfolgen, wobei dringend die nicht-technologischen Aspekte der Digitalisierung, die gesellschaftlichen Implikationen, einbezogen werden sollten.

Die Wirtschaft könnte einen wesentlichen Beitrag leisten, indem sie die Initiativen zur Nachhaltigkeit mit denen zur Digitalisierung koppelt und deren gemeinsames Potenzial hebt. Ebenso wäre die Erstellung einer Gemeinwohlbilanz zusätzlich zur Finanzbilanz mehr als wünschenswert, so wie sie zum Beispiel die Sparda-Bank in München und Hunderte andere Unternehmen in Europa bereits vorlegen.[34] Und stimuliert durch steuerliche Anreize und Fördermittel, könnten die Unternehmen verstärkt nachhaltige, digitale Geschäftsmodelle entwickeln, die im globalen Markt zum Gegenpol einseitig ausgerichteter Konzepte von Wettbewerbern werden könnten.

Impuls zum Nachdenken

Auf dem Weg in eine nachhaltigere, digitale Welt kommt uns Bürgern und Konsumenten eine große Rolle zu. Durch unser Kaufverhalten genauso wie durch unser Verhalten im Netz können wir wesentlich dazu beitragen, die Digitalisierung in die richtigen Bahnen zu lenken, viele Möglichkeiten dazu gibt es bereits. Auch können wir beim Investieren von Geld stärker auf nachhaltigere Produkte achten und so zur Förderung von alternativen digitalen Firmen beitragen.

Schlussendlich könnte in sogenannten Bürgerforen der zentralen, eigentlich nicht wirklich in der Öffentlichkeit behandelten Frage: »Wie digital wollen wir leben?« – oder besser noch: »Wie digital und nachhaltig wollen wir leben?« – nachgegangen werden. Eine zunächst ergebnisoffene Diskussion unter den Repräsentanten unserer Gesellschaft würde es erlauben, die Menschen auf dem Weg in eine digitale (und nachhaltige) Welt mitzunehmen; die Meinungen und Stimmungen könnten in den Masterplan der Regierung einfließen.

Lassen Sie uns bei uns selbst anfangen. Jede noch so kleine Idee und Initiative kann Großes bewirken! Die Politik wird uns dann schon folgen, wie in Bayern beim Volksentscheid über das Bienensterben im Frühjahr 2019 eindrucksvoll zu beobachten war.

Kapitel 7

Digitalisierung und Ethik

1. Welche grundsätzlichen ethischen Fragen ergeben sich bei der digitalen Transformation?

Was ist Ethik? Erinnern Sie sich noch an Ihren Religions- bzw. Ethikunterricht in der Schule? Ethik als Teilbereich der Philosophie beschäftigt sich im Kern mit den Voraussetzungen und der Bewertung menschlichen Handelns mit dem Ziel eines guten Lebens. Dabei ist unser Wertesystem für unsere Handlungen von entscheidender Bedeutung, egal ob bewusst oder unterbewusst; Ethik ist stimmungsunabhängig! Und wir benötigen viel Respekt, Sorgfalt und Achtsamkeit, um herauszufinden, was ethisch »Sinn« macht und was nicht.

Drei Sichtweisen der Ethik haben Sie eventuell noch in Erinnerung: Den *Utilitarismus*, die *Pflichtethik* von Kant (mit dem berühmten kategorischen Imperativ) sowie die *Tugendethik*. Alle drei gehören zum Feld der *normativen* Ethik, die sich mit der Frage »Was ist moralisch falsch oder richtig?« beschäftigt, während sich die *deskriptive* Ethik mit moralischen Phänomenen und ihren theoretischen Voraussetzungen auseinandersetzt. Die drei Bereiche der normativen Ethik spielen bei der ethischen Betrachtung von Digitalisierung, speziell der Künstlichen Intelligenz und Maschinen, eine große Rolle.[1]

Es ist umstritten, welche dieser normativen Ethiken denn nun *den* Leitfaden für die Menschen darstellen soll. Und nicht vergessen sollten wir den sozialen und kulturellen Kontext, der spätestens dann ins Zentrum der Betrachtung kommt, wenn man darüber nachdenkt, ob ein Chinese einen Algorithmus unter ethischen Aspekten anders aufbauen würde als ein Amerikaner, ein katholischer Programmierer anders als ein muslimischer oder ein buddhistischer. Abbildung 23 gibt einen Überblick, welche Bereiche der Ethik sich mit welchen Facetten der Digitalisierung auseinandersetzen.

Ein zentraler ethischer Punkt bei der KI (sowohl bei der reinen Software als auch in Verbindung mit Robotik) ist das *Menschenbild*, das der Forschung und den Anwendungsszenarien zugrunde liegt. Seit der Antike gibt es den Versuch, die Hoffnung auf eine vollständige Erklärung der Welt in die Realität umzusetzen. Bereits damals gab es zahlreiche auf der Basis von Mechanik entworfene Automaten, denen »menschenähnliche« bzw. »gottähnliche« Eigenschaften zugesprochen wurden.[2] Im 17. und 18. Jahrhundert wurde die Herstellung solcher Maschinen immer perfektionierter, wie man am Aufstieg der Uhrmacherkunst sehen konnte.[3] Leonardo da Vinci widmete an der Wende zum 16. Jahrhundert einen Großteil seines Genies den Automaten und verblüffte die Menschen mit

Systematik der Ethik in der Digitalisierung

Problembereiche	Philosophische Disziplin
Gebrauch digitaler Technologie	*Angewandte Ethik (Medienethik, Ethik der IuKT, Technikethik)*
• Wofür soll man Digitalisierung nutzen, wie macht man sie sicher, wer profitiert, wer hat die Macht, was ist gute Digitalisierung?	• Ethische Kriterien: Rechte, Prinzipien, Werte? • Folgen- und Risikobewertung
Digitalisierung und das menschliche Selbstverständnis	*Allgemeine Ethik, Meta-Ethik, Technik- und Medienphilosophie*
• Wie verändert digitale Technologie unser Selbst- und Weltverständnis?	• Maschinen als Akteure, Verhältnis von Vernunft und Moral, Anthropologie
KI-Technologien und die großen Fragen	*Metaphysik, Philosophie des Geistes, Theologie*
• Was ist Bewusstsein, was ist Denken, was ist ein gutes Leben?	• Leib-Seele-Verhältnis, Unsterblichkeit, was hält die Welt zusammen?

Quelle: Alexander Filipović

Abbildung 23

ersten Zeichnungen und Modellen von U-Booten und Flugzeugen.⁴ Der Mathematiker und Philosoph Gottfried Wilhelm Leibniz (1646–1716) entwickelte die Grundidee einer universellen Rechenmaschine, quasi die Basis für das spätere Konzept einer »starken KI« (siehe Kapitel 3). Er sowie eine ganze Reihe anderer Wissenschaftler betrachtete die rational geordnete Welt als Ausdruck des göttlichen Schöpfungswillens.

Der Rationalismus erlebt in den letzten Jahren einen starken Wiederaufstieg, auch durch die enormen Fortschritte in den Neurowissenschaften. Dieses deterministische Menschenbild, in dem man die Begriffswelt aus der Informationsverarbeitung auf Prozesse im Gehirn anwendet, um am Ende »Gefühle mathematisieren« zu können, steht natürlich im krassen Gegensatz zum humanistischen Menschenbild, das u. a. von Gefühlen, der menschlichen Vernunft, Subjektivität und Autonomie (der berühmte freie Wille) sowie auf Werten basierenden Urteilen geprägt ist. Der Mensch ist dabei wesentlich mehr als nur ein Rädchen im Getriebe einer universellen Maschine.

Die ethischen Themen, die sich speziell bei der Digitalisierung ergeben, sind mannigfaltig und reichen von einfacheren Fragestellungen bis hin zu höchst komplexen Gebieten. Hier sind einige Beispiele:

- Welche (ethische) Position sollen wir bei autonomen Systemen einnehmen? Schon heute können nicht nur Autos vollautonom fahren und müssen dann – siehe Frage 2 – all die ethischen Fragen »beantworten«, die wir in »Blitzgeschwindigkeit« erledigen müssen, wenn wir beim Autofahren in kritische Situationen kommen. (Fahre ich die plötzlich auftauchende Person auf der Straße vor mir um oder weiche ich aus, um dann beim Aufprall gegen den Baum mein eigenes Leben zu riskieren?)
- Unter der Annahme, man könnte überhaupt Werte bzw. Moralvorstellungen in einen lernenden Algorithmus einbringen (etwas, das nicht geklärt und gelöst ist), welche Werte würden Sie dann einprogrammieren? Und denken Sie dabei global, denn ansonsten benötigen wir für die selbstfahrenden Autos

in China eine andere KI-Software als für die in Europa! Nicht einfach ...

- Müssen autonome Waffen verboten werden? Schon jetzt ist es möglich, mit Sensoren, Kameras, KI und Waffen ausgerüsteten Drohnen lediglich das Ziel und die beabsichtige Handlung einzugeben, und schon fliegen sie los, organisieren sich selbstständig, suchen das Objekt der Begierde und zerstören es, falls das der Auftrag war.[5] Wie stellen wir sicher, dass wir noch eingreifen können, falls es notwendig ist und die Lage sich ändert (der Bus mit den 50 Kindern, der kurz vor der Ausführung des Befehls am Einsatzort auftaucht)?

- Wie sorgen wir dafür, dass die Daten, mit denen die »neuronalen Netze« trainiert werden und die deren »Ergebnis« bestimmen, repräsentativ und ausgewogen sowie von ausreichender Qualität sind? Und wann und wie bewerten wir ein Ergebnis eines KI-Systems als *wahr*, wenn wir überhaupt nicht wissen, wie es zustande gekommen ist?

- Wie schaffen wir es, in einer immer digitaleren Welt achtsam und respektvoll miteinander umzugehen? Zu meinen Zeiten musstest du noch auf dem Schulhof einem missliebigen Mitschüler ins Gesicht sagen, dass er aus deiner Sicht ein Volltrottel sei, mit dem Risiko, dass du mit einem blauen Auge nach Hause kamst. (Die gute Nachricht ist, dass man oft am nächsten Tag schon wieder mit ihm kickte ☺.) Heute haut man seine Bemerkungen bzw. Beleidigungen in Sekunden auf Facebook etc. raus, wie wir jeden Tag im Netz sehen können.

- Wie gelingt es uns, ethische Gedanken und »Regeln« in die Ausbildung von Menschen einfließen zu lassen, deren Beruf durch die Digitalisierung besonders stark verändert wird bzw. die durch die Inhalte ihrer Tätigkeiten automatisch mit einer »Technologiefolgenabschätzung« konfrontiert sind (Programmierer, Roboterkonstrukteure, Ärzte ...). Diesem Thema widmet sich die sogenannte Professionsethik.[6]

- Wie gelingt es uns, die Menschen in der Arbeitswelt auf die digitale Transformation vorzubereiten und eine Arbeitswelt zu gestalten, die nicht nur »ernährt«, sondern auch »erfüllt«, und die mich nicht via bedingungslosem Grundeinkommen »entsorgt«, weil ich den Mitbewerbern Robi und Andrea nicht mehr gewachsen bin?

- Gehören der Tod und das Leiden zum Leben? Oder soll man den Verheißungen des Transhumanismus glauben, denen zufolge in einigen Jahrzehnten die immensen Fortschritte in den Bereichen Gentechnologie, synthetische Biologie und KI zu einem längeren Leben »ohne Leiden« bis hin zur Unsterblichkeit führen werden? Spätestens hier erkennt man die Dimension fundamentaler Fragen, vor denen unsere Menschheit steht.

- Und /noch sehr utopisch, aber schon Gegenstand vieler Diskussionen): Wenn wir es schaffen, Robotern und KI-Systemen über mathematische Modelle (an denen intensiv gearbeitet wird) so etwas wie »Gefühle« einzuprogrammieren, und wenn wir glauben, dass auch eine Maschine »Bewusstsein« haben kann (denn sie ist ja so komplex, siehe AlphaGo, dass daraus auch etwas *Neues* entsteht), müssen wir dann nicht mit den Maschinen »anders« umgehen? Dürfen wir »Andrea« weiterhin anbrüllen, wenn sie uns nicht die gewünschte Information geliefert hat, oder dürfen wir den Roboter die Treppe hinunterschubsen, nur weil er wieder mal unsere Lieblingssocken eingesaugt hat? Vom Roboter, der den Rasen mäht und immer unser Kaninchen »jagt«, ganz zu schweigen ☺.

Diese Liste kann man beliebig fortsetzen, und die gute Nachricht ist, dass man sich in verschiedenen Gremien und Räten intensiv damit beschäftigt, was uns zur nächsten Frage bringt.

2. Wie und wo werden die ethischen Themen von Politik und Wirtschaft adressiert?

Viele Staaten, aber auch Unternehmen haben die multiplen ethischen Fragestellungen erkannt und in ihre KI-Strategien einfließen lassen. So haben die fünf Technologiegiganten IBM, Facebook, Google, Amazon und Microsoft 2016 eine Allianz geschlossen, um der ethischen Dimension von KI nachzugehen.[7]

Google hatte 2014 nach der Akquisition von Deep Mind einen eigenen Ethikrat ins Leben gerufen. Nach heftigen Protesten auch seitens der Mitarbeiter verkaufte Google seine erst drei Jahre vorher erworbene Roboterfirma Boston Dynamics, die mit Bildern und Videos von Robotereinsätzen im militärischen Umfeld für erhebliches Aufsehen gesorgt hatte.

Für intensive Diskussion sorgte im Januar 2019 eine Kooperation zwischen Facebook und der TU München. 6,5 Millionen Euro sollen über die nächsten fünf Jahre in den Aufbau und die Forschung eines neuen Institutes für Ethik in der KI fließen.[8] Droht hier die Gefahr, dass sich das US-Unternehmen dadurch eine Art »KI approved by German ethics«-Gütesiegel verschafft? Oder ist es besser, zu kooperieren und damit mögliche Entwicklungen bereits im Vorfeld positiv zu beeinflussen? Genaues Hinschauen lohnt sich hier sicherlich.

Vor Kurzem installierte auch das deutsche IT-Vorzeige-Unternehmen SAP einen Ethikbeirat, dessen Hauptaufgabe es sein soll, die vom Unternehmen entwickelten Ethikrichtlinien im Umgang mit KI umzusetzen. Der Beirat soll »dazu beitragen, dass Unternehmen Entscheidungen trotz KI-Unterstützung ohne Vorurteile oder Diskriminierung treffen können.«[9] Die Telekom hat Ähnliches gemacht[10] und ich gehe davon aus, dass weitere Unternehmen folgen werden, auch weil KI in der Gesellschaft immer noch stark polarisiert und etwaige Ängste und Sorgen durch die Unternehmen frühzeitig adressiert werden müssen.

Auf politischer und gesellschaftlicher Ebene beschäftigt sich vor allem der im April 2008 konstituierte Deutsche Ethikrat mit den großen (ethischen) Fragen des Lebens. Bekannt geworden ist er vor allem durch seine Stellungnahmen zum Thema Gentechnologie. Man beschäftigt sich dort mittlerweile auch mit den Themen Big Data und KI.[11]

Im Herbst 2018 hat der Bundestag eine spezielle Enquete-Kommission zum Thema KI und deren Verantwortung im Hinblick auf Gesellschaft und Wirtschaft ins Leben gerufen. 38 Abgeordnete und Experten aus unterschiedlichen Bereichen sollen in zwei Jahren Handlungsempfehlungen für die (dann im Amt befindliche) Bundesregierung erarbeiten.[12]

Auch die EU hat die Bedeutung von KI erkannt. Sie listet in einem Pressestatement von April 2018 zahlreiche Maßnahmen für das gezielte Investment in KI sowie zur Betrachtung der ethischen Rahmenparameter auf: »Künstliche Intelligenz: Kommission beschreibt europäisches Konzept zur Förderung von Investitionen und Entwicklung ethischer Leitlinien«.[13] Im April 2019 wurden diese von 52 Experten (aber lediglich vier Ethikern) erarbeiteten Grundsätze in einem 40-seitigen Papier veröffentlicht und dann in einer Pilotphase Unternehmen, Institutionen und Forschern zur Diskussion zur Verfügung gestellt.[14]

Und die Vereinten Nationen diskutierten im Frühsommer 2018 den Einsatz sogenannter autonomer Waffen (sprich: Kampfdrohnen) – ein Gebiet, auf dem vor allem Russland, die USA, Großbritannien, China und Israel forschen, die sich bis dato noch zu keinen Einschränkungen verpflichtet haben.[15]

Trotz des letzten Punktes insgesamt eine positive Entwicklung, die hoffen lässt. Spannend wird sein, ob (und wie) die Erkenntnisse der Beiräte und Experten in technologische Entwicklungen einfließen oder ob sie wirtschaftlichen und politischen Interessen zum Opfer fallen. So hieß es zum Beispiel im April 2019 in der Presse: »Künstliche Intelligenz soll den Menschen dienen und Grundrechte respektieren. Das fordert eine Expertengruppe der EU-Kommission in ihren nun veröffentlichten Leitlinien für die Technologie. Unverrückbare ethische Prinzipien finden sich darin jedoch nicht mehr – Vertreterinnen der Industrie im Gremium haben sie erfolgreich gestrichen.«[16] Denn die zahlreichen Vertreter aus der Wirtschaft hatten viele »roten Linien« eingezogen sowie Hinweise auf mögliche künftige Gefahren durch die KI »weichgespült«. Das erinnert wieder einmal sehr stark an die Ergebnisse und Umsetzungen von Klima-Gremien.

3. In welchen Gebieten werden ethische Fragen bei der Digitalisierung aktiv behandelt?

Ein zentraler Bereich ist die Thematik »autonome Systeme« und deren ethische Dimensionen. Sie findet sich sowohl in den Bereichen *autonomes Fahren von Autos* als auch der *Digitalisierung in der Medizin* wieder. »Wenn man zumindest eine Person retten kann, dann muss man sie retten. Rette die Person im Auto.«[17] Diese Bemerkung von Christoph von Hugo, Mercedes-Benz-Manager für Fahrerassistenzsysteme und aktive Sicherheit, auf dem Autosalon 2016 sorgte innerhalb kurzer Zeit für so viele Reaktionen und Diskussionen, dass der Konzern sich am nächsten Tag von dieser Aussage distanzierte. Vertritt sie doch die Position, dass autonome Systeme das Wohlergehen der Personen im Fahrzeug höher bewerten sollten als das derjenigen außerhalb des Fahrzeugs – eine Position, die, wenn sie Algorithmen vorgegeben würde, sehr schnell zu moralisch fragwürdigen Ergebnissen führen könnte.

Wie vielschichtig die Fragen sind, die sich bei möglichen Szenarien des autonomen Fahrens ergeben, sieht man zum Beispiel auf der Internetplattform Moral Machine.[18] Gehen Sie mal dorthin und probieren Sie in verschiedenen Verkehrssituationen aus, wie Sie gegebenenfalls entscheiden würden. Sehr schnell erkennen Sie die ethische Komplexität der möglichen Entscheidungen.

Nach ersten Lösungsversuchen aus der Industrie und einer zunehmenden öffentlichen Diskussion reagierte die Bundesregierung und setzte 2016 eine Ethikkommission ein, die sich mit rechtlichen und ethischen Fragen beim autonomen Fahren auseinandersetzte.[19] Diese hat sich in ihrer Arbeit hauptsächlich auf die Stufen 4 (»vollautomatisiert, mit Fahrer«) und 5 (»vollautomatisiert, ohne Fahrer«) konzentriert. Also auf jene Stufen, in denen der Mensch von der Verantwortung des Fahrzeugbetriebes quasi befreit wird. Das aus 14 Wissenschaftlern und Vertretern der Industrie bestehende Gremium verabschiedete im Juni 2017 einen Abschlussbericht mit 20 ethischen Regeln.[20] Die Bundesregierung hat daraufhin einen Maßnahmenplan zur Umsetzung beschlossen.[21]

Die Autoren der Regeln weisen auf das frühe Stadium der Diskussion im Hinblick auf den aktuellen Stand der Technik hin; in Anbetracht der exponentiellen Entwicklung der KI können die ethischen Konsequenzen im Zweifelsfall nur unter Vorbehalt betrachtet werden. Damit folgen sie indirekt auch den Schlussfolgerungen von Wissenschaftlern wie Nick Bostrom[22] und Max Tegmark[23], dass – basierend auf den heutigen Modellen und Mitteln – die ethische Betrachtung lernender Systeme mehr Fragen als Antworten aufwirft und wir erst am Anfang möglicher Lösungen stehen. Peter Dabrock, Vorsitzender des Deutschen Ethikrates, meint dazu, noch »[...] gibt es oft erkennbar keine richtigen moralischen Lösungen. Deshalb sollte man behutsamer wie pragmatischer an die ethische Bewertung autonomer Fahrzeuge herangehen.«[24] Und gleichzeitig warnt er im Hinblick auf die Akzeptanz der Technologie in der Gesellschaft sowie der Einbettung des autonomen Fahrens in ganzheitliche Mobilitätskonzepte: »Viele der ethisch relevanten Herausforderungen des autonomen Fahrens werden kaum gelöst werden können, wenn sie nicht in größeren Kontexten betrachtet werden. Ohne ihre Gestaltung werden menschen- und gesellschaftsdienliche Potenziale dieser vielversprechenden Innovationstechnologie verspielt.«[25]

Nichtsdestotrotz zeigen die Regeln und zugehörigen Erläuterungen der Kommission einen klaren ethischen Denk- und Handlungsrahmen für die Industrie auf. So stellt zum Beispiel Regel 6 fest: Es »[...] ist eine gesetzlich auferlegte Pflicht zur Nutzung vollautomatisierter Verkehrssysteme oder die Herbeiführung einer praktischen Unentrinnbarkeit ethisch bedenklich, wenn damit die Unterwerfung unter technische Imperative verbunden ist [...]«.[26] Ein klarer Hinweis auf die Freiheit des Einzelnen als Basis einer vernunftbestimmten Existenz im Sinne Immanuel Kants. Deutlich wird die Position der Experten auch in Bezug auf mögliche dilemmatische Entscheidungen durch die Programmierung autonomer Systeme: »Sie sind nicht [...] eindeutig normierbar und auch nicht ethisch zweifelsfrei programmierbar« (Regel 8).[27]

Regel 18 nimmt Bezug auf selbstlernende Systeme: »(Sie) sowie ihre Verbindung zu zentralen Szenarien-Datenbanken können ethisch erlaubt sein, wenn und soweit sie Sicherheitsgewinne erzielen.« Allerdings müssten sie die entsprechenden Sicherheitsanforderungen erfüllen und dürften die von der Kommission aufgestellten Regeln nicht aushebeln. Noch eindeutiger wird die Empfehlung der Kommission bei der Zusammenfassung der Diskussionen zum obigen Thema: »Ein Einsatz von selbstlernenden Systemen ist beim gegenwärtigen Stand der Technik daher nur bei nicht unmittelbar sicherheitsrelevanten Funktionen denkbar.«[28] Also auch hier wieder ein Hinweis auf die zahlreichen Fragen, die sich bei der Beschäftigung mit lernenden und selbstoptimierenden Systemen ergeben, und auf den langen Weg, den es vor einem breiten Einsatz noch zu bewältigen gilt.

Festhalten kann man, dass die 20 Regeln einen sehr guten ethischen Rahmen geben für alle, die an der Entwicklung von autonomem Fahren beteiligt sind. Von der Regelung der Verantwortung der verschiedenen Parteien wie Hersteller, Fahrer, Staat usw. (Regel 10) über die Priorisierung des menschlichen Lebens (Regel 7) bin zum Verbot einer Qualifizierung nach persönlichen Kriterien in unausweichlichen Unfallsituationen (Regel 9) werden der Industrie und der Politik klare und pragmatische Empfehlungen gegeben.

Wie schaut es in einem anderen Bereich aus, in dem die Digitalisierung und insbesondere die KI ebenfalls eine immer bedeutendere Rolle einnimmt – in der Medizin? Wie wir gesehen haben, können KI und Robotik einen wichtigen Beitrag dazu leisten, das Problem überalternder Gesellschaften aufzufangen. Einen Hinweis, wo die Reise hingehen kann, liefert der Spiegel-Journalist Thomas Schulz: »Einig sind sich Utopisten und Pragmatiker, Techno-Biologen und Schulmediziner in einem: Der Weg zu einem längeren, gesünderen Leben geht über eine personalisierte Medizin, mit auf den einzelnen Menschen zugeschnittenen Therapien, die auf Analysen des Erbguts und anderer individueller Daten beruhen.«[29]

Er spricht von einem historischen Punkt, an dem sich die Medizin gerade befindet. Sie sei »[...] an einem Punkt angelangt, an dem Entwicklungen aus Jahrzehnten zusammenfließen, an dem neue Technologien aus allen möglichen Bereichen verschmelzen: aus Physik, Chemie, Materialwissenschaften und Robotik.«[30] Viele große Unternehmen der IT-Branche wie IBM, Microsoft, Google und Facebook investieren gerade Unsummen in solche integrative Verfahren, denn der Markt dafür scheint enorm.

Weiterhin stellt sich die Frage nach dem »Wahrheitsgehalt« von KI-Empfehlungen, da selbst von den Experten, die diese künstlichen neuronalen Netze programmieren, schlussendlich nicht erkannt werden kann, was innerhalb der Algorithmen vor sich geht. »Mysteriös« sei es, was im Innern der Programme passiert, so Sebastian Thrun.[31]

Klingt der Schritt zu einer datengetriebenen Welt der Medizin schon faszinierend, so wird die Dimension dessen, was da gerade passiert, noch deutlicher, wenn man sich die Entwicklungen im Bereich der Genetik anschaut. »Was, wenn sich die menschliche Biologie wie Software programmieren ließe und man DNA umschreiben könnte, wie ein Computerprogramm?«[32] So formuliert es Thomas Schulz und beschreibt in seinem Buch »Zukunftsmedizin« im Kapitel »Angriff der Tech-Riesen« die massiven Investitionen und die Ziele von Google & Co.[33] Von neuen Medikamenten und personalisierten Therapien bis hin zu einer Stammzellentherapie, die nicht auf Embryonen angewiesen ist, ist hier die Rede. Alles basierend auf der Grundannahme, dass biologische Prozesse am Ende auch nur Informationsverarbeitungsprozesse sind.

Dieser sogenannte naturalistische Denkansatz findet sich verstärkt auch in den Neurowissenschaften wieder und spätestens hier stellt sich die Frage nach dem Menschenbild, mit dem die Forscher und Unternehmer agieren.

Genau damit beschäftigte sich der Deutsche Ethikrat auf seiner Jahrestagung im Juni 2017. Im Rahmen des Themas »Autonome Systeme. Wie intelligente Maschinen uns verändern« behandelten über 500 Teilnehmer neben Debatten über Eingriffe in das Gehirn und das Genom auch aktuelle Entwicklungen im Bereich der KI.[34] Peter Dabrock meinte dazu in seiner Eröffnungsrede: »Können wir im Meer unserer Datenströme selbstbestimmt wir selbst bleiben, oder stolpern wir – mehr berauscht als bewusst – vor lauter Freude an Miniaturverbesserungen unseres Alltages in eine Unmündigkeitsfalle hinein?«[35]

Ähnlich wie bei der Arbeit des Ethikkomitees zum autonomen Fahren ging es in Berlin eher um grundsätzliche Fragen der Anwendung von Algorithmen und KI in der Medizin als um Detailfragen, etwa wie Ethik und Werte »programmiert« werden könnten. So mahnte Katharina Zweig von der TU Kaiserslautern die notwendige Qualitätssicherung beim Design und der Implementierung von Algorithmen an: »Algorithmische Entscheidungsprozesse und vor allem ihre Einbindung in gesellschaftliche Prozesse sind so komplex, dass es auf vielen Ebenen zu Fehlern kommen kann.«[36] Noch einen Schritt weiter ging Julian Nida-Rümelin, der zwar den zunehmenden Einsatz autonomer Systeme als wünschenswert bezeichnete, »[...] aber ethisch nur unter der Bedingung vertretbar, dass autonomen Systeme keine mentalen und speziell personalen Eigenschaften zugeschrieben [...]« würden.[37] Verlängert man seinen Gedankengang, so würde es zum Beispiel weder die Stufe 5 des autonomen Fahrens geben noch Medizin-Roboter, die Diagnostik und Operationen durchführen. Damit bliebe es beim Einsatz digitaler Technologie in der Medizin zur Unterstützung von Ärzten und Pflegekräften. Und das wäre ja Fortschritt und Herausforderung genug.

Die Jahrestagung des Ethikrates im Juni 2018 mit dem Thema »Des Menschen Würde in unserer Hand: Herausforderungen durch neue Technologien« beschäftigte sich – ebenfalls unter diesem Aspekt – mit dem Thema KI.[38] Bereits im ersten Vortrag des Historikers und Bestsellerautors Yuval Noah Harari[39] sowie in den folgenden Diskussionen und Beiträgen wurde klar, wie weit die Positionen noch auseinanderliegen. Während Harari einige seiner zum Teil provokanten Thesen aus seinem Buch »Homo Deus« wiederholte (wie die, dass ein freier Wille so nicht existiere und dass Emotionen mehr und mehr als reine biochemische Prozesse und damit »algorithmisch« betrachtet werden könnten), argumentierte Thomas G. Dieterrich (Oregon State University, USA) im Hinblick auf KI in der Medizin: »[...] well, with AI Technology, maybe we could make an autonomous therapy robot where we would not need the human expert to be doing the teleoperation. We could somehow do that automatically. So, I guess my concern with all these is that we are simulating the kind of empathy that therapists and caregivers provide with systems that fundamentally cannot have empathy.«[40] Seine große Sorge gilt also der fehlenden bzw. simulierten Empathie bei der Behandlung der Patienten durch KI-Systeme; durchaus verständlich!

Modelle und Szenarien bezüglich einer sogenannten Super-KI, Gegenstand zahlreicher Science-Fiction-Filme, und der notwendigen Wertevermittlung spielten auch auf dieser Konferenz keine direkte Rolle. Vielmehr ging es in den meisten Beiträgen um die Abgrenzung zwischen Mensch und Maschine, um die zunehmende Gefahr von Datenmissbrauch bzw. von »Fehlinterpretationen« durch Algorithmen und um die Notwendigkeit einer intensiveren, internationalen Zusammenarbeit auf dem Gebiet der ethischen Betrachtung von KI und deren Konsequenzen. Eine zentrale Frage jedoch zog sich wie ein roter Faden durch fast alle Beiträge: Mit welchem Menschenbild agieren die Forscher, aber auch die einzelnen Kulturen und Nationen bei der Beschäftigung mit KI und wie findet man hier einen gemeinsamen Nenner? Die Beantwortung dieser Frage wird großen Einfluss haben auf eine tiefergreifende Beschäftigung mit der Thematik Wertgebung, gerade in der Medizin.

Impuls zum Nachdenken

Der Mensch steht in seiner Entwicklung wieder mal an einer Kreuzung. »Quo vadis, Mensch?« möchte man ihm zurufen und ihn – in Anbetracht der atemberaubenden Entwicklung im Bereich Digitalisierung – zum Innehalten und Nachdenken animieren. Viele ethische Fragen tun sich auf, manche einfacher, manche ad hoc erst mal gar nicht zu lösen. Wir stehen vor fundamentalen Fragen der Menschheit und ihrer Zukunft. Zentral ist die Frage nach dem Menschenbild, mit dem bei der Forschung und Entwicklung in Ländern, Regionen und Unternehmen gearbeitet wird. Ist unser Gehirn, sind wir selbst am Ende wirklich nur Software, die auf Hardware läuft? Kaum zu glauben, aber ... Wollen wir wirklich all das, was da als möglich beschrieben wird? Oder spielt uns nur die Fantasie mal wieder einen Streich, weil einige Menschen glauben, nun alte Träume realisieren zu können, wie den von der Un-

sterblichkeit? Wie viel Autonomie wollen wir den KI-Systemen geben? Und wer würde eigentlich wirklich am Ende von all dem profitieren? Hier ist die Weltgemeinschaft gefragt – sicherlich nicht einfach ob der unterschiedlichen Kulturen und Ansichten. Gut ist, dass sich zahlreiche Ethikräte gebildet haben, die die vielen ethischen Aspekte der Künstlichen Intelligenz und Robotik untersuchen. Denn besser, man tut all das jetzt, als dass wir uns, wie beim Klima, in einigen Jahren wundern, wie wir eigentlich da hingekommen sind.

Fazit

I. Wohin geht die digitale Reise?

Auf Ihrer virtuellen Reise mit mir durch die verschiedenen Facetten der Digitalisierung haben Sie schon viele mögliche Zukunftsszenarien erkennen können. Und ich könnte jetzt noch einige spekulative Vorhersagen benennen. Aber das haben andere schon viel besser gemacht, als ich es überhaupt könnte. Daher also an dieser Stelle lieber ein weiterer Buchtipp:

> **!** Michio Kaku, »Die Physik der Zukunft. Unser Leben in 100 Jahren«. Kaku, Physiker, hat vor einigen Jahren basierend auf zahlreichen Interviews mit Forschern verschiedenster Fachrichtungen überall auf der Welt ein sehr anschauliches und spannendes Buch geschrieben. Er beschreibt (ohne Physik- und Mathematik-Formeln ☺), wohin uns die Themen, an denen diese klugen Köpfe damals arbeiteten, in den nächsten Dekaden bringen werden bzw. könnten.
>
> Da die erste Auflage aus dem Jahr 2012 stammt, kann man gut sehen, ob einige seiner damals spektakulären Vorhersagen eintreffen (werden). Ich glaube, er ist »sehr nah dran«. Es war eines derjenigen Bücher, die ich in kürzester Zeit »verschlungen« habe, und es hat mich auf vielen Ebenen inspiriert, mich näher mit dem Thema Digitalisierung auseinanderzusetzen.

Wir sind mittendrin in der digitalen Transformation. Da immer mehr digitale Ideen in immer mehr neue Produkte umgesetzt werden, und da die Geschwindigkeit, mit der die digitalen Erfindungen unser Leben verändern, so enorm ist und höher als je zuvor, tun wir uns zum Teil sehr schwer damit. Wir scheinen überfordert zu sein, unseren Weg durch den digitalen Dschungel zu finden.

Die gute Nachricht für die Zukunft: In 10–15 Jahren ist ganz viel einfach »normal« geworden. Ob autonomes Fahren in ausgewählten Bereichen, eine digitale Gesundheitsakte oder die selbstverständliche Nutzung von Sprachsystemen zum Bedienen von Smartphones – vieles wird bald Alltag geworden sein. Roboter helfen uns beim demographischen Wandel und KI-Systeme kommen auf neue Lösungen für alte Probleme. So war es schon immer bei technologischen Revolutionen; nur erstreckt sich diesmal der Zeitraum nicht über Jahrzehnte, sondern lediglich über einige Jahre.

Die große Frage wird sein, ob und wie wir die enormen Chancen und Potenziale aktiv nutzen, die in der digitalen Transformation liegen, oder ob wir einfach von ihr »getrieben« werden. Europa hat eine historische Chance und Verantwortung, ein Alternativkonzept zu entwickeln und uns damit – auf jeden Fall in entscheidenden Teilen – aus der digitalen Abhängigkeit von den USA zu befreien und eine Abhängigkeit von China erst gar nicht entstehen zu lassen. Dabei könnten »nachhaltige« und »ethische« Inhalte (gerade, was KI betrifft) einen gravierenden Unterschied machen (»KI made in Europe« ☺).

Doch wie schaut es aus mit »anderen« möglichen Szenarien? Was könnte die Digitalisierung stoppen? Sehen wir es uns an.

2. Gibt es erkennbare Gegentrends und was könnte die Digitalisierung stoppen?

Diese Frage bekomme ich oft am Ende meiner Vorträge zu hören. Denn irgendwie ist es für die meisten schwer vorstellbar, dass die Geschwindigkeit der Veränderungen noch weiter ansteigen kann. Und es ist ebenso schwer vorstellbar, dass die digitalen Innovationen immer noch revolutionärer werden.

Ich glaube, momentan sind wir sozusagen im »Auge« des digitalen Tornados, der da über weite Teile der Welt hinwegfegt. Und in der Tat sind wir, die die Digitalisierung ja erfunden haben (!), »irgendwie« nicht für diese Geschwindigkeit gemacht, denn es gibt ja nicht nur die digitale Transformation, sondern parallel dazu auch viele andere große Veränderungen auf der Welt: etwa die Klimaverschiebung, die Migration, die zunehmende soziale Ungleichheit sowie die immer mehr sichtbaren Auswirkungen der demographischen Entwicklung. Und wie immer hängen diese Themen alle irgendwie miteinander zusammen. Daher schaue ich auf die Auswirkungen der Digitalisierung immer – soweit ich kann – aus »systemischer« Sicht, das heißt im Gesamten und im Zusammenwirken der Teile. Denn das hat mich schon meine Ausbildung zum Kernphysiker gelehrt: Dinge hängen zusammen, und nur im Zusammenspiel kann man sich etwaigen Tendenzen und Veränderungen nähern, um sie zu ergründen. Daher glaube ich auch nicht, dass die Digitalisierung zum Halten kommt (unter der Annahme, dass es keine Katastrophen wie große Kriege oder Meteoriteneinschläge gibt), denn Fortschritt heißt Fortschritt, weil er fortschreitet, weitergeht. Die Zeit kann man nun mal nicht umkehren, der Zeitpfeil zeigt immer nach vorn.

Natürlich gibt es Reaktionen von Einzelnen und Teilen der Gesellschaft, sich dem »digitalen Wahn« zu entziehen. Manche besuchen »Digital Detox Seminare«. Andere kehren zur Schallplatte als Gegenwelt zum »Streaming« zurück, zur Polaroid als Antwort auf Instagram. Achtsamkeitsseminare boomen, auch in Unternehmen, denn auch hier hat man erkannt, dass man dem »immer höher, schneller, weiter« aktiv begegnen muss (ich bin allerdings etwas skeptisch diesbezüglich, dienen doch viele »Omms« oft nur dazu, anschließend noch schneller rennen zu können). Manche ziehen sich für eine Weile in ein Kloster zurück oder gehen ein Stück des Jakobswegs. Auch ich habe mir in meiner (hyper-) aktiven Zeit immer wieder »analoge Auszeiten« gesucht. Aber nicht wegen der Digitalisierung als solcher, sondern ob der generellen Geschwindigkeit außerhalb und innerhalb meiner selbst. Sprich: Je nach Lebensphase können Sie ja durch Ihr eigenes Verhalten auch selbst einiges dafür tun, dass Ihnen nicht schwindlig wird vor lauter Mails, SMS, WhatsApp-Nachrichten etc. Denn auf der rein technologischen Seite wird es munter so weitergehen. Auch ich bin immer wieder erstaunt, wie erfinderisch der Mensch ist.

Es gibt keinen Grund, zu denken, nun gehe es nicht mehr weiter. Denken Sie an Charles Duell, den Kollegen vom US-Patentamt, der 1899 meinte: »Alles, was erfunden werden konnte, wurde bereits erfunden.« Da lag er falsch. Denken Sie das Undenkbare, und denken Sie in größeren Zeiträumen. Und wie heißt es in Friedrich Dürrenmatts genialem Werk »Die Physiker«: »Alles, was einmal gedacht wurde, kann nicht mehr zurückgenommen werden.« Ein in Zeiten von KI und Gentechnologie sehr aktuelles Werk, finde ich.

Es liegt an dem, was *wir* als Weltgemeinschaft aus all dem machen. Ob Quantencomputer oder Künstliche Intelligenz, ob fliegende Taxis oder autonome Autos, ob »smarte« Stromnetze, Häuser und Städte oder digitale Spiegel, die Ihnen nach dem Anhauchen eine Analyse möglicher Erkrankungen liefern. Alles normal in einigen Jahren. Vieles davon ist richtig *gut* und zu unserem Wohl und zum Wohl vieler Menschen. Wir müssen die Digitalisierung halt in die richtigen, die »guten« Bahnen lenken.

Und wo bekomme ich Halt und Orientierung in all der Dynamik? Eine Möglichkeit sind die Bücher des Historikers Yuval Noah Harari, etwa sein Bestseller »Homo Deus« oder dessen Vorgänger »Eine kurze Geschichte der Menschheit«. Denn diese zeigen mir immer wieder in eindrucksvoller Form auf, was an alldem, was sich da so in der digitalen Entwicklung und der damit verbundenen Transformation auftut, wirklich neu ist und was nicht. Denn eines haben wir wahrscheinlich alle im Geschichtsunterricht gelernt: Geschichte wiederholt sich! Nur hat sie oft eine andere »Farbe«, die Veränderungen verlaufen anders, manchmal gravierender und revolutionärer, manchmal disruptiv, ein anderes Mal eher evolutionär. Doch viele Muster sind einander gleich, und immer wieder reagieren Gesellschaften und deren Systeme sehr ähnlich auf Verschiebungen. Veränderungen kommen oft aus ganz anderen Richtungen, als wir vermuten. Genau diesem spannenden Prozess ist mein letzter Buchtipp gewidmet:

> **!** Udo Bardi, »Der Seneca Effekt: Warum Systeme kollabieren und wie wir damit umgehen können«. Bardi ist zwar Chemiker und kein Historiker, aber in seiner Freizeit widmet er sich der Suche nach geheimnisvollen Prozessen und Geschichten. In diesem Buch beschreibt er am Beispiel des Römischen Reiches die Dynamik von Veränderungsprozessen und deren Auswirkungen. Und da ich glaube, dass die Welt vor gravierenden Veränderungen steht, wovon die Digitalisierung nur *eine* (aber eine sehr zentrale) ist, gehört dieses Buch zu meinen Lieblingsbüchern. Denn die Antworten liegen ja oft ganz woanders, als man vermutet: »Entschuldigung«, sagt ein Mann zu einem anderen, der unter einer großen Straßenlaterne scheinbar auf dem Boden etwas sucht. »Kann ich Ihnen helfen?« »Ja, gern, denn ich habe dort hinten meinen Schlüssel verloren und suche ihn nun.« »Ja, aber wenn Sie ihn dort hinten verloren haben, wieso suchen sie dann hier?« »Hier ist es hell, dort hinten sehe ich ja nichts.«

So ist es im Leben oft. Also suchen Sie bei der möglichen Zukunft der Digitalisierung nicht dort, wo das »Licht« scheint, also in all den gefühlt Tausenden von täglichen Nachrichten zum Thema, sondern treten Sie zwei Schritte zurück und betrachten Sie das Ganze im systemischen Sinn. Es wird Ihnen eventuell genauso helfen wie mir.

3. Wie digital wollen wir leben?

Erinnern Sie sich an das Ende des ersten Kapitels? Dort habe ich Ihnen die Frage schon einmal gestellt, und mich würde brennend interessieren, wie Sie nun – nach vielen für Sie hoffentlich interessanten Seiten – darüber denken. Da ja »Brain to Brain Connection« noch in das Reich der Fantasie gehört ☺, müssen wir es auf dem klassischen Weg probieren. Wenn Sie Lust haben, schicken Sie mir doch eine Mail mit Ihren Antworten an *contact@dohmen.coach*, ich würde mich sehr darüber freuen. In der Zwischenzeit schreibe ich Ihnen *meine* Gedanken und Antworten zu der Frage.

Ich hoffe, Sie haben durch die verschiedenen Fragen und deren Antworten die vielfältigen, teils polarisierenden Aspekte der Digitalisierung erkennen können. Ich fasse sie hier kurz zusammen:

Digitalisierung ...
- ... ist weitaus mehr als nur technologischer Fortschritt; sie verändert *alle* Bereiche unseres Lebens mit exponentieller Geschwindigkeit.
- ... bietet enorme Chancen, wenn man sie in die richtige Richtung *lenkt* und aktiv *gestaltet.*
- ... verstärkt bestehende *Unwuchten* in Gesellschaft, Wirtschaft und Politik und generiert *neue*, wenn man sie nicht an die Hand nimmt.
- ... kann uns helfen, große Probleme, die wir bisher nicht lösen können, durch *neue Antworten* zu beseitigen.
- ... erfordert einen *neuen* Bildungsansatz in Schul- und Weiterbildung.
- ... fordert uns heraus, über die *Fundamente unseres Seins* nachzudenken.
- ... erlaubt jedem von uns, seine *persönliche* Digitalisierung zu leben.

Und so digital (bzw. analog) lebe ich selbst:
- Die Recherche für dieses Buch wäre ohne das Internet kaum möglich gewesen; alle Bücher, die ich erwähnt habe, stehen *analog*, versehen mit unzähligen Notizen, in meinem Bücherregal, denn mein Kindle ist leer.
- Ich bin auf einigen Sozialen Medien wie XING und LinkedIn zu finden, nicht aber auf Facebook, Instagram etc. (war lediglich zu »Studienzwecken« für eine Zeit dort aktiv).

- Ich kommuniziere über WhatsApp mit Freundesgruppen, Vertrauliches und Persönliches aber eher über Threema – falls nicht anders möglich, denn:
- Ich liebe das persönliche Gespräch von Angesicht zu Angesicht.
- Ich versuch(t)e Mitarbeiter und Studenten immer dazu zu bewegen, ein Flipchart oder Whiteboard zu benutzen, um Probleme und Lösungen zu beschreiben, und sich nicht hinter »Powerpoint« zu verstecken ☺ – gemäß dem Motto: »Wenn du es mir nicht in drei Minuten erklären kannst, hast du es nicht verstanden« ☺.
- Ich buche Reisen immer noch vorzugsweise im Reisebüro.
- Ich versuche stetig, meine Onlinekäufe weiter zu reduzieren (der Großteil meiner Bücher stammt aus der Buchhandlung um die Ecke).
- Ich benutze eine Smart-Watch und eine Trainingsplattform für meinen Triathlonsport, habe aber ansonsten keine Gesundheits-Apps auf dem Smartphone.
- Ich habe keine Kundenkarten und zahle vorzugsweise bar oder mit EC-Karte.
- Ich versuche mich an meine eigenen zehn Tipps im Kapitel Datenschutz zu halten.
- Meine Mails landen nur auf meinem PC und nicht auf meinem Smartphone (Teil meiner persönlichen Entschleunigung).

Ich bewege mich also irgendwie »zwischen den Welten«. Als ich vor Weihnachten 2018 an diesem Buch schrieb, habe ich meine *digitale Wunschliste* formuliert und »abgeschickt«:

Weihnachten 2018

Ich wünsche mir …
- … dass die Digitalisierung von Gesellschaft, Politik und Wirtschaft genutzt wird, um unser Land und unsere Welt nicht nur einfach noch schneller zu machen, sondern vor allem nachhaltiger, gerechter und ökologischer.
- … dass Europa einen gemeinsamen digitalen *und* nachhaltigen Masterplan 2040 mit klaren Zielen, Meilensteinen, Investitionsplänen und Verantwortlichkeiten erstellt. Er soll nicht nur die technologischen und wirtschaftlichen Aspekte beinhalten, sondern auch dafür sorgen, dass die europäischen Errungenschaften wie Freiheit, Solidarität und Gerechtigkeit miteinfließen. Und er soll Europa eigenständiger und unabhängiger machen von Konzepten aus den USA und China.
- … dass Deutschland die angekündigten Maßnahmen schneller und zielgerichteter umsetzt und damit das enorme Potenzial in unserem Land nutzt.
- … dass wir alle die enormen Möglichkeiten der Digitalisierung noch bewusster, offener und reflektierter nutzen – zu unserem Wohl und zu dem der Gemeinschaft.

Klingt sehr idealistisch, ich weiß. Aber ist ja auch eine Weihnachtswunschliste – wenn nicht jetzt, wann dann? ☺

Ich bedanke mich ganz herzlich für Ihre Zeit, Ihr Interesse und Ihre Geduld, mir »zuzuhören«. Das bedeutet mir sehr viel. Und die Stipendiaten aus meiner Stiftung Helden (*www.Stiftung-Helden.de*) bedanken sich auch ganz besonders, denn die Erlöse aus dem Verkauf dienen dazu, junge Menschen auf dem Weg durch ihre Ausbildung etwas zu unterstützen.

Und nun bin ich gespannt auf Ihre Antworten ☺.

Anhang

Was sind die zehn wesentlichsten Dinge, die der Einzelne heute schon selbst tun kann und sollte, um sich besser zu schützen?

Einiges wird mittlerweile recht gut vom Gesetzgeber geregelt und verhilft uns zu mehr Schutz beim Leben in der digitalen Welt. Den besten Schutz aber bieten die Maßnahmen, die wir *selbst* ergreifen. Und die gute Nachricht ist: Da gibt es vieles, was wir durch relativ einfache Schritte unternehmen können. Einige davon habe ich hier zusammengetragen. Als »Überschrift« steht über allem das Prinzip der *Selbstverantwortung*, denn ohne die werden wir den permanenten »Kampf« um unsere Daten wohl verlieren. Also legen wir in diesem Sinne los:

- *Kaufen und verschenken Sie kein Gerät, ob PC oder Smartphone, ohne – falls Sie sich nicht bereits sehr gut auskennen – anschließend einen (Schnell)-Kurs zur »richtigen« Nutzung zu absolvieren bzw. mitzuverschenken.*

Ein banaler Punkt, denken *Sie* eventuell. Weit gefehlt, denke *ich*. Oder würden Sie in ein neues Auto steigen und losfahren, ohne eine gute Einweisung des Verkäufers in die verschiedenen Bedienungselemente des Gefährts? Ich denke und hoffe, Sie antworten mit Nein. Gleiches gilt wohl für viele andere technische Geräte wie eine schöne neue High-Tech-Küche oder (wohl eher für die Männer ☺) die neue Heizung in Ihrem Haus. Leider scheint das nicht für die zum Teil weitaus komplizierteren Geräte wie moderne Handys, Tablets und PCs zu gelten, denn immer wieder erlebe ich, wie Menschen in den Pausen meiner Vorträge ratlos mit ihrem neuen Smartphone oder Laptop vor mir stehen und um Hilfe bei der Änderung von Einstellungen oder beim Bedienen von Apps etc. bitten. Millionen von Menschen in Deutschland gehören eben nicht zu den sogenannten »Digital Natives«, also den jungen Menschen, die mit all diesen »Devices« aufgewachsen sind (was aber noch lange nicht heißt, dass nicht – gerade in dieser Gruppe – oft auch sehr »naiv« gehandelt wird, Soziale Medien seien als Beispiel genannt). Die Leistungsfähigkeit der digitalen Begleiter in unserem Alltag ist in den letzten Jahren extrem gestiegen; dagegen ist – bei allem Respekt – ein Auto trotz aller digitalen Möglichkeiten recht einfach zu bedienen.

Es gibt gerade im Hinblick auf den Datenschutz eine ganze Reihe von Punkten zu beachten und auch Möglichkeiten, sich vor dem leider stark zunehmenden Diebstahl und Missbrauch Ihrer Daten bzw. Ihres Gerätes zu schützen. Aber dazu sollten Sie sich das nötige Wissen verschaffen und eben »nicht einfach den Schlüssel einstecken und losfahren«. Wie kommen Sie an dieses Know-How?

Falls Sie Ihr Gerät im Fachgeschäft gekauft haben (das lohnt sich oft aus vielerlei Gründen), können Sie den Händler bzw. Verkäufer darum bitten, Ihnen die wichtigsten Grundlagen zur Bedienung zu erläutern. Je nach Wissensstand lohnt es sich aber auch, einen von vielen Volkshochschulen angebotenen Einführungskurs zu absolvieren. Aufbauend darauf – oder auch unabhängig davon – lohnt das Investment in einige Stunden »Nachhilfe« bei einem netten Studenten oder Schüler, um Ihnen eine wesentlich bessere Grundlage bei der Bedienung des neuen »Fensters in die digitale Welt« zu verschaffen. Jeder, ob jung oder alt, kennt dieses blöde Gefühl der Überforderung, wenn ein »Ding« etwas macht, was ich überhaupt nicht verstehe! Zeit und Nerven gehen dabei drauf. Und schließlich hat man das Gerät ja gekauft, damit die Dinge einfacher werden, oder?

Sie können sich aber auch, wenn Sie eher ein Autodidakt sind, ein Buch dazu kaufen oder – falls Sie schon so weit sind – auf dem Videokanal Youtube (gehört Google, nebenbei bemerkt, und hat über 700 Millionen Nutzer) ein entsprechendes Lernvideo anschauen; Sie finden dort zum Teil ganz hervorragende Erläuterungen. Und eine große Bitte an all die großen »Kinder« unter Ihnen: Bitte verschenken Sie – wenn auch noch so gut gemeint – kein Smartphone o. Ä. an Ihre Eltern ohne einen passenden Kurs dazu! Der Hinweis: »Dein Enkel erklärt es dir dann« ist nett, aber funktioniert nach meiner Erfahrung eher selten!

• *Überprüfen Sie die (Vor-)Einstellungen an Ihren Geräten.*

Ihr neues digitales Werkzeug hat viele, viele Möglichkeiten, Sie mit der digitalen Welt in Verbindung zu bringen. Allerdings haben die meisten Hersteller schon einiges für Sie übernommen, nämlich die Einstellungen an Ihrem Gerät! Und nicht immer ist das für Sie zum Nutzen. Seit einiger Zeit zählt zum Beispiel der Sprachassistent Cortana zum standardmäßigen Pflichtprogramm für Windows-Nutzer. Er ist dabei mit der Suchfunktion des Betriebssystems auf Ihrem PC gleichgesetzt: Sämtliche Suchanfragen, auch für einfache Dateien oder Ordner, werden über das Internet (und Bing) gefiltert. Dabei werden Daten an Microsoft gesendet, wie bei allen anderen vergleichbaren Systemen auch. So sammelt Cortana Informationen über Ihr Nutzerverhalten, etwa wie Sie sprechen oder tippen.[1] Da wir digitalen Nutzer das (und vieles, vieles mehr) mit unseren Einverständniserklärungen ja aktiv ermöglicht haben, möchte ich das auch gar nicht »so kritisieren«. Viel wichtiger ist, dass Sie die Möglichkeit haben, diese spezifische Einstellung zu ändern, so, wie es Ihrem »Gefühl« und Ihren »Einstellungen« zum Leben in der digitalen Welt eben entspricht. Denn – wenn auch für manche etwas irritierend – viele Menschen empfinden es nicht als problematisch, wenn ihre Daten eingesammelt werden. »Ich habe nichts zu verbergen« oder »Ist doch gut, wenn ich nur auf mich zugeschnittene Werbung erhalte« höre ich nicht selten. Es lebe die Meinungsfreiheit, und ich möchte – wie ja im gesamten Buch – keinesfalls den berühmten Oberlehrer spielen, sondern nur einen kleinen Beitrag zur Aufklärung dessen beitragen, was sich so alles aus der Digitalisierung ergibt. Es geht darum, Sie in die Lage zu versetzen, Dinge eventuell anders und neu einzuschätzen. Datenschutz gehört zu einem dieser sehr ambivalenten und polarisierenden Themen.

Also gehen Sie doch einfach mal spaßeshalber zum Menüpunkt »Einstellungen« auf Ihrem PC oder dem Smartphone. (Sie finden ihn nicht? Höchste Zeit für einen Kurs ☺!) Nun überprüfen Sie, ob Sie das alles genau so wollen, wie es dort (vor-)eingestellt ist, denn mittlerweile kommen die Geräte schon so zu Ihnen, dass *alles* auf Ja steht. Sie müssen also *aktiv* auf *Nein* schalten; man nennt das »neudeutsch« auch »opt out« (d. h. Sie wollen diese *Option* nicht).

Ein weiteres Beispiel ist »W-LAN« und »Bluetooth«. Beides ermöglicht es Ihnen, via Funk mit dem Internet oder anderen Geräten Kontakt aufzunehmen (Musik im Auto zum Beispiel). Gleichzeitig sind beide Technologien beliebte Einfallstore in *Ihre* Daten gerade im öffentlichen Bereich. Ein guter Artikel auf der Webseite des BSI beschreibt die möglichen Fallstricke.[2] Also ganz einfach: Wenn Sie die beiden Dienste nicht nutzen, ausschalten. Sie wollen, warum auch immer, nicht, dass Ihre Freunde wissen, wo Sie gerade sind? Dann müssen Sie – falls Sie ihn nutzen – beim Ortungsdienst Google Latitude Ihren Standort vor dieser Gruppe Menschen verbergen (opt out); Google weiß dann aber immer noch, wo Sie sind. Sie wollen Ihre mögliche Ortung ganz vermeiden? Handy ausschalten ist dann die einzige Möglichkeit! Sie sehen schon, ganz schön komplex, und ohne Weiterbildung ist es ziemlich schwer, sich beim digitalen Agieren einigermaßen zu schützen. Also, auf geht's … Kurs suchen, Buch lesen, Video schauen, Freunde und Bekannte nach Tipps fragen oder selbst welche weitergeben! Die digitale Welt ist per se nicht »böse«, sie ist bloß ziemlich »ausgebufft«, wenn es darum geht, mehr über Sie zu erfahren.

- *AGBs und Datenschutzerklärung lesen!*

Hand auf's Herz: Wie oft haben Sie diese oft »kryptischen« Texte schon aktiv gelesen? Nicht oft, vermute ich, also willkommen im Club ☺. Denn wer nimmt sich schon die Zeit und wendet die geistige Energie auf, um dieses »Juristendeutsch« zu verstehen? Und Sie denken, Sie können ja eh nichts machen, denn Sie wollen den Dienst bzw. das jeweilige Angebot ja nutzen. Tja, das ist das »Spiel«, um das es hier geht. Denn mit der Einwilligung in die auf vielen eng bedruckten Seiten aufgeführten Paragraphen können »die Spiele beginnen«. Und dabei geht es um etwas sehr Wertvolles: *Ihre* Daten.

In der Antwort zu der Frage »Warum sind Daten das neue Öl?« hatte ich bereits auf die enorme Bedeutung dieses neuen Rohstoffes hingewiesen. Nichts Neues, wie wir gelernt haben, aber mit den heutigen digitalen Möglichkeiten und Angeboten eröffnen sich für die Unternehmen ganz andere Möglichkeiten. Für uns als Verbraucher besteht die Notwendigkeit, sich viel mehr mit der Thematik Daten auseinanderzusetzen. Kennen Sie zum Beispiel die US-Firma Acxiom[3]? Sehr wahrscheinlich nicht, denn diese arbeitet eher im Hintergrund der ganzen Datenmaschinerie. Ihr Geschäftsmodell basiert komplett auf dem Handel mit Daten; sie verfügte laut eigenen Angaben bereits 2013 über 1500 Daten von 300 Millionen Amerikanern und 44 Millionen Deutschen.[4]

Und woher stammen diese Daten? Aus allen möglichen Quellen – von den Internetsuchmaschinen, die alles, was Sie jemals gesucht haben, speichern (Google zum Beispiel schätzungsweise 10 exp 15 Byte an Daten jeden Tag[5]), über die Internetseiten der sozialen Netzwerke bis hin zum E-Commerce-Anbieter, bei dem Sie immer wieder alle möglichen Dinge bestellen. Denn das Geschäftsmodell vieler Digitalkonzerne basiert ja im Schwerpunkt auf Einnahmen durch Werbung! So erzielte Facebook 2018 fast 98 Prozent seines Umsatzes von ca. 56 Milliarden Dollar mit Werbung.[6] Facebook und Google zusammen dominieren mit weitem Abstand den Online-Werbemarkt und haben auch am Gesamtmarkt der Werbeindustrie einen signifikanten Anteil von 25 Prozent.[7] Aber auch viele deutsche Firmen versuchen, so viel wie möglich über ihre Kunden herauszufinden, und handeln ebenso – völlig legal – mit diesen Daten.[8]

Wie in Frage 2 erörtert, verhilft die DGSVO zum besseren Schutz des Verbrauchers. Aber schlussendlich liegt es an jedem Einzelnen von uns, wie offen, sorglos oder vorsichtig er oder sie mit seinen oder ihren Daten umgeht. Das »Trügerische« bei vielen digitalen Angeboten ist, dass sie an der Oberfläche »umsonst« sind. Aber wie wir ja alle wissen, ist relativ wenig im Leben wirklich umsonst, und so finanzieren wir die Leistung einer Suchmaschine mit unseren Daten. Normalerweise bezahlen wir für Dienstleistungen meistens mit Geld. Also lesen Sie bei einer Tasse Tee einfach mal solche AGBs in Ruhe, damit Sie ein Gefühl dafür bekommen, zu *was* Sie da alles zustimmen. Und eventuell entscheiden Sie sich dann doch für Alternativen (siehe unten). Und noch ein Hinweis: Gerade beim Kauf im Internet fragt man Sie oft nach einer ganzen Reihe von Informationen. Geben Sie einfach nur das an, was Sie unbedingt angeben müssen, um den Kauf abzuschließen! Oft ist es lediglich der Name und die Adresse. Mit allem anderen füttern Sie lediglich die Datenmaschinerie.

Betrachten Sie das alles einfach als »Spiel«, auch wenn der Name dem Thema und der Ernsthaftigkeit wahrscheinlich nicht wirklich gerecht wird. Sie müssen gewisse Spielregeln einhalten, wenn Sie den Dienst nutzen wollen, aber Sie müssen nicht *alles* mitmachen. 100 Prozent Schutz bzw. »Entkommen« gibt es nicht in der digitalen Welt, darüber können wir uns lange aufregen und beschweren. Aber sie offeriert uns nun mal auch viele tolle Dinge wie eben eine Suchmaschine. Also machen wir das Beste daraus!

• *Virenscanner und Trackingblocker installieren sowie regelmäßig »updaten« und »Backups« machen.*

Ich hoffe, nach dem Lesen der bisherigen Informationen sind Sie hochmotiviert, sich bzw. Ihre Systeme besser zu schützen. Ein einfacher, aber absolut wichtiger Schutz ist ein adäquater *Virenschutz*. Und da es sehr viele und unterschiedlich gute gibt, lohnt sich ein Blick auf einen Produktvergleich. Hier ist ein echt hilfreicher: https://www.bundespolizei-virus.de/virenscanner/. Und wie Sie sehen: Guter Schutz kostet weitaus weniger als der mögliche Schaden!

Genervt von den Programmen, den Werbeschnüfflern, die sich bei Besuchen von Webseiten bei Ihnen einnisten? Durch die gewonnenen Daten der ungebetenen Besucher lassen sich »präzise Rückschlüsse auf Interessen und Bedürfnisse des Nutzers sowie auf seine finanzielle Lage, gesundheitliche Probleme, politische Haltungen oder sexuelle Präferenzen« ziehen, so die Stiftung Warentest. Wie wäre es mit einem Tracking-blocker? Auch hier ist der Erwerb günstig und die Hilfsprogramme sind einfach zu installieren. Hier ist ein passender Überblick: https://www.test.de/Tracking-Wie-unser-Surfverhalten-ueberwacht-wird-und-was-dagegen-hilft-5221609-0/.

Laut einem Bericht des Bundesamtes für Sicherheit in der Informationstechnik (BSI) ist die Nutzung von alten, zum Teil schon nicht mehr unterstützten Softwareversionen auf PC und Handy eines der Haupteinfallstore für Schadprogramme. So läuft laut dem Bundesamt auf mehr als 40 Prozent aller Android-Geräte eine Version von 4.X, die seit geraumer Zeit nicht mehr von Google unterstützt wird. Also auf geht's, einfach mal den Stand Ihrer diversen Software-Versionen überprüfen und nach Updates Ausschau halten. Denn mit den meisten, auch kleineren Verbesserungen und Erweiterungen werden natürlich auch »Türen« geschlossen, die versehentlich offengelassen worden sind.

Und zum Schluss: Wie halten Sie es denn mit der Datensicherung? Alles auf dem *einen* PC? Oder schon via Cloud-Dienstleistungen irgendwo »da oben«? Oder haben Sie gar –eventuell zusätzlich – eine Backup-Software (so wie ich) auf Ihrem Rechner, die automatisch und regelmäßig Ihre Traumfotos und Ihre Dokumente auf eine externe Disk o. Ä. überträgt? Falls nicht oder wenn Sie einfach mal schauen wollen, was es so gibt und warum, dann lohnt ein Blick zum Beispiel hierhin: https://www.netzsieger.de/k/backup-software.

- *Passwörter regelmäßig ändern und verschiedene Pseudonyme benutzen.*

Mal ehrlich: Wann haben Sie das letzte Mal Ihre Passwörter geändert? Oder ist die Mehrzahl hier falsch, weil Sie überall das gleiche benutzen? Hmm … dann gibt es wohl einen gewissen Handlungsbedarf, denn Sie sollten mindestens alle sechs Monate Ihr Kennwort ändern, wirklich ändern und nicht einfach das vorletzte wieder auswählen, weil Sie sich das so gut merken können. Und natürlich verschiedene Passwörter für unterschiedliche Dienste. Sie haben ja wahrscheinlich auch verschiedene Schlüssel für Garage, Toreinfahrt und Haustür, vom möglichen Safe bzw. Schrank mit wichtigen Unterlagen ganz zu schweigen, oder? Es sind diese »einfachen« Dinge, die Ihnen schon mal eine bessere Ausgangssituation für die Benutzung der digitalen Möglichkeiten des Internets geben. Denn so einfach wollen Sie es ja all den Trojanern und Viren nicht wirklich machen! Und natürlich ist der Name Ihres geliebten Kindes oder dessen Geburtsdatum mehr als suboptimal, um als Ihr Passwort zu fungieren oder auch nur als Teil davon. Denn wie würden Sie versuchen, das Passwort eines Menschen herauszufinden? Sie klappern erstmal »die üblichen Verdächtigen« wie Namen aus der Familie etc. ab. Also seien Sie kreativ und folgen Sie dabei auch den ja immer wieder gegebenen Hinweisen auf die Länge und den Aufbau eines Passwortes (wie »Verwenden Sie mindestens einen Großbuchstaben, mindestens acht Zeichen und ein Sonderzeichen«).

Ähnliches gilt für sogenannte Pseudonyme, unter denen Sie, warum auch immer, auf verschiedenen Plattformen unterwegs sind, wie bei eBay zum Beispiel. Sie wollen dort ja nicht direkt zu erkennen geben, wer Sie sind, und heißen dann »Superhero20« oder »IchbinderGrößte18«. Alles OK, aber setzen Sie verschiedene dieser Benutzernamen ein und ändern Sie die auch immer mal wieder.

Vergessen Sie auch nicht, sie sich alle aufzuschreiben und diesen Zettel sicher aufzubewahren (natürlich nicht neben die anderen Zettel ans Schlüsselbrett heften). Auch schon mal darüber nachgedacht, wer wie auf Ihre Daten zugreifen dürfen soll, wenn – was wir ja alle nicht hoffen – Sie mal zum falschen Zeitpunkt am falschen Ort sind und dann leider viel zu früh und vor allem unerwartet »da oben« mal nach dem Rechten schauen gehen? Eventuell legen Sie die wichtigsten Kennwörter Ihrem Letzten Willen bei; Ihre Angehörigen werden es Ihnen danken! Ihr »digitales« Testament quasi.

- *Vorsicht bei »freiem W-LAN« in öffentlichen Räumen!*

Eventuell wissen Sie es bereits: Eine der beliebtesten, weil einfachsten Möglichkeiten, Sie auf Ihrem Gerät »unerlaubt zu besuchen«, sind öffentliche W-LANs. Zuhause sind Sie nämlich normalerweise durch Ihren

Router, also das Netzzugangsgerät mittels einer dort eingerichteten »Wand«, der *Firewall*, recht gut geschützt. Aber auch hier der Hinweis auf das Alter des Gerätes! Vielleicht mal auf der Webseite Ihres Diensteanbieters nach aktuellen Informationen Ausschau halten und sich dann gegebenenfalls doch einmal ein Neues anschaffen. Alles relativ wenig Geld im Verhältnis zum möglichen Megaschaden. In den meisten all der netten Cafés etc., die mit »Free W-LAN« werben, haben Sie diesen Schutz nicht.

Wie schon oft demonstriert, ist es ein absolut Einfaches, Ihre gesamte Kommunikation auf einem Fremdgerät zu verfolgen, vom potentiellen Diebstahl und Missbrauch von Passwörtern ganz zu schweigen. Also wie schützt man sich? Erst einmal überlegen, ob Sie wirklich online gehen *müssen* oder ob es nicht etwas warten kann. Falls nein, dann benutzen Sie einfach ein VPN. Steht für »Virtual Private Network«. Puh ... nicht kompliziert, ganz einfach: Bei kritischer Kommunikation generell, auch von zu Hause, aber auf jeden Fall »draußen« in der freien Wildbahn, bauen Sie – bevor sie mit der eigentlichen Kommunikation beginnen – mittels dieser Software einen »Tunnel« zu der avisierten Webseite bzw. dem Server auf. Also einen privaten Weg durchs Internet, den nur Sie benutzen und der von außen quasi unzugänglich ist für Dritte. Auch diese Software bekommt man für geringe Summen bei vielen guten Anbietern. Sie schützt Sie wesentlich besser als bisher ohne.

- *Payback-Karten etc. eher nicht*

»Haben Sie eine Payback-Karte oder eine Kundenkarte?« Wie oft hören Sie diese Frage bei Ihren täglichen Einkäufen? Nun, so attraktiv diese Karten eventuell auf Sie wirken mit all den Bonuspunkten etc., Sie »füttern« damit natürlich in erster Linie ebenfalls die Datenmaschine. Jede Information über Ihr Einkaufsverhalten (was, wann, wo) hilft natürlich, Ihr »digitales Profil« weiter zu schärfen. Denn all die Unternehmen kennen Sie ja mit großer Wahrscheinlichkeit nicht wirklich persönlich, also »analog«. Also sammelt man fleißig so viele Informationen über Sie, wie man bekommen kann bzw. wie Sie zulassen.

Schon mal darüber nachgedacht, warum immer mehr Einkaufsketten im Lebensmittelbereich Interesse daran haben, dass Sie eine Kundenkarte Ihr Eigen nennen? Die Antwort darauf finden Sie zum Teil in den Regalen! Achten Sie beim nächsten Einkauf einfach mal darauf, wie viele Preise in der Zwischenzeit schon digital angezeigt werden. Was könnte man damit machen? Ganz einfach: Sie schnell ändern, und das nicht nur bei speziellen Aktionen, sondern tageszeitenabhängig. »?« Wie schaut es bei Ihrer Tankstelle aus? Da unterliegt der Spritpreis auch zahlreichen Änderungen am Tag, teilweise im zweistelligen Prozentbereich. Gleiches wird es wohl in absehbarer Zeit in vielen anderen Bereichen geben.[9] Alles ist abhängig von der Nachfrage und der Geschäftsstrategie des jeweiligen Unternehmens. Im Netz ist das schon seit Langem Normalität. »Dynamic Pricing« heißt das Zauberwort. Viele Preise werden mittels »intelligenter« Programme automatisch dem Kaufverhalten angepasst, und falls Sie mit einem klassischen PC unterwegs sind, erhalten Sie eventuell einen anderen (niedrigeren) Preis als der Nutzer eines iMacs, denn die Kaufkraft von dessen Besitzer ist laut Statistiken wesentlich höher.[10] Diese Verfahren werden noch in viele andere Bereiche einziehen.

Und man geht dann noch eine Stufe weiter: »Personal Pricing« heißt hier das Zauberwort.[11] Stellen Sie sich vor, wir zwei gehen zusammen einkaufen. Über unsere Smartphones erkennt das IT-System des Händlers, dass wir es wieder sind, die da durch die Gänge schleichen. Und schwupps, schon erscheint eine Mitteilung auf meinem Display: »Hallo Herr Dohmen, schön, dass Sie wieder da sind, das freut uns. Und wir haben heute ein tolles Angebot für Sie: Für Ihren nächsten Triathlon wollen Sie ja fit sein und über ausreichend Energie verfügen. Daher gibt es jetzt einen besonderen Preis für Ihren Lieblings-Energie-Drink (meine persönliche Happy Hour ☺), und das Produkt befindet sich am Ende des nächsten Ganges links.« »Hey«, werden Sie eventuell rufen, »und was ist mit mir?« Tja, ohne Training keine Belohnung ☺, also gibt es das auch nur für mich in dem Moment; allerdings erhalten auch Sie eine nette Nachricht auf Ihr Handy, in der ein persönliches Angebot für Ihre Lieblingsschokolade aufgeführt ist. All das mag ja vielleicht auch gar nicht so schlecht sein. Kommt halt auf die jeweilige Sichtweise – und natürlich auf das Angebot ☺ – an.¹²

Also: Auch bei den ganzen Kundenkarten etc. einfach mal nachdenken, ob Sie das alles so preisgeben und mitmachen wollen. *Weniger* ist eventuell auch hier besser als *mehr*.

• *Fordern Sie Ihre Daten an und überprüfen Sie sie.*

Wie Sie oben gesehen haben, dürfen Sie ja erfahren, welche Daten von Ihnen bei dem jeweiligen Unternehmen liegen. Und Sie dann gegebenenfalls ändern oder löschen. Machen Sie doch einfach mal den Schritt, es lohnt sich. Direkt bei der Suchmaschine anfangen? Hier geht es zum »Frühjahrsputz«:   https://www.n-tv.de/technik/Zeit-fuer-den-Google-Fruehjahrsputz-article20377341.html

• *Das Netz vergisst nichts: Erst denken, dann posten ☺.*

Das sage ich ganz besonders den jungen Menschen, die zu meinen Vorträgen kommen. Warum? Schauen wir uns kurz an, was eigentlich so los ist im Netz. Falls Sie es nicht bereits wissen, werden Sie jetzt ziemlich baff sein. Schauen Sie noch einmal auf Abbildung 2 – all das passiert in einer Minute Ihres Lebens, krass, oder? Also wenn Sie abends mit Ihrer besseren Hälfte durch Ihr Dorf oder Ihren Stadtteil gehen und zu Ihrem Schatz sagen: »Mensch Liebling, hier ist auch mal wieder nichts los.« Dann wissen Sie jetzt, *wo* gewaltig was los ist: im Netz! All das produziert einen enormen Datenverkehr und auf den Datenautobahnen ist Hochbetrieb. Und wie Sie sehen, sind es nicht nur Nachrichten, die da hin und her gesendet werden, sondern auch Abermillionen von Fotos und Videos, oft öffentlich oder von bestimmten Gruppen anzuschauen, um gleichzeitig auf all den Servern der Internetgiganten gespeichert zu werden. »Und?«, mögen Sie sagen, »ist halt so.« Stellen Sie sich dann vor, Sie bewerben sich bei einem größeren Unternehmen auf Ihren Traumjob. Dann kann es gut sein, dass Ihr erstes Interview schon heutzutage nicht von einer lebenden Person aus der Personalabteilung geführt wird, sondern via Videokonferenz von einem *Avatar*, also einem künstlich geschaffenen Wesen im Cyberspace.[13] Dem haben Sie natürlich bei der Rücksendung der netten Einladung zugestimmt. Die nette »Dame« (meistens sind es halt dann doch wieder »weibliche« Avatare, ähnlich wie bei den Sprachassistenten) stellt dann all die klassischen Fragen eines Bewerbungsgespräches: »Was war Ihre größte Herausforderung, was Ihre größte Niederlage, warum wollen Sie zu uns?« usw. Während Sie brav und gut vorbereitet antworten, läuft parallel eine Gesichtserkennungssoftware mit, die der Künstlichen Intelligenz hinter dem Avatar mitteilt, ob Sie hier und da »flunkern« oder gar maßlos übertreiben. Und auch zu dem Einsatz haben Sie selbstverständlich im Vorfeld Ihr Einverständnis gegeben. Also versuchen Sie erst gar nicht erst, zu flunkern oder etwaige Lücken oder Brüche im Lebenslauf zu verbergen, vollkommen zwecklos! Ebenfalls hat die schlaue Software, um sich selbst für das Gespräch vorzubereiten, ihre »Beziehungen« im Netz spielen lassen und mittels Bild- und gezielter Datenanalyse nach Ihrem digitalen Profil Ausschau gehalten. Sprich: alles eingesammelt und ausgewertet, was im Netz über Sie zu finden ist, inklusive all der Partys an der Isar etc. ... Hmm ... das muss ja nicht alles negativ sein, aber sind Sie sicher, dass all das, was sie da so leichtfertig gepostet haben, auch auf dem Tisch einer Personalabteilung liegen soll? Daher mein mahnender Hinweis am Anfang!

Auf der anderen Seite muss man aber auch festhalten, dass beileibe nicht alle menschlichen Interviewer wirklich objektiv sind in ihrer Urteilskraft. Sind halt auch nur Menschen mit Erinnerungen und Abneigungen, und (noch?) keine KI, die nur das tut, was man ihr vorher gesagt hat.

Nichtsdestotrotz wäre ich einfach generell vorsichtig, was ich wo mit wem teile. Einmal kurz innehalten, bevor ich das Bild ins Universum des Internets hochlade. Und wenn Sie es noch vor sich haben: viel Erfolg bei der Bewerbung! Und nicht allzu sauer sein, wenn es nicht weiterging in die nächste Runde: KIs sind halt auch nur Menschen ☺.

- Es gibt Alternativen.

Die gute Nachricht ist auch: Zu vielen Internetdiensten und -angeboten, die Sie eventuell nutzen, gibt es, wenn Sie zusätzlich zu den genannten Maßnahmen noch etwas unternehmen wollen, Alternativen. Hier sind einige Beispiele:

Suchmaschinen:
Auch wenn Google sicherlich über einen hervorragenden Suchalgorithmus verfügt, mag der eine oder andere im WWW etwas unabhängiger von diesem »Quasi-Standard« auf die Suche gehen. Die Liste der Alternativen ist trotz eines enormen Marktanteils des US-Unternehmens in Deutschland recht lang, und die einzelnen Anbieter unterscheiden sich vom »Platzhirsch« vor allem durch den Sitz ihres Unternehmens, den Einsatz von Werbung sowie die Speicherung von Daten. Hier gibt es eine gute Übersicht und Beschreibung dazu: https://www.computerwoche. de/a/die-besten-google-alternativen,3545347 Ich persönlich nutze vorzugsweise *Startpage*, aber schauen Sie selbst nach, die Bedürfnisse sind ja verschieden.

Messenger-Dienste:
Laut Bitkom verwenden mehr als 80 Prozent aller Internetnutzer Whats-App als den bevorzugten Kommunikationsdienst auf ihrem Handy. Weltweit werden darüber täglich mehr als 65 Milliarden Nachrichten verschickt. Wenn Sie auf der Suche nach Alternativen für etwaige »vertrauensvollere« Nachrichten sind oder generell vorsichtig sind mit Facebook & Co, dann gibt es auch hier gute andere Angebote. Die Unterschiede liegen auch hier darin, wo die Server stehen, wann und wie welche Daten gespeichert werden, sowie in der Verschlüsselung Ihrer Kommunikation und ob auch Telefon- und Videoanrufe möglich sind. Hier ist ein guter Artikel und Überblick: http://www.general-anzeiger-bonn. de/news/digitale-welt/Diese-Messenger-Dienste-gelten-als-sicher-article3876331.html

Ich persönlich nutze auch WhatsApp (bin aber nicht auf Facebook zu finden) für die Kommunikation mit einigen Gruppen im privaten Umfeld. Für »persönlichere« Kommunikation habe ich zusätzlich Threema installiert. Denn es kommt ja auch immer darauf an, *was* Sie über die Leitung schicken und *was* Sie *wo* mit *wem* teilen wollen (denke, bevor du postest ☺).

Online-Shops:
Sie wollen online einkaufen, aber gleichzeitig nachhaltig handeln und auch kleinere, kreative Produzenten fördern? Dann habe ich etwas für Sie (siehe auch Kapitel 6 über Digitalisierung und Nachhaltigkeit):

Fairmondo (www.fairmondo.de)
Auf diesem Online-Handelsplatz, organisiert als Genossenschaft und mit mehr als 2000 Mitgliedern, finden Sie u. a. fair gehandelte und nachhaltige Produkte, aber auch die Möglichkeit, kostenlos Sachen zum Tausch, Leihen oder Verschenken anzubieten.

Avocadostore (www.avocadostore.de)
Noch stärker auf nachhaltige Waren ausgerichtet, findet man hier viele verschiedene Produkte, speziell im Segment Kleidung, die vom Produzenten nach zehn verschiedenen, von Avocado vorgegebenen Nachhaltigkeitskriterien bewertet und ausgewiesen werden können.

Kleiderkreisel (www.kleiderkreisel.de)
Auf der Suche nach Second-Hand-Handel online? Dann besuchen Sie doch mal diese Webseite. Und entscheiden Sie sich eventuell dafür, Ihren Kleiderschrank dann doch mal endlich auszumisten (weniger ist mehr ☺) und sich das eine oder andere Teil gebraucht zuzulegen. Schont die knappen Ressourcen auf unserem Planeten und vermeidet weiteren Müll. Cooles Konzept mit über 21 Millionen Mitgliedern weltweit.

- Ein Buch zum Thema Datenschutz lesen oder einen Film anschauen.

Es gibt zur Thematik Datenschutz viele sehr gute Bücher. Hier sind einige, die auch bei mir im Regal stehen und mir weitergeholfen haben:

> **!** *»Meine Daten gehören mir – Datenschutz im Alltag«;* Verbraucherzentrale 2010
> Auch wenn schon einige Jahre alt, immer noch sehr lesenswert, weil es viele prinzipielle Dinge in einfacher und klarer Form mit guten Beispielen anspricht. Die Verbraucherzentralen sind generell eine sehr gute Plattform, um sich über Datenschutz und aktuelle Themen diesbezüglich zu informieren.

> **!** *»Sie kennen dich! Sie haben dich! Sie steuern dich!«* Markus Morgenroth, 2016
> Wie der Titel schon vermuten lässt: ein kritisches Buch zu der Macht der Datensammler, auch mit guten Hinweisen für einen selbst.

> **!** *»Data for the People. Wie wir die Macht über unsere Daten zurückerobern«;* Andreas Weigend, 2017
> Ein Buch des ehemaligen Chefwissenschaftlers von Amazon mit gutem Einblick in die Welt der Daten und mit guten Vorschlägen für uns und auch die Unternehmer.

Lieber einen Film anschauen? Dann natürlich den Film »Snowden« von Star-Regisseur Oliver Stone aus dem Jahr 2016. Ich habe ihn mir mit meinem Sohn angeschaut. Sehr gut gemacht, und selbst wenn 25 Prozent »Filmaspekt« dabei sind, so werden Sie ganz bestimmt danach anders in die Welt schauen (und schnell einen Kurs machen ☺ bzw. sich die neueste Sicherheitssoftware auf den PC laden und natürlich die PC-Kamera abkleben)!

Danke

Dieses Buch wäre nicht entstanden ohne den entscheidenden Impuls von Claudia Lueg vom Patmos Verlag, die mich nach einem Vortrag, den ich über Künstliche Intelligenz gehalten hatte, ansprach und zum Schreiben motivierte. Ganz herzlichen Dank dafür! Auch allen anderen beteiligten Mitarbeitern und Partnern des Verlages, die mich durch Lektorat, Öffentlichkeitsarbeit etc. tatkräftig unterstütz(t)en, sei herzlichst gedankt.

Ein großes Dankeschön geht auch an Marita Härtel, die mir durch zahlreiche Diskussionen, intensives Zuhören und Korrekturlesen der ersten Entwürfe maßgeblich bei der Realisierung des Buchprojektes geholfen hat.

Der Hochschule für Philosophie und deren Lehrkräften danke ich sehr für eine exzellente Aus- und Weiterbildung im Bereich Ethik der Digitalisierung und deren philosophischer Aspekte. Sie hat mich in die Lage versetzt, zahlreiche (für mich) neue und spannende Facetten der digitalen Transformation zu erkennen und aus einem anderen Blickwinkel zu betrachten.

Und generell möchte ich mich bei allen Menschen bedanken, die immer an mich geglaubt und mich auf meinem Lebensweg begleitet haben.

München, im Juli 2019
Andreas Dohmen

Anmerkungen

Kapitel 1

1 Horx, Matthias: Das Megatrend-Prinzip. Wie die Welt von morgen entsteht. München 2011, Random House.

2 Hilbert, M. / Lopez, P.: The World's Technological Capacity to Store, Communicate, and Compute Information. Science April 2011 in: http://science.sciencemag.org/content/332/6025/60 (Stand: 4. 1. 2019).

3 Ebd.

4 Reek, F.: Jetzt werden Autos endgültig zu Smartphones auf Rädern. SZ Januar 2018 in: https://www.sueddeutsche.de/auto/ces-autos-so-einfach-wie-smartphones-1.3819366 (Stand: 4. 1. 2019).

5 Wagner, Patrick (ed.): Die Zukunft auf der Überholspur, 22. 6. 2018 in: https://de.statista.com/infografik/14385/wie-schnell-sich-erfindungen-verbreitet-haben/ (Stand: 4. 1. 2019).

6 Anzahl der monatlich aktiven Nutzer (MAU) von WeChat weltweit vom 2. Quartal 2011 bis zum 3. Quartal 2018 (in Millionen) in: https://de.statista.com/statistik/daten/studie/311381/umfrage/anzahl-der-monatlich-aktiven-nutzer-von-wechat-weltweit/ (Stand: 4. 1. 2019).

7 Deutsche Welle, Digitales Leben: AlphaGo besiegt Go-Weltmeister Lee Sedol im fünften Spiel, 13. 3. 2018 in: https://www.dw.com/de/alphago-besiegt-go-weltmeister-lee-sedol-im-f%C3%BCnf ten-spiel/a-19114055 (Stand: 4. 1. 2019).

8 Serafin, Sandro: Jugendliche surfen täglich 221 Minuten im Internet; in: https://www.promedienmagazin.de/paedagogik/2018/01/22/jugendliche-surfen-taeglich-221-minuten-im-internet/ (Stand: 4. 1. 2019).

9 Seminare von Digital Detox in: http://www.thedigitaldetox.de/seminare.html (Stand: 4. 1. 2019).

10 12 Milliarden Transistoren in einer CPU, Wallstreet Online, 12. 1. 2018 in: https://www.wallstreet-online.de/nachricht/10195895-12-milliardentransistoren-cpu/all (Stand: 10. 6. 2019).

11 Griffiths, David: Einführung in die Physik des 20. Jahrhunderts: Relativitätstheorie, Quantenmechanik, Elementarteilchenphysik und Kosmologie (Pearson Studium – Physik), Pearson Deutschland, 2015:

12 Jäger, Lars: Die zweite Quantenrevolution: Vom Spuk im Mikrokosmos zu neuen Supertechnologien; Berlin Springer Nature 2018:

13 DPA-Mitteilung: Forscher bauen europäischen Quantencomputer, Oktober 2018 in: https://www.zeit.de/news/2018-10/29/forscher-bauen-europaeischen-quantencomputer-181029-99-575927 (Stand: 4. 1. 2019):

14 Human Brain Project: https://www.humanbrainproject.eu/en/ (Stand: 4. 1. 2019).

15 Pressemitteilung Nr. 23/2018 Uni Heidelberg, 19. 02. 2018: Intel sowie Forscher aus Heidelberg und Dresden stellen drei neuartige neuromorphe Chips vor: https://www.uni-heidelberg.de/presse/news2018/pm20180219_computer_lernen_das_lernen.html (Stand: 4. 1. 2019).

16 Beck, Henning / Anastasiadou, Sofia: Faszinierendes Gehirn: Eine bebilderte Reise in die Welt der Nervenzellen; Springer Verlag 2017.

17 Löfken, Jan Oliver: Fehlerfreier Datenspeicher aus DNA-Molekülen; 2. 03. 2017 in: https://www.weltderphysik.de/gebiet/technik/news/2017/fehlerfreier-datenspeicher-aus-dna-molekuelen/ (Stand: 4. 1. 2019).

18 Sauter, Marc: Ministerpräsident Söder nimmt Supercomputer in Betrieb, September 2018 in: https://www.golem.de/news/supermuc-ng-ministerpraesident-soeder-nimmt-supercomputer-in-betrieb-1809-136779.html

19 Informationszentrum Mobilfunk: Wissenswertes zu 5G; in: http://www.informationszentrum-mobilfunk.de/technik/funktionsweise/5g (Stand: 4.1.2019).

20 Handelsblatt in: https://www.handelsblatt.com/technik/it-internet/mobilfunk-die-5g-frequenzen-sind-verteilt-was-jetzt-auf-verbraucher-zukommt/24456272.html?ticket=ST-490179-mZlc4ubugWCRJjBh9H4C-ap1 (Stand: 15.06.2019)

21 Capital in: https://www.capital.de/wirtschaft-politik/western-von-gestern-umts-lizenzen (Stand: 15.6.2019).

22 Google Books in: https://www.golem.de/specials/google-books/ (Stand: 4.1.2019).

23 Floridi, Luciano: Die 4. Revolution: Wie die Infosphäre unser Leben verändert, Suhrkamp, Berlin 2015.

24 https://www.tagesspiegel.de/weltspiegel/sonntag/25-jahre-www-wie-tim-berners-lee-das-web-erfand/13946806.html (Stand: 15.1.2019).

25 https://wearesocial.com/de/blog/2018/01/global-digital-report-2018 (Stand: 15.1.2019).

26 Manhart, Klaus: Eine kleine Geschichte der KI, Computerwoche, Januar 2018 in: https://www.computerwoche.de/a/eine-kleine-geschichte-der-kuenstlichen-intelligenz,3330537,5 (Stand: 6.7.2019).

27 Honey, Christian: Die Suche nach dem Babelfisch; ZEIT Online, September 2016 in: https://www.zeit.de/digital/internet/2016-08/kuenstliche-intelligenz-geschichte-neuronale-netze-deep-learning (Stand: 4.1.2019).

28 Inf-Schule: Auf den Spuren von Alan Turing; in: https://www.inf-schule.de/grenzen/berechenbarkeit/turingmaschine/station_turing (Stand: 4.1.2019).

29 Armbruster, Alexander: Aufstieg der Computer-Gehirne, FAZ Januar 2017 in: http://www.faz.net/aktuell/wirtschaft/netzwirtschaft/kuenstliche-intelligenz-aufstieg-der-computer-gehirne-14629813.html (Stand: 4.1.2019).

30 Weizenbaum, Joseph: Die Macht der Computer, Suhrkamp, Frankfurt/M. 1978.

31 Fischer, Johannes: Als Deep Blue das Genie Garri Kasparow schlug, FAZ Online, März 2016 in: https://blog.zeit.de/schach/als-deep-blue-das-genie-garry-kasparow-schlug/ (Stand: 4.1.2019).

32 Weber, Christian: Computer spielt Go gegen sich selbst – und wird unschlagbar, SZ Oktober 2017 in: https://www.sueddeutsche.de/digital/kuenstliche-intelligenz-champion-aus-dem-nichts-1.3713570 (Stand: 4.1.2019).

33 Klöhn, Arved: Libratus Poker Bot vernichtet menschliche Gegner – Der Anfang vom Ende?, Pokerolymp, Januar 2017 in: https://www.pokerolymp.com/liberatus-poker-bot-vernichtet-menschliche-gegner-der-anfang-vom-ende (Stand: 4.1.2019).

34 Mainzer, Klaus: Die Berechnung der Welt; C. H. Beck Verlag, München 2015.

35 Google: https://de.slideshare.net/EnzoGiannone/google-201213 (Stand: 4.1.2019).

36 Smith, Kit: Facebook in Zahlen: 47 interessante Statistiken; Brandwatch Juni 2018 in: https://www.brandwatch.com/de/blog/facebook-statistiken/ (Stand: 4.1.2019).

37 Müller, Joachim: Autos produzieren immer mehr Daten – mit dem richtigen Rahmen überwiegen die Chancen; Focus Online Februar 2017 in: https://www.focus.de/finanzen/experten/autonomes-fahren-bei-einem-treuhaender-waeren-die-daten-von-vernetzen-autos-in-guten-haenden_id_6640118.html (Stand: 4.1.2019).

38 Smith, Kit: 44 interessante Twitter-Statistiken, Brandwatch Juni 2018 in: https://www.brandwatch.com/de/blog/twitter-statistiken/ (Stand: 4.1.2019).

39 Kroker, Michael: Big Data: 2,5 Trillionen Byte Daten jeden Tag, wächst vier Mal schneller als Weltwirtschaft, Wirtschaftswoche, April 2015 in: http://blog.wiwo.de/look-at-it/2015/04/22/big-data-25-trillionen-byte-daten-jeden-tag-wachst-vier-mal-schneller-als-weltwirtschaft/ (Stand: 4.1.2019).

40 Ebd.

41 Datenwissenschaft Studium: https://www.studycheck.de/studium/datenwissenschaft (Stand: 4. 1. 2019).

42 Stoop, Wim: Die 5 größten Einflussbereiche des Internets der Dinge, IoT Januar 2018 in: https://www.industry-of-things.de/die-5-groessten-einflussbereiche-des-internets-der-dinge-a-673411/ (Stand: 4. 1. 2019).

43 Sieben Beispiele für AR-Marketing in: https://omnia360.de/blog/7-beispiele-fuer-augmented-reality-marketing/ (Stand: 15. 6. 2019).

44 n-tv: US-Militär setzt Microsofts Hololens auf; November 2018 in: https://www.n-tv.de/technik/US-Militaer-setzt-Microsofts-Hololens-auf-article20748410.html

45 Kletschke, Thomas: Markt für AR und VR wächst bis 2021 auf 215 Milliarden Dollar; November 2017 in: https://invidis.de/2017/08/studie-markt-fuer-ar-und-vr-waechst-bis-2021-auf-215-milliarden-dollar/ (Stand: 4. 1. 2019).

46 futurezone: Smarte Kontaktlinsen für medizinische Anwendungen könnten bald marktreif sein, Januar 2018 in: https://www.futurezone.de/science/article213225185/Smarte-Kontaktlinsen-fuer-medizinische-Anwendungen-koennten-bald-marktreif-sein.html (Stand: 4. 1. 2019).

47 von Gehlen, Dirk: Mehr Laptop-Trainer, bitte! SZ, Mai 2018 in: https://www.sueddeutsche.de/kultur/big-data-im-fussball-mehr-laptop-trainer-bitte-1.3970743 (Stand: 4. 1. 2019).

48 Dahlmann, Don: Welche Sensoren gibt es im Auto – und wofür sind sie da? NGIN Mobility, April 2017 in: https://ngin-mobility.com/artikel/welche-sensoren-gibt-es-im-auto-und-wofuer-sind-sie-da/ (Stand: 4. 1. 2019).

49 Fraunhofer Magazin: Denkende Maschinen; weiter.vorn 1/2017 in: https://www.fraunhofer.de/content/dam/zv/de/publikationen/Magazin/2017/weiter_vorn_1_2017-denkende-maschinen.pdf

50 Krämer, Andreas: Volkswagen Werkzeugbau eröffnet sein neues 3D-Druck-Zentrum; 3D-grenzenlos Magazin, Oktober 2018 in: https://www.3d-grenzenlos.de/magazin/kurznachrichten/volkswagen-werkzeugbau-eroeffnet-sein-neues-3d-druck-zentrum-27467523/ (Stand: 4. 1. 2019).

51 Ebd.: US-Startup ICON plant Häuser mit 3D-Drucker in weniger als 24 Stunden zu errichten – für 4000 US-Dollar; März 2018 in: https://www.3d-grenzenlos.de/magazin/zukunft-visionen/icon-baut-haus-mit-3d-drucker-unter-24-stunden-27365293/ (Stand: 4. 1. 2019).

52 Haas, Michaela: Druck mir bitte eine neue Leber; SZ April 2018 in: https://sz-magazin.sueddeutsche.de/die-loesung-fuer-alles/druck-mir-bitte-eine-neue-leber-85609 (Stand: 10. 7. 2019).

53 FabLab München in: https://www.fablab-muenchen.de/ueber-uns/fakten/ (Stand: 4. 1. 2019).

54 Statista: Geschätzter Umsatz der 3D-Druckindustrie weltweit im Jahr 2014 und Prognose für die Jahre 2016 und 2020 (in Milliarden US-Dollar; in: https://de.statista.com/statistik/daten/studie/388698/umfrage/umsatz-der-3d-druckindustrie-weltweit/ (Stand: 4. 1. 2019).

55 Meinecke, Christian: Mehr als jedes vierte Industrieunternehmen setzt auf 3D-Druck; Juni 2018 in: https://www.bitkom.org/Presse/Presseinformation/Mehr-als-jedes-vierte-Industrieunternehmen-setzt-auf-3D-Druck.html (Stand: 4. 1. 2019).

56 Rauner, Max: Die Pi-mal-Daumen-Studie, Zeit Online, März 2017 in: https://www.zeit.de/2017/11/kuenstliche-intelligenz-arbeitsmarkt-jobs-roboter-arbeitsplaetze (Stand: 4. 1. 2019).

57 Hägler, Max: Siemens-Chef plädiert für ein Grundeinkommen, SZ November 2016 in: https://www.sueddeutsche.de/wirtschaft/sz-wirtschaftsgipfel-siemens-chef-plaediert-fuer-ein-grundeinkommen-1.3257958 (Stand: 4. 1. 2019).

58 Postinett, Axel: Die Robo-Anwälte kommen, Handelsblatt, Mai 2016 in: https://www.handelsblatt.com/unternehmen/beruf-und-buero/buero-special/kuenstliche-intelligenz-die-robo-anwaelte-kommen/13601888.html?ticket=ST-2735902-WOjAuxR9cCZdJbrH1Y4c-ap1 (Stand: 4. 1. 2019).

59 Ebd.

60 Krassnitzer, Michael: KI blickt tief in den Tumor hinein, healtcare-in-europe.com Mai 2018 in: https://healthcare-in-europe.com/de/news/ki-blickt-tief-in-den-tumor-hinein.html

61 Grzanna, Marcel: Robo was? SZ, Digitale Wirtschaft September 2018 in: https://www.sueddeut sche.de/wirtschaft/robo-advisor-robo-was-1.4144670 (Stand: 4. 1. 2019).

62 Krämer, Benjamin: Google programmiert KI, die KIs entwickeln soll – weil es kaum Fachkräfte gibt, Netz.de November 2017 in: https://www.netz.de/trends/news/google-programmiert-ki-die-kis-entwickeln-soll-weil-es-kaum-fachkraefte-gibt (Stand: 4. 1. 2019).

63 Datenbanken verstehen, in: http://www.datenbanken-verstehen.de/business-intelligence/busi ness-intelligence-grundlagen/nutzergruppen/bi-spezialisten/data-steward/ (Stand: 4. 1. 2019).

64 Pereira, Isabel: 14 typische Aufgaben eines Feel Good Managers: Mehr als Kuscheln & Fun, Best of HR, Mai 2015 in: https://berufebilder.de/14-typische-aufgaben-managers-kuscheln/

65 Grundeinkommen. Nach der Abstimmung ist vor der Abstimmung: https://www.grundeinkom men.ch/ (Stand: 4. 1. 2019).

66 Dobberstein, Baukje: Grundeinkommen in Finnland; Netzwerk Grundeinkommen September 2018 in: https://www.grundeinkommen.de/08/09/2018/grundeinkommen-in-finnland-2.html (Stand: 4. 1. 2019).

67 Lakemeyer, Gerhard: Künstliche Intelligenz, Konrad-Adenauer-Stiftung Analysen & Argumente, Ausgabe 261, Juni 2017 in: https://www.kas.de/c/document_library/get_file?uuid=be57db11-1f3f-1a53-cf4e-bbe9f90fd9e1&groupId=252038 (Stand: 4. 1. 2019).

68 HR-Report 2017: Schwerpunkt Kompetenzen für eine digitale Welt, in: https://www.hays.de/documents/10192/118775/Hays-Studie-HR-Report-2017.pdf/ (Stand: 4. 1. 2019).

69 Fast jeder Dritte bricht sein Studium ab, FAZ Juni 2017 in: http://www.faz.net/aktuell/politik/inland/neue-studie-zahl-der-studienabbrecher-steigt-an-15042502.html (Stand: 4. 1. 2019).

70 Leberecht, Tim: Die Antwort auf die Digitalisierung? Deutsches Handwerk! t3n, März 2018 in: https://t3n.de/news/digitalisierung-handwerk-992776/2/ (Stand: 4. 1. 2019).

71 Frese, Alexander: Rechenzentrums-Boom in Deutschland durch EU-Datenschutz, Mai 2018 in: https://www.funkschau.de/datacenter/artikel/153223/ (Stand: 4. 1. 2019).

72 Wikipedia, League of Legends: https://de.wikipedia.org/wiki/League_of_Legends (Stand: 4. 1. 2019).

73 Sport1 FIFA 19: VBL bekommt Klub-Turnier, Oktober 2018 in: https://www.sport1.de/esports/fifa/2018/10/fifa-19-esports-dfl-startet-vbl-club-championship-im-januar (Stand: 4. 1. 2019).

74 May, Marie-Julie: »Eine Milliarde eSports-Fans – da hat es bei mir Klick gemacht«, WELT März 2018 in: https://www.welt.de/sport/article174361393/Wachstumsmarkt-Eine-Milliarde-eSports-Fans-da-hat-es-bei-mir-Klick-gemacht.html

75 Meurer, Dietrich Karl: Wenn Gaming süchtig macht, Deutschlandfunk Juni 2018 in: https://www.deutschlandfunk.de/who-erkennt-online-spielsucht-an-wenn-gaming-suechtig-macht.1773.de.html?dram:article_id=420612 (Stand: 4. 1. 2019).

76 Game Design-Studium: Alle Infos; in: https://www.meineuni.de/studium/game-design/ (Stand: 4. 1. 2019).

77 Wikipedia Bitcoin: https://de.wikipedia.org/wiki/Bitcoin (Stand: 4. 1. 2019).

78 Facebooks neue Währung, Manager Magazin, Juni 2019 in: https://www.manager-magazin.de/finanzen/artikel/bitcoin-facebook-kryptowaehrung-libra-eine-konkurrenz-fuer-bitcoin-a-1272436.html (Stand: 15. 6. 2019).

79 Handelsblatt, 2017 in: https://www.handelsblatt.com/finanzen/maerkte/devisen-rohstoffe/selbstversuch-es-musste-ja-so-kommen/19864446-3.html (Stand: 4. 1. 2019).

80 t3n: Bitmain aus China: Die heimliche Milliardenmacht hinter Bitcoin, August 2018 in: https://t3n.de/news/bitmain-aus-china-die-heimliche-milliardenmacht-hinter-bitcoin-1098448/ (Stand: 4. 1. 2019).

81 Spiegel Online: Bitcoin-Schürfer verbrauchen mehr Strom als ganz Dänemark; November 2018 in: http://www.spiegel.de/wirtschaft/unternehmen/bitcoin-schuerfer-verbrauchen-mehr-strom-als-ganz-daenemark-a-1236988.html (Stand: 4. 1. 2019).

82 Fischermann, Thomas: Eine Kryptowährung »stark wie Superman«, Spiegel Online Februar 2018 in: https://www.zeit.de/wirtschaft/2018-02/venezuela-kryptowaehrung-petro-nicolas-maduro (Stand: 4. 1. 2019).

83 Crypto-Magazin: Kryptowährungen – In diesen Ländern sind sie verboten; April 2018 in: https://www.crypto-magazin.com/kryptowaehrungen-in-diesen-laendern-sind-sie-verboten-1321223/ (Stand: 4. 1. 2019).

84 Ott, Stefanie: Starökonom Roubini schießt gegen Kryptowährungen – »Die Mutter aller Betrügereien«, Handelsblatt, Oktober 2018 in: https://www.handelsblatt.com/finanzen/maerkte/devisen-rohstoffe/bitcoin-und-co-staroekonom-roubini-schiesst-gegen-kryptowaehrungen-die-mutter-aller-betruegereien/23178166.html (Stand: 4. 1. 2019).

85 Bundesregierung plant digitale Wertpapiere, März 2019 in: https://www.n-tv.de/wirtschaft/Bundesregierung-plant-digitale-Wertpapiere-article20896561.html (Stand: 11. 3. 2019).

86 Brühl, Jannis: Wie Konzerne und Staaten das Netz in Stücke reißen, SZ Oktober 2018 in: https://www.sueddeutsche.de/digital/splitternetz-wie-konzerne-und-staaten-das-netz-in-stuecke-reissen-1.4187003 (Stand: 4. 1. 2019).

87 Coinfox: World Economic Forum Survey: 10% of global GDP may be stored with blockchain technology by 2027, September 2015 in: http://www.coinfox.info/news/3184-world-economic-forum-survey-10-of-global-gdp-may-be-stored-with-blockchain-technology-by-2027 (Stand: 4. 1. 2019).

88 Deutscher Bundestag: Experten warnen trotz großer Chancen vor einem Blockchain-Hype; November 2018 in: https://www.btc-echo.de/blockchain-anhoerung-im-bundestag-es-braucht-einen-marshallplan/ (Stand: 4. 1. 2019).

89 dpa: Strecke für autonomen Elektrobus in Bad Birnbach erweitert; August 2018 in: https://www.heise.de/newsticker/meldung/Strecke-fuer-autonomen-Elektrobus-in-Bad-Birnbach-erweitert-4145750.html (Stand: 4. 1. 2019).

90 Redaktion Vision Mobility: Automatisierung: HHLA und MAN erproben autonomen Lkw; Oktober 2018 in: https://www.vision-mobility.de/de/news/automatisierung-hhla-und-man-erproben-autonomen-lkw-2204.html

91 Holzhammer, Andreas, agrarheute: Fahrerlos: Diese Traktoren arbeiten autonom; April 2018 in: https://www.agrarheute.com/technik/traktoren/fahrerlos-diese-traktoren-arbeiten-autonom-527874 (Stand: 4. 1. 2019).

92 Voss, Oliver: Fliegende Autos werden Realität; TAZ März 2018 in: https://www.tagesspiegel.de/wirtschaft/mobilitaet-fliegende-autos-werden-realitaet/20932396.html (Stand: 4. 1. 2019).

93 Statista: Prognose des Marktpotenzials für zivile Drohnen weltweit in: https://de.statista.com/statistik/daten/studie/660354/umfrage/marktpotenzial-fuer-zivile-drohnen-weltweit-nach-branchen/ (Stand: 4. 1. 2019).

Kapitel 2

1 Gabler Wirtschaftslexikon: Hidden Champions in: https://wirtschaftslexikon.gabler.de/definition/hidden-champions-54015 (Stand: 4. 1. 2019).

2 Reuters/Manager Magazin: Deutschland erzielt den weltgrößten Überschuss; August 2018 in: http://www.manager-magazin.de/politik/weltwirtschaft/handelsbilanz-deutschland-laut-ifo-mit-weltgroesstem-ueberschuss-a-1224016.html (Stand: 4. 1. 2019).

3 Anzahl der Erwerbstätigen im Dienstleistungsbereich: https://de.statista.com/statistik/daten/studie/1248/umfrage/anzahl-der-erwerbstaetigen-in-deutschland-nach-wirtschaftsbereichen/ (Stand: 15. 6. 2019).

4 Anteil an der Bruttowertschöpfung 2018: https://de.statista.com/statistik/daten/studie/255082/umfrage/struktur-des-bruttoinlandsprodukts-in-deutschland/ (Stand: 15. 6. 2019).

5 Global Innovation Index 2018 in: https://www.globalinnovationindex.org/gii-2018-report (Stand: 4. 1. 2019).

6 BDI: Innovationsindikator 2018: Deutschland liegt deutlich hinter Spitzenreitern; Dezember 2018 in: https://bdi.eu/#/artikel/news/innovationsindikator-2018-deutschland-liegt-deutlich-hinter-spitzenreitern/ (Stand: 4. 1. 2019).

7 Die MINT Lücke wird größer: IWD, Oktober 2018 in: https://www.iwd.de/artikel/die-mint-luecke-wird-groesser-411427/ (Stand: 15. 6. 2018).

8 DigitalEngineeringMagazin: Hannover Messe: Siemens präsentiert Umsetzung der Digitalisierung, März 2018 in: https://www.digital-engineering-magazin.de/hannover-messe-siemens-praesentiert-umsetzung-der-digitalisierung (Stand: 6. 7. 2019).

9 t3n: Ihr könnt über die Digitalisierung deutscher Konzerne jammern – oder euch Bosch ansehen, Juli 2018 in: https://t3n.de/magazin/digitale-transformation-bosch-246448/ (Stand: 5. 7. 2019).

10 Buchreport: Die größten Buchhändler 2017/18; in: https://www.buchreport.de/2018/02/23/die-groessten-buchhaendler-2017-18/ (Stand: 4. 1. 2019).

11 Apple: iTunes weltweit größter Musikanbieter, 10. 9. 2008 in: https://derstandard.at/1220457785208/Apple-iTunes-weltweit-groesster-Musikanbieter (Stand: 4. 1. 2019).

12 Handelsblatt: Fahrdienstleister vermittelte 2017 vier Milliarden Fahrten; Januar 2018 in: https://www.handelsblatt.com/unternehmen/handel-konsumgueter/uber-fahrdienstleister-vermittelte-2017-vier-milliarden-fahrten/20819810.html?ticket=ST-441593-sHXCXAKwlcDOxnCuiz6B-ap1 (Stand: 4. 1. 2019).

13 Statistiken zu Airbnb, in: https://de.statista.com/themen/2747/airbnb/ (Stand: 4. 1. 2019).

14 Statistiken zu Internetfirmen in: https://de.statista.com/statistik/daten/studie/217485/umfrage/marktwert-der-groessten-internet-firmen-weltweit/ (Stand: 4. 1. 2019).

15 Rohwetter, Marcus: Viel Gewinn, wenig Steuern. Wie kann der Fiskus Apple und Google zur Kasse bitten? ZEIT September 2017 in: https://www.zeit.de/2017/38/google-apple-steuern-internetkonzerne-abgaben (Stand: 4. 1. 2019).

16 Ksienrzyk, Lisa: Neues Gesetz stellt Airbnb und Gastgeber vor große Probleme; Gründerszene Juli 2018 in: https://www.gruenderszene.de/perspektive/zweckentfremdung-airbnb-berlin (Stand: 4. 1. 2019).

17 Parker, Geoffrey: Die Plattform-Revolution. Von Airbnb, Uber, PayPal und Co. lernen: Wie neue Plattform-Geschäftsmodelle die Wirtschaft verändern. Frechen 2017.

18 Reuters/Manager Magazin: Gewinn von Google-Mutter Alphabet explodiert; April 2018 in: http://www.manager-magazin.de/digitales/it/alphabet-google-konzernmutter-steigert-gewinn-in-q1-1018-kraeftig-a-1204429.html (Stand: 4. 1. 2019).

19 Rondinella, Giuseppe: Wer kooperiert eigentlich mit wem? HORIZONT September 2017 in: https://www.horizont.net/tech/nachrichten/Selbstfahrende-Autos-Wer-kooperiert-eigentlich-mit-wem-161239 (Stand: 4. 1. 2019).

20 Rondinella, Giuseppe: Wie aus Volkswagen ein Mobilitätsanbieter werden soll; November 2018 in: https://www.horizont.net/tech/nachrichten/web-summit-wie-aus-volkswagen-ein-mobilitaetsanbieter-werden-soll-170907 (Stand: 4. 1. 2019).

21 Lemm, Karsten: Kartendienst »Here« Da! Spiegel Online; Oktober 2018 in: http://www.spiegel.de/netzwelt/gadgets/kartendienst-here-besser-werden-als-google-als-ziel-a-1234626.html (Stand: 4. 1. 2019).

22 Winterhagen, Johannes: Weniger Teile, weniger Arbeit, weniger Jobs? FAZ, Dezember 2016 in: http://www.faz.net/aktuell/technik-motor/motor/elektroautos-fordern-hersteller-und-zulieferer-heraus-14547766.html?printPagedArticle=true#pageIndex_0 (Stand: 4.1.2019).

23 Edwards, Jim: Vor 500 Jahren zerstörte China seine Marine, weil die Herrscher des Landes Angst vor Freihandel hatten; Business Insider März 2017 in: https://www.businessinsider.de/china-zerstoerte-vor-500-jahren-eigene-marine-2017-3 (Stand: 4.1.2019).

24 Münchrath / Hua / Scheuer: Pekings Digital-Plan – Wie China die Technologie-Vorherrschaft übernehmen will; Handelsblatt März 2018 in: https://www.handelsblatt.com/politik/internatio nal/auf-dem-weg-zur-internet-supermacht-pekings-digital-plan-wie-china-die-technologie-vorherrschaft-uebernehmen-will/21047452.html?ticket=ST-3412313-f2wKS2fAwbSYVX0D gJ69-ap1 (Stand: 4.1.2019).

25 Baidu in: https://www.golem.de/specials/baidu/ (Stand: 4.1.2019).

26 Tencent in: https://www.tencent.com/en-us/ (Stand: 4.1.2019).

27 EY Pressemitteilungen: Chinesen geben Rekordsumme für deutsche Unternehmen aus; Januar 2018 in: https://www.ey.com/de/de/newsroom/news-releases/ey-20180124-chinesen-geben-rekordsumme-fuer-deutsche-unternehmen-aus (Stand: 4.1.2019).

28 Kommt der Digitalpakt für Schulen wirklich? Märkische Allgemeine, Oktober 2018 in: http://www.maz-online.de/Nachrichten/Politik/Kommt-der-Digitalpakt-fuer-Schulen-wirklich-Streit-ueber-das-Kooperationsverbot (Stand: 9.7.2019).

29 Dorloff, Axel: Das Social Scoring System, Deutschlandfunk April 2018 in: https://www.deutsch landfunkkultur.de/vertrauensbildung-auf-chinesisch-das-social-scoring-system.1264.de. html?dram:article_id=415543 (Stand: 4.1.2019).

30 DESI in: https://ec.europa.eu/digital-single-market/en/desi (Stand: 15.6.2019).

31 Florian Gehm: »Bitte erwürgen Sie nicht jede Innovation von Beginn an«, Die Welt 19.2.2019 in: Gehmhttps://www.welt.de/wirtschaft/article189066831/Digitalisierung-Buerger-fuerchten-um-den-Standort-Deutschland.html (Stand: 15.6.2019).

32 European Commission: Germany, in: https://ec.europa.eu/digital-single-market/en/scoreboard/ germany (Stand: 15.6.2019).

33 BMAS: Weißbuch Arbeit 4.0, November 2016 in: https://www.bmas.de/DE/Service/Medien/ Publikationen/a883-weissbuch.html (Stand: 4.1.2019).

34 Bundesregierung: Der Koalitionsvertrag vom 14. März 2018, in: https://www.bundesregierung. de/breg-de/bundesregierung/koalitionsvertrag-vom-14-maerz-2018-975210 (Stand: 4.1.2019).

35 Schmidt, Holger: »Digitale Strategie 2025«: Sigmar Gabriels Masterplan für ein digitales Deutsch-land, März 2016 in: https://www.netzoekonom.de/2016/03/14/digitale-strategie-2025-sigmar-gabriels-masterplan-fuer-ein-digitales-deutschland/ (Stand: 4.1.2019).

36 Knop, Karsten: Der Digitalrat gibt Rätsel auf, FAZ August 2018 in: https://www.faz.net/ aktuell/wirtschaft/diginomics/der-digitalrat-gibt-der-branche-raetsel-auf-15759412.html (Stand: 4.1.2019).

37 ZEIT Online: Bundesländer stoppen Grundgesetzänderung; Dezember 2018 in: https://www. zeit.de/politik/deutschland/2018-12/digitalpakt-bundeslaender-stoppen-grundgesetzaende rung (Stand: 4.1.2019).

38 Bundesregierung: Strategie Künstliche Intelligenz der Bundesregierung, November 2018 in: https://www.bmbf.de/files/Nationale_KI-Strategie.pdf (Stand: 4.1.2019).

39 5 Milliarden für die Schulen, SZ Oktober 2016 in: https://www.sueddeutsche.de/bildung/ schule-wanka-will-digitale-bildung-an-schulen-mit-fuenf-milliarden-foerdern-1.3202332 (Stand: 15.6.2019).

40 Digitalpakt, in: https://www.dw.com/de/digitalpakt-deutschland-auf-dem-weg-zum-einheits staat/a-47828964 (Stand: 15.6.2019).

41 Digitalpakt, Handelsblatt Juni 2019 in: https://www.handelsblatt.com/technik/thespark/digitali sierung-der-schulen-digitalpakt-lehrer-befuerchten-milliarden-verschwendung-/24443618. html?ticket=ST-527867-jZhHK9dSOwLl5DfTSjwk-ap1 (Stand: 15. 6. 2019).

42 Sietmann, Richard: »Breitbandgipfel« im Bundeswirtschaftsministerium; Heise Online März 2003 in: https://www.heise.de/newsticker/meldung/Breitbandgipfel-im-Bundeswirtschaftsmi nisterium-80001.html (Stand: 4. 1. 2019).

43 Deutsche Breitbandinitiative in: https://initiatived21.de/arbeitsgruppen/deutsche-breitband initiative/ (Stand: 4. 1. 2019).

44 Internetgeschwindigkeit: Deutschland auf Platz 31, it-daily Mai 2019 in: https://www.it-daily.net/ analysen/16102-internet-geschwindigkeit-weltweit-deutschland-auf-platz-25 (Stand: 15. 06. 2019)

45 Warum Deutschland hinterherhinkt, Tageschau.de März 2019 in: https://www.tagesschau.de/ inland/internet-breitband-101.html (Stand: 15. 6. 2019).

46 Anteil der Glasfaseranschlüsse im OECD Vergleich, Statista in: https://de.statista.com/statistik/ daten/studie/415799/umfrage/anteil-von-glasfaseranschluessen-an-allen-breitbandanschluessen- in-oecd-staaten/ (Stand: 15. 6. 2019).

47 https://www.faz.net/aktuell/wirtschaft/diginomics/foerderung-fuer-schnelles-internet-wird- kaum-abgerufen-15634938.html

48 https://www.zdf.de/nachrichten/heute/25-milliarden-euro-gelder-liegen-ungenutzt-beim- bund-100.html

49 https://www.handelsblatt.com/politik/deutschland/mobilfunk-neuer-plan-zum-netzausbau- so-will-der-staat-die-funkloecher-schliessen/24452700.html

50 Ludwig, Kristiana: Die elektronische Gesundheitskarte bleibt; SZ Mai 2018 in: https:// www.sueddeutsche.de/wirtschaft/digitalisierung-die-elektronische-gesundheitskarte- bleibt-1.3978793

51 dpa/Heise online: Volkswagen will ab 2019 Software-Entwickler selbst ausbilden; September 2018 in: https://www.heise.de/newsticker/meldung/Volkswagen-will-ab-2019-Software-Entwickler- selbst-ausbilden-4171294.html

52 BMWE: Strategie Künstliche Intelligenz der Bundesregierung; November 2018 in: https://www. de.digital/DIGITAL/Redaktion/DE/Standardartikel/strategie-kuenstliche-intelligenz-der- bundesregierung.html (Stand: 4. 1. 2019).

53 Was Europa von Chinas KI-Strategie lernen kann und was nicht, Handelsblatt Januar 2019 in: https://www.handelsblatt.com/meinung/gastbeitraege/essay-was-europa-von-chinas-ki- strategie-lernen-kann-und-was-nicht/23867670.html (Stand: 15. 1. 2019).

54 Firlus, Thomas: »Europa kann Rückstand bei Digitalisierung aufholen«; Wirtschaftswoche Sep tember 2018 in: https://www.wiwo.de/unternehmen/dienstleister/jose-manuel-barroso-europa- kann-rueckstand-bei-digitalisierung-aufholen/23009298.html (Stand: 4. 1. 2019).

55 EU: Künstliche Intelligenz, Dezember 2018 in: https://ec.europa.eu/commission/news/artificial- intelligence-2018-dec-07_de (Stand: 15. 6. 2019).

56 Knop, Karsten: Der Digitalrat gibt Rätsel auf, FAZ August 2018 in: https://www.faz.net/aktuell/wirt schaft/diginomics/der-digitalrat-gibt-der-branche-raetsel-auf-15759412.html (Stand: 4. 1. 2019).

57 Cisco: So digital ist Deutschland; Studie August 2018 in: https://www.cisco.com/c/de_de/solutions/ digital-transformation/digitalisierung-deutschland-2018-report/index.html (Stand: 4. 1. 2019).

58 Statista: Anzahl der Internetnutzer in Deutschland in den Jahren 1997 bis 2018 (in Millionen), in: https://de.statista.com/statistik/daten/studie/36146/umfrage/anzahl-der-internetnutzer-in- deutschland-seit-1997/ (Stand: 4. 1. 2019).

59 Statista: Verteilung der Internetnutzer nach Altersgruppen in Deutschland im November 2018; in: https://de.statista.com/statistik/daten/studie/72312/umfrage/altersverteilung-der-internet- nutzer-in-deutschland/ (Stand: 4. 1. 2019).

60 Bitkom: Jeder Fünfte shoppt mehrmals pro Woche online, Februar 2018 in: https://www.bitkom. org/Presse/Presseinformation/Jeder-Fuenfte-shoppt-mehrmals-pro-Woche-online.html (Stand: 4.1.2019).

61 Statista: B2C-E-Commerce: Ranking der Top100 größten Online-Shops nach Umsatz in Deutschland im Jahr 2017 (in Millionen Euro), in: https://de.statista.com/statistik/daten/studie/170530/umfrage/umsatz-der-groessten-online-shops-in-deutschland/ (Stand: 4.1.2019).

62 Statista: Anteil Personen in ausgewählten Ländern in Europa, die in den vergangenen zwölf Monaten online bestellte Waren zurückgesendet haben im Jahr 2018, in: https://de.statista.com/statistik/daten/studie/652514/umfrage/anteil-der-retouren-bei-online-kaeufen-in-ausgewaehlten-laendern-europas/ (Stand: 4.1.2019).

63 Wirtschaftswoche: Die Folgen des Retouren-Wahnsinns im Online-Handel, Juni 2018 in: https://www.wiwo.de/unternehmen/handel/neuware-auf-den-muell-die-folgen-des-retouren-wahnsinns-im-online-handel/22696156.html (Stand: 4.1.2019).

64 Rohleder, Bernhard: Social Media Trends 2018, Bitkom Februar 2018 in: https://www.bitkom. org/sites/default/files/pdf/Presse/Anhaenge-an-PIs/2018/180227-Bitkom-PK-Charts-Social-Media-Trends-2.pdf (Stand: 4.1.2019).

65 Deutscher Start Up Monitor, Oktober 2018 in: https://deutscherstartupmonitor.de/dsm/dsm-18 (Stand: 4.1.2019).

66 Rocket Internet, SZ: https://www.sueddeutsche.de/thema/Rocket_Internet (Stand: 4.1.2019).

67 EY Start Up Monitor 2019, Januar 2019 in: https://www.ey.com/Publication/vwLUAssets/ey-start-up-barometer-deutschland-januar-2019/%24FILE/ey-start-up-barometer-deutschland-januar-2019.pdf

68 VC-Magazin: Höheres Investitionsvolumen 2017: 12 Mrd. USD für Europas Start-ups; Mai 2018 in: https://www.vc-magazin.de/news/hoeheres-investitionsvolumen-2017-12-mrd-usd-fuer-europas-start-ups/ (Stand: 4.1.2019).

69 Haaretz: Israeli Startups Raised Record €3.2 Billion in First Half of 2018; Juli 2018 in: https://www.haaretz.com/israel-news/business/israeli-startups-raised-record-3-2-billion-in-first-half-of-2018-1.6312860 (Stand: 4.1.2019).

70 Köln Start Up in: http://startupregion.koeln/startups.html (Stand: 4.1.2019).

71 DS Deutsche Startups: Startup-Lotse Hamburg, in: https://www.deutsche-startups.de/startup-lotse-hamburg/ (Stand: 4.1.2019).

72 Start Up Mitteldeutschland Dresden in: https://startup-mitteldeutschland.de/category/dresden/ (Stand: 4.1.2019).

73 PWC Start Up Studie 2018 in: https://www.pwc.de/de/branchen-und-markte/startups/start-up-studie-2018.html (Stand: 4.1.2019).

74 Ebd.

75 Große Ambitionen, begrenzte Mittel. Venture Capital Magazin, Oktober 2018 in: https://www. vc-magazin.de/wp-content/uploads/_EPAPER_/epaper-VentureCapital-Magazin-10-2018/epaper/ausgabe.pdf, Seite 19 (Stand: 15.6.2019).

76 Brien, Jörn: Aktueller Startup-Report zählt 6 Unicorns in Deutschland; t3n in: https://t3n.de/news/aktueller-startup-report-zaehlt-6-unicorns-in-deutschland-1109744/9 (Stand: 4.1.2019).

77 Scheuer, Stefan / Tuma, Thomas: Deutschland hat »die erste digitale Revolution eher verschlafen«; Handelsblatt August 2018 in: https://www.handelsblatt.com/unternehmen/it-medien/internet-unternehmer-im-interview-deutschland-hat-die-erste-digitale-revolution-eher-verschlafen/22954716.html?ticket=ST-3433593-4bE5NIslmuu9XwjdyMGx-ap1 (Stand: 4.1.2019).

78 BMWE Das EXIST-Gründerstipendium, in: https://www.exist.de/DE/Programm/Exist-Gruenderstipendium/inhalt.html (Stand: 4.0.2019).

79 BMWE INVEST – Zuschuss für Wagniskapital, in: https://www.exist.de/DE/Campus/Gruendergeist/Im-Fokus/Finanzierung/INVEST/inhalt.html (Stand: 4.1.2019).

80 Starker Motor, in: https://high-tech-gruenderfonds.de/de/ (Stand: 4.1.2019).

81 Rixecker, Kim: Koalitionsvertrag: Was die Regierung Startups verspricht, in: https://t3n.de/news/koalitionsvertrag-startups-941450/ (Stand: 4.1.2019).

82 TUM: TUM und UnternehmerTUM eröffnen Entrepreneurship Center; Mai 2015 in: https://www.tum.de/die-tum/aktuelles/pressemitteilungen/detail/article/32402/ (Stand: 4.1.2019).

83 Deglmann, Florian: Neues Innovationszentrum: So wird das Munich Urban Colab aussehen, Juni 2018 in: https://www.munich-startup.de/37028/munich-urban-colab/ (Stand: 4.1.2019).

84 Schwertfeger, Bärbel: Bildungscampus Heilbronn: TUM statt Mannheim, Juni 2017 in: https://www.mba-journal.de/bildungscampus-heilbronn-tum-statt-mannheim/ (Stand: 4.1.2019).

85 Business Education: http://rankings.ft.com/businessschoolrankings/top-mbas-for-entrepreneurship-2018 (Stand: 4.1.2019).

86 Yvonne Hofstetter: Digitale Revolution, gesellschaftlicher Umbruch; in: Wissen Macht Meinung, Die 20. Hannah Arendt Tage 2017, Velbrück Verlag 2018, S. 98.

87 Harald Welzer: Die smarte Diktatur. Der Angriff auf unsere Freiheit; Fischer Verlag Frankfurt 2016, S. 133ff.

88 US-Internetkonzerne geraten unter Druck, Tagesspiegel Juni 2019 in: https://www.tagesspiegel.de/wirtschaft/google-amazon-und-co-us-internetkonzerne-geraten-unter-druck/24420090.html (Stand: 15.6.2019).

89 Zehrt, Wolfgang: Roboter-Texte – der bessere Journalismus?; PC WELT Dezember 2018 in: https://www.pcwelt.de/a/roboter-texte-der-bessere-journalismus,3450559 (Stand: 4.1.2019).

90 Fischer, David: Der Roboter als Wahlkampfhelfer; Der Tagesspiegel Oktober 2016 in: https://www.tagesspiegel.de/medien/social-bots-im-us-wahlkampf-der-roboter-als-wahlkampfhelfer/14756570.html (Stand: 4.1.2019).

91 Trumps Twitter Bots werden zur politischen Gefahr, SZ Mai 2016 in: https://www.sueddeutsche.de/digital/us-wahl-wie-trumps-twitter-bots-zur-politischen-gefahr-werden-1.3002280 (Stand: 15.6.2019).

92 Zit. nach Fischer, David: Der Roboter als Wahlkampfhelfer.

93 Watzlawick, Paul; in: https://www.paulwatzlawick.de/axiome.html (Stand: 4.1.2019)

94 Lisbon Council in: https://lobbypedia.de/wiki/Lisbon_Council (Stand: 4.1.2019).

95 Grassegger, Hannes: Ein Befreiungsschlag; Spiegel Online Oktober 2018 in: http://www.spiegel.de/netzwelt/web/digitalisierung-warum-wir-die-demokratie-neu-erfinden-muessen-a-1234664.html (Stand: 4.1.2019).

96 FAZ: »Das Internet spaltet sich in zwei Teile auf; September 2018 in: https://www.faz.net/aktuell/wirtschaft/diginomics/ex-google-chef-eric-schmidt-ueber-die-spaltung-des-internets-15799311.html (Stand: 4.1.2019).

97 Wikipedia: Delegated Voting; in: https://de.wikipedia.org/wiki/Delegated_Voting (Stand: 4.1.2019).

98 Bender, Christiane: Freiheit, Verantwortung, direkte Demokratie: Zur Relevanz von Rousseau heute; bpb November 2012 in: https://www.bpb.de/apuz/148224/freiheit-verantwortung-direkte-demokratie-zur-relevanz-von-rousseau-heute?p=all (Stand: 4.1.2019).

99 Wiki der Piratenpartei Deutschland; in: https://wiki.piratenpartei.de/Liquid_Democracy (Stand: 4.1.2019).

100 Reiter, Marcus: »Liquid Democracy« wird nicht funktionieren; Deutschlandfunk November 2011 in: https://www.deutschlandfunkkultur.de/liquid-democracy-wird-nicht-funktionieren.1005.de.html?dram:article_id=159420 (Stand: 4.1.2019).

101 Paust, Andreas: Democracy Perception Index; Der Bürgerbeteiligungsblog, Oktober 2018 in: https://partizipendium.de/democracy-perception-index/ (Stand: 4.1.2019).

Kapitel 3

1 Beck, Anastasiadou, Meyer zu Reckendorf: Faszinierendes Gehirn; S. 39; Berlin, Springer Verlag 2018.

2 Ebd., S. 144–145.

3 Ebd., S. 334–335.

4 Schäfer, Ulrich: »Eines beherrschen deutsche Firmen überhaupt nicht: Propaganda«, SZ Oktober 2018 in: https://www.sueddeutsche.de/digital/kuenstliche-intelligenz-eines-beherrschen-deutsche-firmen-ueberhaupt-nicht-propaganda-1.4170602 (Stand: 4. 1. 2019).

5 Ebd.

6 Ebd.

7 Vogt, Marina: Die Zukunft vorhersagen dank Predictive Analytics? Management Circle, Mai 2018 in: https://www.management-circle.de/blog/predictive-analytics/ (Stand: 4. 1. 2019).

8 Umweltbundesamt: Earth Overshoot Day 2018: Ressourcenbudget verbraucht, August 2018 in: https://www.umweltbundesamt.de/themen/earth-overshoot-day-2018-ressourcenbudget (Stand: 4. 1. 2019).

9 Katzberger, Michael: Wenn künstliche Intelligenz kreative Werke entwirft. Beispiele für generatives Design. Juni 2018 in: https://katzlberger.ai/2018/06/04/wenn-kuenstliche-intelligenz-kreative-werke-entwirft-beispiele-fuer-generatives-design/ (Stand: 4. 1. 2019).

10 Brandt, Matthias: Das Milliardengeschäft mit der künstlichen Intelligenz, in: https://de.statista.com/infografik/14245/prognostizierter-umsatz-mit-ki-anwendungen-weltweit/ (Stand: 15. 6. 2019).

11 Zeitgespräch: Schwaches Produktivitätswachstum – zyklisches oder strukturelles Phänomen? In: Wirtschaftsdienst, Zeitschrift für Wirtschaftspolitik, 97. Jahrgang, 2017, Heft 2, S. 83–102, in: https://archiv.wirtschaftsdienst.eu/jahr/2017/2/schwaches-produktivitaetswachstum-zyklisches-oder-strukturelles-phaenomen/ (Stand: 4. 1. 2019).

12 Schmidhuber, Jürgen; Bendel, Oliver: Pro und Contra Robotersteuer, 27. 07. 2017 in: http://www.bpb.de/dialog/netzdebatte/253494/pro-und-contra-zur-robotersteuer (Stand: 4. 1. 2019).

13 Kannenberg, Axel: Ein Roboter als Tanzlehrer, Heise online Juni 2017 in: https://www.heise.de/newsticker/meldung/Ein-Roboter-als-Tanzlehrer-3737675.html (Stand: 4. 1. 2019).

14 Le Ker, Heike: Wie die Götter die Tempeltüren öffneten, Spiegel Online April 2009: http://www.spiegel.de/wissenschaft/mensch/automaten-der-antike-wie-die-goetter-die-tempeltueren-oeffneten-a-618229.html (Stand: 4. 1. 2019).

15 WDR Stichtag: 24. Februar 2009 – Vor 300 Jahren: Jacques de Vaucanson wird geboren, Februar 2009 in: https://www1.wdr.de/stichtag/stichtag4170.html (Stand: 4. 1. 2019).

16 Etgeton, Stefan: Pflegereport 2030, Bertelsmann in: https://www.bertelsmann-stiftung.de/de/unsere-projekte/pflege-vor-ort/projektthemen/pflegereport-2030/ (Stand: 4. 1. 2019).

17 Reinbold, Peter: Forschungszentrum »Geriatronik« der TU München beginnt Arbeit in Garmisch-Partenkirchen, Münchner Merkur Oktober 2018 in: https://www.merkur.de/lokales/garmisch-partenkirchen/garmisch-partenkirchen-ort28711/forschungszentrum-geriatronik-tu-muenchen-beginnt-arbeit-in-garmisch-partenkirchen-10306019.html (Stand: 4. 1. 2019).

18 Hannoversche Allgemeine: Roboterforscher Haddadin erhält Deutschen Zukunftspreis, Dezember 2017 in: http://www.haz.de/Hannover/Aus-der-Stadt/Uebersicht/Robotikforscher-Professor-Sami-Haddadin-erhaelt-Deutschen-Zukunftspreis (Stand: 4. 1. 2019).

19 DFG: Prof. Dr.-Ing. Sami Haddadin – Gottfried Wilhelm Leibniz-Preisträger 2019, Dezember 2018 in: http://www.dfg.de/gefoerderte_projekte/wissenschaftliche_preise/leibniz-preis/2019/haddadin/index.jsp (Stand: 4. 1. 2019).

20 DLR: Projekt EDAN in: https://www.dlr.de/rm/desktopdefault.aspx/tabid-11670/#gallery/28208 (Stand: 4. 1. 2019).

21 MLR: MLR präsentiert Servicereroboter Casero 4; Mai 2016 in: https://www.mlr.de/unternehmen/news/news-einzelansicht/article/24-mai-2016-mlr-praesentiert-serviceroboter-casero-4/

22 Pepper Roboter in: https://www.generationrobots.com/pepper/technische-daten.html?lang=de (Stand: 4. 1. 2019).

23 Spiegel Online: Der Herzensöffner, in: http://www.spiegel.de/wirtschaft/roboter-paro-ergaenzt-pflege-von-dementen-mixed-media-reportage-a-1212667.html

24 Wagner, Wieland: »Japan: Abstieg in Würde«, Deutschlandfunk November 2018 in: https://www.deutschlandfunk.de/wieland-wagner-japan-abstieg-inwuerde.1310.de.html?dram:article_id=433122 (Stand: 4. 1. 2019).

25 Pluta, Werner: Humanoider Roboter Atlas kann Parkour, golem Oktober 2018 in: https://www.golem.de/news/boston-dynamics-humanoider-roboter-atlas-kann-parkour-1810-137085.html (Stand: 4. 1. 2019).

26 Wilkens, Andreas: Google-Mitarbeiter protestieren gegen Beteiligung an Militär-Projekt, heise-online April 2018 in: https://www.heise.de/newsticker/meldung/Google-Mitarbeiter-protestieren-gegen-Beteiligung-an-Militaer-Projekt-4011328.html (Stand: 4. 1. 2019).

27 TUM: Allgemeines zum Da-Vinci Operationssystem in: http://www.klinikum.uni-muenchen.de/Urologische-Klinik-und-Poliklinik/de/davinci-operation/Allgemeines/ (Stand: 15. 6. 2019).

28 Sophia, Wikipedia in: https://de.wikipedia.org/wiki/Sophia_(Roboter) (Stand: 4. 1. 2019).

29 T-Online: Deutschland ist Weltmeister im Roboter-Fußball, Juni 2018 in: https://www.t-online.de/digital/id_84024280/robocup-2018-deutschland-ist-weltmeister-im-roboter-fussball.html (Stand: 4. 1. 2019).

30 Statista: Anzahl der Roboter in der produzierenden Industrie nach ausgewählten Ländern weltweit im Jahr 2017, in: https://de.statista.com/statistik/daten/studie/515879/umfrage/roboterdichte-nach-laendern/ (Stand: 4. 1. 2019).

31 Statista: Umsatz der deutschen Robotik- und Automationsbranche in den Jahren 2002 bis 2018, in: https://de.statista.com/statistik/daten/studie/225700/umfrage/gesamtumsatz-von-robotik-in-deutschland/ (Stand: 4. 1. 2019).

32 Fraunhofer Institut: Roboter zur Pflegeunterstützung im Altenheim und Krankenhaus: https://www.ipa.fraunhofer.de/de/Kompetenzen/roboter–und-assistenzsysteme/haushalts–und-assistenzrobotik/roboter-zur-pflegeunterstuetzung-im-altenheim-und-krankenhaus.html (Stand: 4. 1. 2019).

33 Falkenburg, Brigitte: Mythos Determinismus, Wieviel erklärt uns die Hirnforschung?; Springer Verlag Berlin 2012, S. 153.

34 Aigner, Florian: TU Wien Pressemitteilung Juni 2018 in: https://www.tuwien.ac.at/aktuelles/news_detail/article/125597/ (Stand: 4. 1. 2019).

35 Werner, Kathrin: Der Mensch denkt – die Maschine wird gelenkt, SZ April 2018 in: https://www.sueddeutsche.de/digital/neurotechnik-gedankenuebertragung-1.3948013 (Stand: 4. 1. 2019).

36 DFKI: Exoskelett aktiv (Capio), in: https://robotik.dfki-bremen.de/de/forschung/robotersysteme/exoskelett-aktiv-ca.html (Stand: 4. 1. 2019).

37 Pollmann, Maike: Neuromorphe Computersysteme, Welt der Physik Januar 2014 in: https://www.weltderphysik.de/gebiet/technik/computing/neuromorphe-computersysteme/ (Stand: 4. 1. 2019).

38 sapereaudepls: Qualia, in: https://www.sapereaudepls.de/was-kann-ich-wissen/philosophie-des-geistes/qualia/ (Stand: 4. 1. 2019).

39 Ebd.: Leib-See-Problem, in: https://www.sapereaudepls.de/was-kann-ich-wissen/philosophie-des-geistes/leib-seele-problem/ (Stand: 4. 1. 2019).

40 Wolf, Christian: Was können Hirnscans – und was nicht? SPEKTRUM August 2017 in: https://www.spektrum.de/wissen/was-koennen-hirnscans-und-was-nicht/1491877 (Stand: 4. 1. 2019).

41 Beck, Henning: Hirnrissig. München 2016, Goldmann Verlag.

42 Eckolt, Matthias: Kann das Gehirn das Gehirn verstehen? Heidelberg 2014, Carl-Auer Verlag.

43 Mathwig, Klaus: Max-Planck-Institut für Mikrostrukturphysik Halle in: https://www.jdzb.de/fi leadmin/Redaktion/PDF/veroeffentlichungen/tagungsbaende/D57/13-p1184%20mathwig.pdf (Stand: 20. 6. 2019).

44 Göcke, Benedikt Paul, Meier-Hamidi, Frank: Designobjekt Mensch; Herder Verlag Freiburg 2018, S. 11ff.

45 Kurzweil, Ray: Menschheit 2.0, Die Singularität naht; Lola Books Berlin 2014, S. 22.

46 Schwarze Löcher: Welt der Physik, in: https://www.weltderphysik.de/gebiet/universum/schwar ze-loecher/ (Stand 4. 1. 2019).

47 Finkenzeller, Karin: Wer ist hier der Klügere? ZEIT Online August 2015, in: https://www.zeit. de/2015/33/ digitalisierung-neue-technologien-roboter-forscher-singularity-university (Stand: 4. 1. 2019).

48 Bostrom, Nick: Superintelligenz. Berlin 2014, Suhrkamp Verlag.

49 Ebd., S. 41.

50 Schulz, Thomas: Zukunftsmedizin. Wie das Silicon Valley Krankheiten besiegen und unser Leben verlängern will. München 2018, Spiegel Buch Verlag.

51 Bostrom, Nick: Superintelligenz, S. 181.

Kapitel 4

1 Urmersbach, Bruno: Statistiken zur Weltbevölkerung, Statista, September 2018 in: https:// de.statista.com/themen/75/weltbevoelkerung/ (Stand: 4. 7. 2019).; Statisches Bundesamt: »Bevölkerung im Wandel«, Juni 2019 in: https://www.destatis.de/DE/Presse/Pressekonferen zen/2019/Bevoelkerung/bevoelkerung-uebersicht.html?nn=238906 (Stand: 3. 7. 2019).

2 Roland Berger Studie : Digital and disrupted: All change for healthcare, Oktober 2017 in: https:// www.rolandberger.com/publications/publication_pdf/roland_berger_digitalization_in_health care_final.pdf (Stand: 3. 07. 2019)

3 Istepanian, Robert: http://istepanian.co.uk/ (Stand: 4. 1. 2019)

4 PWC Studie Mobile Health; Juli 2012 in: https://www.pwc.de/de/gesundheitswesen-und-phar ma/studie-mhealth-der-gesundheitsmarkt-wird-mobiler–schneller-und-flexibler.html (Stand: 4. 1. 2019).

5 Auer, Mathias: MySugr: Zum Gründen nach Wien, zum Kassieren nach Basel; Die Presse, Juni 2017 in: https://diepresse.com/home/wirtschaft/economist/5244459/MySugr_Zum-Gruenden-nach-Wien-zum-Kassieren-nach-Basel (Stand: 4. 1. 2019).

6 Ruhenstroth, Miriam: Medizin-App mySugr im Test (Android): Enttäuschend; MOBILSICHER, Januar 2017 in: https://mobilsicher.de/apps/medizin-app-mysugr-im-test-android-enttaeu schend (Stand: 4. 1. 2019).

7 Krankenkassen.Deutschland; in: https://www.krankenkassen.de/gesetzliche-krankenkassen/ leistungen-gesetzliche-krankenkassen/praevention-vorsorge-krankenkassen/gesundheits-app/ (Stand: 4. 1. 2019).

8 Beerheide, Rebecca: Gesundheits-Apps: Viele Chancen, wenig Evidenz; Deutsches Ärzteblatt 2016 in: https://www.aerzteblatt.de/archiv/180500/Gesundheits-Apps-Viele-Chancen-wenig-Evidenz (Stand: 4. 1. 2019).

9 Destatis Statistisches Bundesamt, Zahlen und Fakten; in: https://www.destatis.de/DE/ ZahlenFakten/GesellschaftStaat/Bevoelkerung/HaushalteFamilien/HaushalteFamilien.html (Stand: 4. 1. 2019).

10 TUM: Selbstbestimmtes Wohnen im Alter durch Roboter-Assistenten, in: https://www.tum.de/die-tum/aktuelles/pressemitteilungen/detail/article/34979/ (Stand: 4. 1. 2019).

11 Bundesärztekammer: Ärztestatistik; in: https://www.bundesaerztekammer.de/ueber-uns/aerztestatistik/aerztestatistik-2017/ (Stand: 4. 1. 2019).

12 Statista: Anzahl der Krankenhäuser in Deutschland in den Jahren 2000 bis 2017; in: https://de.statista.com/statistik/daten/studie/2617/umfrage/anzahl-der-krankenhaeuser-in-deutschland-seit-2000/ (Stand: 4. 1. 2019).

13 Statista: Entwicklung der Anzahl gesetzlicher Krankenkassen in Deutschland von 1970 bis 2018; in: https://de.statista.com/statistik/daten/studie/74834/umfrage/anzahl-gesetzliche-krankenkassen-seit-1970/ (Stand: 4. 1. 2019).

14 Liste Private Krankenversicherungen: Übersicht Anbieter 2018 / 2019; Krankenkasse Zentrale in: https://www.krankenkassenzentrale.de/liste/private-krankenversicherungen# (Stand: 4. 1. 2019).

15 Destatis Statistisches Bundesamt, Zahlen und Fakten; in: https://www.destatis.de/DE/Zahlen-Fakten/GesellschaftStaat/Gesundheit/Pflege/Pflege.html;jsessionid=FE89F34BBA114599AC04EB27599676DE.Internet Live2 (Stand: 4. 1. 2019).

16 Ebd.

17 Demographie Portal des Bundes und der Länder; in: http://www.demografie-portal.de/SharedDocs/Informieren/DE/ZahlenFakten/Pflegebeduerftige_Anzahl.html (Stand: 4. 1. 2019).

18 Bertelsmann-Stiftung: Pflegereport 2030; in: https://www.bertelsmann-stiftung.de/de/unsere-projekte/pflege-vor-ort/projektthemen/pflegereport-2030/ (Stand: 4. 1. 2019).

19 Ebd: Digitale Gesundheit: Deutschland hinkt hinterher; in: https://www.bertelsmann-stiftung.de/de/themen/aktuelle-meldungen/2018/november/digitale-gesundheit-deutschland-hinkt-hinterher/

20 DAZ.online: Die großen Themen von Jens Spahn; Berlin März 2018 in: https://www.deutsche-apotheker-zeitung.de/news/artikel/2018/03/15/die-grossen-themen-von-jens-spahn (Stand: 4. 1. 2019).

21 Klein, Manfred: Jens Spahn gründet Abteilung für Digitalisierung im BMG; eGovernment Apil 2018 in: https://www.egovernment-computing.de/jens-spahn-gruendet-abteilung-fuer-digitalisierung-im-bmg-a-710233/ (Stand: 4. 1. 2019).

22 BMG: E-Health – Digitalisierung im Gesundheitswesen; in: https://www.bundesgesundheitsministerium.de/e-health-initiative.html#c2845 (Stand: 4. 1. 2019).

23 Ebd.

24 bvitg: Das E-Health-Gesetz II kommt! Oktober 2018 in: https://www.bvitg.de/das-e-health-gesetz-ii-kommt/ (Stand: 4. 1. 2019).

25 Spahn, Jens: App vom Arzt; Herder Verlag Freiburg 2016.

26 Dr. Rohleder / Dr. Reinhard: Gesundheit 4.0 – Wie Ärzte die digitale Zukunft sehen, Berlin Juni 2017 in: https://www.hartmannbund.de/fileadmin/user_upload/Downloads/Umfragen/2017_HB-Bitkom_Start-ups.pdf (Stand: 4. 1. 2019).

27 Brandt, Matthias: Ferndiagnose ist den Deutschen suspekt; November 2018 in: https://de.statista.com/infografik/16205/nutzung-von-digitalen-services-von-aerzten-in-deutschland/ (Stand: 4. 1. 2019).

28 bitkom, Mai 2017 in: https://www.bitkom.org/Presse/Presseinformation/Fast-jeder-Zweite-nutzt-Gesundheits-Apps.html (Stand: 4. 1. 2019).

29 Bayerische TelemedAllianz, 2017 in: https://www.telemedallianz.de/praxis/artikelreihe-telemedizin/ (Stand: 4. 7. 2019).

30 Russo, Claudia: Digitaler Gesundheitsmarkt wächst bis 2020 um durchschnittlich 21 Prozent pro Jahr; Roland Berger Studie 2016 in: https://www.rolandberger.com/de/press/Digitaler-Gesundheitsmarkt-w%C3%A4chst-bis-2020-um-durchschnittlich-21-Prozent-pro-Ja-2.html (Stand: 4. 1. 2019).

31 Ebd.

32 Die deutsche Medizintechnikindustrie, SPECTARIS Jahrbuch 2018 in: https://www.spectaris.de/fi leadmin/Infothek/Medizintechnik/Zahlen-Fakten-und-Publikationen/SPECTARIS_Jahr buch_2018_Final.pdf (Stand: 3. 7. 2019).

33 Fischer, Lars: Die 5 wichtigsten Fragen zu CRISPR/Cas9; Spektrum März 2017 in: https://www. spektrum.de/wissen/wie-funktioniert-crispr-cas9/1441060 (Stand: 4. 1. 2019).

34 Schulz, Thomas: Zukunftsmedizin. Wie das Silicon Valley Krankheiten besiegen und unser Le ben verlängern will. München 2018, Spiegel Buch Verlag.

35 Irmer, Juliette: Der Tabubruch der ersten genmanipulierten Kinder in China; Der Standard Dezem ber 2018, in: https://www.derstandard.de/story/2000093129040/der-tabubruch-der-ersten-manipulierten-kinder (Stand: 4. 1. 2019).

36 Förtsch, Michael: Elon Musk will bald das Gehirn-Gadget Neuralink vorstellen; WIRED Septem ber 2018 in: https://www.wired.de/article/elon-musk-will-bald-das-gehirn-gadget-neuralink-vor stellen (Stand: 4. 1. 2019).

37 Kaufmann, Johannes: Warum Elon Musks mysteriöses Unternehmen Neuralink zum Scheitern verurteilt ist; Business Insider Deutschland Oktober 2018 in: https://www.businessinsider.de/wa rum-elon-musks-unternehmen-neuralink-zum-scheitern-verurteilt-ist-2018-10 (Stand: 4. 1. 2019).

38 Sorgner, Stefan Lorenz: Transhumanismus. »Die gefährlichste Idee der Welt?«, Freiburg 2016, Herder Verlag.

39 Innerhofer, Judith E. (ed): Transhumanismus. Hirnschrittmacher für alle. 13. 3. 2013, in: http:// www.zeit.de/2013/20/transhumanismus-philosoph-stefan-lorenz-sorgner (Stand: 4. 1. 2019).

40 Papst Franziskus: Laudato si. Die Umwelt-Enzyklika des Papstes. Freiburg 2015, Herder Verlag.

Kapitel 5

1 BSI: Lagebericht 2018; in: https://www.bsi.bund.de/DE/Publikationen/Lageberichte/lageberich te_node.html (Stand: 4. 1. 2019).

2 Ebd., Glossar,

3 DW-Magazin: Mailbombing bis zum Absturz, 2017 in: https://www.digitalwelt.org/hackerland/ inhalt/bombenanschlaeg-via-email (Stand: 22. 6. 2019).

4 Deutsche Welle: Studie: Cyberkriminalität nur Spitze des Eisbergs, Mai 2017 in: https:// www.dw.com/de/studie-cyberkriminalit%C3%A4t-nur-spitze-des-eisbergs/a-38864033 (Stand: 11. 3. 2019).

5 Allianz: Allianz Risk Barometer 2018: Angst vor Betriebsunterbrechung und Cybervorfällen bei deutschen Unternehmen gestiegen; Januar 2018 in: https://www.allianz.com/de_DE/presse/ news/studien/180116-allianz-risk-barometer-2018.html (Stand: 4. 1. 2019).

6 Allianz Risk Barometer 2018, Januar 2018 in: https://www.allianz.com/content/dam/onemarke ting/azcom/Allianz_com/migration/media/press/document/2018-01-16_AGCS-Medienmittei lung-Risk-Barometer-2018.pdf (Stand: 21. 6. 2019).

7 Nier, Hedda: Jeder zweite Internetnutzer Opfer von Cybercrime, Statista Oktober 2017 in: https:// de.statista.com/infografik/11477/jeder-zweite-internetnutzer-opfer-von-cybercrime/ (Stand: 4. 1. 2019).

8 Scherchel, Fabian A.: Alles, was wir bisher über den Petya/NotPetya-Ausbruch wissen; Heise-Online Juni 2017 in: https://www.heise.de/security/meldung/Alles-was-wir-bisher-ueber-den-Petya-NotPetya-Ausbruch-wissen-3757607.html (Stand: 4. 1. 2019).

9 BSI: Lagebericht 2018; S. 17 in: https://www.bsi.bund.de/DE/Publikationen/Lageberichte/lagebe richte_node.hml (Stand: 4.7.2019).

10 Brinkmann, Bastian: Apples Steuertricks kosten EU-Staaten mindestens vier Milliarden Euro; SZ Juni 2018 in: https://www.sueddeutsche.de/wirtschaft/apple-steuern-eu-irland-1.4024640 (4.1.2019).

11 FORUM: DSGVO: 6 Vorteile der EU-Datenschutz-Grundverordnung für Unternehmen, Februar 2018 in: https://www.forum-verlag.com/themenwelten/datenschutz-und-it/dsgvo-6-vorteile-der-eu-datenschutz-grundverordnung-fuer-unternehmen (Stand: 3.7.2019).

12 Knipp, Kersten: SIPRI: Militärausgaben weltweit auf hohem Niveau; Deutsche Welle Mai 2018 in: https://www.dw.com/de/sipri-milit%C3%A4rausgaben- weltweit-auf-hohem-niveau/ a-43582594 (Stand: 4.1.2019).

13 Hülsbömer, Simon: Zeitreise: So entstand das Internet; PC WELT April 2013 in: https://www.pcwelt.de/ratgeber/Vom-Arpanet-zum-WWW-So-entstand-das-Internet-312786.html (Stand: 4.1.2019).

14 BMVG: Auf dem digitalen Gefechtsfeld – Locked Shields; Mai 2018 in: https://www.bmvg.de/de/themen/dossiers/cyber-sicherheit-in-der-bundeswehr-/auf-dem-digitalen-gefechtsfeld-locked-shields–24574 (Stand: 4.1.2019).

15 Universität der Bundeswehr München, Studiengang Cyber-Sicherheit in: https://www.unibw.de/inf/studium/studiengang-cyber-sicherheit (Stand: 4.1.2019).

16 Krekeler, Elmar: Der Wurm, der gefährlicher war als TTIP; WELT September 2016 in: https://www.welt.de/kultur/kino/article157923954/Der-Wurm-der-gefaehrlicher-war-als-TTIP.html (Stand: 4.1.2019).

17 Paetsch, Martin: Der Krieg aus dem Netz; Spiegel Online August 1999 in: http://www.spiegel.de/netzwelt/web/cyberwar-der-krieg-aus-dem-netz-a-38605.html (Stand: 4.1.2019).

Kapitel 6

1 Lange, Steffen / Santarius, Tilman: Smarte Grüne Welt? Digitalisierung zwischen Überwachung, Konsum und Nachhaltigkeit. München 2018, oekom Verlag, S. 27; ferner: SWR Faktencheck: Die Ökobilanz von Suchmaschinen in: https://www.swr.de/wissen/20-jahre-google-umweltfacts-zu-suchmaschinen/-/id=253126/did=22378814/nid=253126/d2azhl/index.html (Stand: 3.7.2019).

2 Santen, Manfred (Ed.): Grüner Klicken. Greenpeace bewertet den Energieverbrauch von Energie-unternehmen, Hamburg 10.01.2017, in: https://www.greenpeace.de/sites/www.greenpeace.de/files/publications/20170110_greenpeacestudie_gruener_klicken_zusammenfassung.pdf (Stand: 4.1.2019).

3 Jardim, Elisabeth (Ed): 10 Jahre Smartphone, Washington Februar 2017, in: https://www.greenpeace.de/sites/www.greenpeace.de/files/publications/s01981_greenpeace_report_10_jahre_smartphone.pdf (Stand: 4.1.2019).

4 Ebd.

5 ARD Planet Wissen: Giftiger Elektromüll, Oktober 2018 in: https://www.planet-wissen.de/kultur/afrika/ghana/pwiegiftigerelektromuell100.html (Stand: 4.1.2019).

6 Brandt, Mathias: Jeder Deutsche produziert 22,8 kg Elektroschrott, Statista Dezember 2017 in: https://de.statista.com/infografik/12272/die-zehn-laender-mit-dem-groessten-elektroschrott-aufkommen/ (Stand: 4.1.2019).

7 Repair Café: https://repaircafe.org/de/besuchen/ (Stand: 4.1.2019).

8 Vgl. Lange / Santarius 2018 S. 28–33.

9 Ebd.

10 HDE-Online-Monitor, Berlin 30. 3. 2018, in: https://www.einzelhandel.de/online-monitor (Stand: 4. 1. 2019).

11 Ebd.

12 World Urbanization Prospects 2018: Press Release, 16. Mai 2018 in: https://esa.un.org/unpd/wup/Publications/Files/WUP2018-PressRelease.pdf (Stand: 4. 1. 2019).

13 BMI: Smart Cities: Stadtentwicklung im digitalen Zeitalter; in: https://www.bmi.bund.de/DE/themen/bauen-wohnen/stadt-wohnen/stadtentwicklung/smart-cities/smart-cities-node.html (Stand: 4. 1. 2019).

14 Pezzei, Christina (ed.): Die vernetzte Stadt. Frankfurt, 26.08. 2016 in: http://www.faz.net/aktuell/wirtschaft/wohnen/smart-cities-die-vernetzte-stadt-14398252.html (Stand: 4. 1. 2019).

15 Kopenhagen, die nachhaltige Stadt, in: http://denmark.dk/de/green-living-de/kopenhagen-die-nachhaltige-stadt/ (Stand: 4. 1. 2019).

16 Smart City Expo World Congress: Cities to live in, in: http://www.smartcityexpo.com/en/home (Stand: 4. 1. 2019).

17 Fairmondo, in: https://www.fairmondo.de/ (Stand: 4. 1. 2019).

18 Avocadostore, in: https://www.avocadostore.de/ (Stand: 4. 1. 2019).

19 Kleiderkreisel, in: https://www.kleiderkreisel.de/about (Stand: 4. 1. 2019).

20 AI for Good, in: https://www.ai4good.org/ (Stand: 4. 1. 2019).

21 Vereinte Nationen, Generalversammlung: Siebzigste Tagung Tagesordnungspunkte 15 und 16, Transformation unserer Welt: die Agenda 2030 für nachhaltige Entwicklung, Oktober 2015 in: http://www.un.org/Depts/german/gv-70/band1/ar70001.pdf (Stand: 4. 1. 2019).

22 Studien der Sachverständigengruppe »Weltwirtschaft und Sozialethik«: Raus aus der Wachstumsgesellschaft. Bonn, 2018.

23 Ebd.

24 Santarius, Tilman: Der Rebound-Effekt: Ökonomische, psychische und soziale Herausforderungen für die Entkopplung von Wirtschaftswachstum und Energieverbrauch. Marburg 2015, Metropolis Verlag.

25 Felber, Christian: Gemeinwohlökonomie. Piper Verlag, München 2018,

26 Vgl. Lange / Santarius 2018, S. 115.

27 BMAS (Bundesministerium für Arbeit und Soziales): Arbeit weiterdenken. Weißbuch Arbeit 4.0, Berlin 2016.

28 dpa/Haufe online: Metallindustrie: Arbeitnehmer wählen mehr Freizeit statt mehr Geld, November 2018 in: https://www.haufe.de/personal/arbeitsrecht/flexible-arbeitszeit-tarifabschluesse-eroeffnen-neue-wege_76_450312.html (Stand: 4. 1. 2019).

29 Vgl. Lange / Santarius 2018, S. 150.

30 Ebd., S. 144.

31 Müller, Jens: Jetzt sollen sie in Osteuropa stinken; Deutschlandfunk Oktober 2018 in: https://www.deutschlandfunkkultur.de/alte-diesel-fahrzeuge-jetzt-sollen-sie-in-osteuropa-stinken.1008.de.html?dram:article_id=430052 (Stand: 4. 1. 2019).

32 Dachwitz, Inga: Den Datenfischern die Netze kappen: Ideen gegen die Marktmacht der Plattformen, September 2018 in: https://netzpolitik.org/2018/den-datenfischern-die-netze-kappen-ideen-gegen-die-marktmacht-der-plattformen/ (Stand: 4. 1. 2019).

33 Digitalisierung und sozial-ökologische Transformation: Das war die Bits & Bäume – Unser Rückblick auf die Konferenz für Digitalisierung und Nachhaltigkeit, Berlin November 2018 in: https://www.nachhaltige-digitalisierung.de/news/article/das-war-die-bits-baeume-unser-rueckblick-auf-die-konferenz-fuer-digitalisierung-und-nachhaltig.html (Stand: 4. 1. 2019).

34 Gemeinwohlbilanz in: https://www.ecogood.org/de/gemeinwohl-bilanz/unternehmen/beispiele/ (Stand: 4. 1. 2019).

Kapitel 7

1 Misselhorn, Catrin: Grundfragen der Maschinenethik; Ditzingen 2018 Reclam.

2 Universität des Saarlandes: Automaten der Antike: Noch heute für manch Studenten ein Rätsel; in: https://www.uni-saarland.de/universitaet/aktuell/produktinformationen/lifestyle/archivlifestyle/automaten-der-antike-noch-heute-fuer-manch-studenten-ein-raetsel.html (Stand: 4.1.2019).

3 Stofer, Judith: Uhrenmuseen: Reise durch die Zeit; BILANZ, April 2005 in: https://www.bilanz.ch/luxus/uhrenmuseen-reise-durch-die-zeit (Stand: 4.1.2019).

4 ARD Planet Wissen: Leonardo da Vinci – das Universalgenie; in: https://www.planet-wissen.de/technik/erfindungen/erfinder/pwieleonardodavincidasuniversalgenie100.html (Stand: 4.1.2019).

5 Lobe, Adrian: Tod durch Roboter; FAZ Dezember 2017 in: http://www.faz.net/aktuell/feuilleton/debatten/drohnen-als-waffensysteme-tod-durch-roboter-15327836.html (Stand: 4.1.2019).

6 Müller-Eiselt: Wie sich Gestalter von Algorithmen ethisch verhalten können; Bertelsmann Stiftung August 2018 in: https://www.bertelsmann-stiftung.de/de/unsere-projekte/ethik-der-algorithmen/projektnachrichten/ethik-fuer-algorithmiker/ (Stand: 4.1.2019).

7 Kreye, Andrian: Warum fünf Tech-Giganten gemeinsam künstliche Intelligenz erforschen; SZ September 2016 in: https://www.sueddeutsche.de/digital/silicon-valley-warum-fuenf-tech-giganten-gemeinsam-kuenstliche-intelligenz-erforschen-1.3184678 (Stand: 4.1.2019).

8 Hauck, Mirjam: TU München verteidigt Kooperation mit Facebook; SZ Januar 2019 in: https://www.sueddeutsche.de/muenchen/facebook-tu-muenchen-finanzierung-lehrstuhl-1.4297197 (Stand: 3.07.2019)

9 Lindner, Alexandra: SAP gründet Ethikbeirat für Künstliche Intelligenz; com! September 2018 in: https://www.com-magazin.de/news/kuenstliche-intelligenz-ki/sap-gruendet-ethikbeirat-kuenstliche-intelligenz-1583620.html (Stand: 4.1.2019).

10 Deutsche Telekom: Wir brauchen eine »Digitale Ethik«; in: https://www.telekom.com/de/konzern/digitale-verantwortung/ethische-ki-leitlinien-der-telekom (Stand: 4.1.2019).

11 Ethikrat: https://www.ethikrat.org/

12 Deutscher Bundestag: Enquete-Kommission »Künstliche Intelligenz – Gesellschaftliche Verantwortung und wirtschaftliche, soziale und ökologische Potenziale; in: https://www.bundestag.de/ausschuesse/weitere_gremien/enquete_ki (Stand: 4.1.2019).

13 Europäische Kommission Pressemitteilung: Künstliche Intelligenz: Kommission beschreibt europäisches Konzept zur Förderung von Investitionen und Entwicklung ethischer Leitlinien, April 2018 in: http://europa.eu/rapid/press-release_IP-18-3362_de.htm (Stand: 4.1.2019).

14 EU: Künstliche Intelligenz: EU-Kommission lässt Vorschläge zu ethischen Leitlinien in der Praxis testen, April 2019 in: https://ec.europa.eu/germany/news/ki20190408_de (Stand: 3.7.2019).

15 NDR: Verbot autonomer Waffen ohne Chance? September 2018 in: https://www.ndr.de/info/sendungen/streitkraefte_und_strategien/Verbot-autonomer-Waffen-ohne-Chance,streitkraefte508.html

16 Köver, Chris / Fanta, Alexander: Keine roten Linien: Industrie entschärft Ethik-Leitlinien für Künstliche Intelligenz, April 2019 Netzpolitik.Org in: https://netzpolitik.org/2019/keine-roten-linien-industrie-entschaerft-ethik-leitlinien-fuer-kuenstliche-intelligenz/ (Stand: 3.7.2019).

17 Karius, Andreas (Ed.): Autonomes Fahren: »Dilemma-Situationen«: Daimler sieht sich falsch verstanden, 18.10.2016 in: https://www.automobil-produktion.de/hersteller/wirtschaft/dilemma-situationen-daimler-sieht-sich-falsch-verstanden-119.html (Stand: 4.1.2019).

18 Moral Machine: in: http://moralmachine.mit.edu/hl/de (Stand: 4.1.2019).

19 BMVI 157/2016: Pressemitteilung Auftaktsitzung der Ethikkommission zum automatisierten Fahren, 10.10.2016 in: https://www.bmvi.de/SharedDocs/DE/Pressemitteilungen/2016/157-dobrindt-ethikkommission.html (Stand: 4.1.2019).

20 Ethik-Kommission: Automatisiertes und vernetztes Fahren, Bericht, Juni 2017, in: https://

www.bmvi.de/SharedDocs/DE/Publikationen/DG/bericht-der-ethik-kommission.pdf?__blob= publicationFile (Stand: 4.1.2019).

21 BMVI 128/2017: Bundesregierung beschließt Maßnahmenplan zum automatisierten Fahren, 23.08.2017 in: https://www.bmvi.de/SharedDocs/DE/Pressemitteilungen/2017/128-dobrindt-massnahmenplan-ethikregeln-fahrcomputer.html (Stand: 4.1.2019).

22 Bostrom, Nick: Superintelligenz, Suhrkamp Verlag, Berlin 2014, S. 260–291.

23 Tegmark, Max: Leben 3.0. Mensch sein im Zeitalter Künstlicher Intelligenz, Ullstein Verlag, Berlin 2017, S. 399–408.

24 Dabrock, Peter (Ed.): Ethische Dilemmata unterlaufen oft Akzeptanz von autonomen Fahrzeugen. Tagesspiegel Causa, 23.3.2017 in: https://causa.tagesspiegel.de/gesellschaft/autonomes-fahren-sind-wir-bereit-fuer-selbstfahrende-autos/ethische-dilemmata-unterlaufen-oft-akzeptanz-von-autonomen-fahrzeugen.html (Stand: 4.1.2019).

25 Ebd.

26 Ethik-Kommission: Automatisiertes und vernetztes Fahren, Bericht, Juni 2017 in: https://www.bmvi.de/SharedDocs/DE/Publikationen/DG/bericht-der-ethik-kommission.pdf?__blob=publicationFile (Stand: 4.1.2019).

27 Ebd.

28 Ebd.

29 Schulz, Thomas: Zukunftsmedizin. Wie das Silicon Valley Krankheiten besiegen und unser Leben verlängern will. München 2018, Spiegel Buch Verlag, S. 17.

30 Ebd., S. 13–14.

31 Ebd., S. 84.

32 Ebd., S. 121.

33 Ebd., S. 93–122.

34 Jahrestagung Ethikrat 2017: Autonome Systeme. Wie intelligente Maschinen uns verändern. Berlin, 21.6.2017 in: https://www.ethikrat.org/fileadmin/PDF-Dateien/Veranstaltungen/2017-06-21-Jahrestagung-Autonome-Systeme_UF.pdf (Stand: 4.1.2019).

35 Ebd., S. 3.

36 Ebd., S. 19f.

37 Ebd., Summary in der Tagungsmappe, S. 8: https://www.ethikrat.org/fileadmin/PDF-Dateien/Veranstaltungen/jt-21-06-2017-tagungsmappe.pdf (Stand: 4.1.2019).

38 Jahrestagung Ethikrat 2018: Des Menschen Würde in unserer Hand – Herausforderungen durch neue Technologien. Berlin, 27.6.2018 in: https://www.ethikrat.org/jahrestagungen/des-menschen-wuerde-in-unserer-hand-herausforderungen-durch-neue-technologien/ (Stand: 10.9.2018).

39 Ebd.

40 Ebd.

Anhang

1 Herbig, Daniel: Cortana deaktivieren bei Windows 10 – so geht's; CHIP Praxistipps April 2018 in: https://praxistipps.chip.de/cortana-deaktivieren-bei-windows-10-so-gehts_42072 (Stand: 4.1.2019).

2 Öffentliche WLANs BSI, in: https://www.bsi-fuer-buerger.de/BSIFB/DE/DigitaleGesellschaft/FremdeWLAN/fremdeWLAN_node.html (Stand: 6.7.2019).

3 https://www.acxiom.de/

4 McLaughlin, Catriona: Die Besserwisser; Zeit Online Juli 2013 in: https://www.zeit.de/2013/28/acxiom (Stand: 20. 7. 2019).

5 Google WatchBlog: Studie: So viele Daten sammelt Google pro Stunde mit den Android-Smartphones & iPhones; September 2018 in: https://www.googlewatchblog.de/2018/09/studie-so-daten-google/ (Stand: 4. 1. 2019).

6 Werbeumsätze von Facebook, Statista in: https://de.statista.com/statistik/daten/studie/458825/umfrage/werbeeinnahmen-von-facebook/ (Stand: 6. 7. 2019).

7 FAZ Wirtschaft: So mächtig sind Google und Facebook auf dem Werbemarkt; Dezember 2017 in: http://www.faz.net/aktuell/wirtschaft/wirtschaft-in-zahlen/so-maechtig-sind-google-und-facebook-auf-dem-werbemarkt-15331151.html (Stand: 4. 1. 2019).

8 Zajonz, David: Wie handelt die Post mit Daten?, ARD WDR April 2018 in: https://www.tagesschau.de/inland/faq-post-daten-101.html (Stand: 4. 1. 2019).

9 Heiniger, Bastian: Dynamic Pricing: Tausend Kunden, tausend Preise; Handelszeitung August 2018 in: https://www.handelszeitung.ch/unternehmen/dynamic-pricing-tausend-kunden-tausend-preise (Stand: 4. 1. 2019).

10 Pospiech, Jasmin: Amazon: Dreiste Preis-Abzocke bei Einkauf mit dem Smartphone; Merkur Juni 2017 in: https://www.merkur.de/leben/geld/amazon-dreiste-preis-abzocke-einkauf-smartphone-zr-8309122.html (Stand: 4. 1. 2019).

11 Uttinger, Ursula: Dynamic Pricing ist schon lange Realität; NZZ März 2017 in: https://www.nzz.ch/meinung/konsum-im-digitalen-zeitalter-dynamic-pricing-ist-schon-lange-realitaet-ld.154012

12 Zukunft des Einkaufens: Digitalisierung im Handel – Darf's ein bisschen mehr sein? September 2017 in: https://zukunftdeseinkaufens.de/digitalisierung-im-handel-darf-es-ein-bisschen-mehr-sein/ (Stand: 6. 7. 2019).

13 Schreier, Jürgen: KI im Recruiting: Klarer Nutzen erhöht Akzeptanz; IoT Oktober 2018 in: https://www.industry-of-things.de/ki-im-recruiting-klarer-nutzen-erhoeht-akzeptanz-a-769028/ (Stand: 4. 1. 2019).

Quellenachweis für die Angaben in den Abbildungen

Abb. 1: Statista: Digital ist schneller, Januar 2017 in: https://de.statista.com/infografik/7573/geschwindigkeit-mit-der-sich-technologien-verbreiten/ (Stand: 6.7.2019).

Abb. 2: Statista: Das passiert in einer Minute im Internet, März 2019 in: https://de.statista.com/infografik/2425/das-passiert-in-einer-minute-im-internet/ (Stand: 6.7.2019).

Abb. 3: Andreas Dohmen

Abb. 4: Andreas Dohmen

Abb. 5: Statista: Das ist im Darknet drin, July 2016 in: https://de.statista.com/infografik/5349/verteilung-von-inhalten-im-tor-netzwerk/ (Stand: 6.7.2019).

Abb. 6: https://pixabay.com/de/photos/hololens-holo-linse-1330225/

Abb. 7: Digitale Wirtschaft & IKT, förderland Business Magazin für Entscheider in: https://www.foerderland.de/digitale-wirtschaft/

Abb. 8: Andreas Dohmen / Gerald Olgemöller – olgemöller. business graphics

Abb. 9: Andreas Dohmen / Gerald Olgemöller – olgemöller. business graphics

Abb. 10: Übersicht über die verschiedenen Automatisierungsstufen nach VDA, all-electronics.de Dezember 2017 in: https://www.all-electronics.de/welche-rolle-spielt-lidar-fuer-auto nomes-fahren-und-welche-radar-und-kamera-ein-vergleich/ (Stand: 2.07.2019); ferner https://www.wienerstaedtische.at/fileadmin/user_upload/Dokumentenpool/Un ternehmen/Presse/Pressemeldungen/35_Autonomes_Fahren_Fuenf-Stufen-Grafik.jpg

Abb. 11: Angelehnt an Marshall W. Van Alstyne, Geoffrey G. Parker, Sangeet Paul Choudary: Plattform statt Pipeline, Harvard Business Manager 06/2016.

Abb. 12a/b: Statista Digital Economy Compass April 2017 in: https://de.statista.com/statistik/stu die/id/44268/dokument/statista-digital-economy-compass/ (Stand 20.7.2019).

Abb. 13: Andreas Dohmen

Abb. 14: Jürgen Gallmann, www.theGrowthfactory.de

Abb. 15: heise online/statista; Brandt, Mathias; Statistik der Woche: Wer hat's erfunden? Juni 2018 in: https://www.heise.de/tr/artikel/Statistik-der-Woche-Wer-hat-s-erfunden-4091733. html (Stand: 20.7.2019).

Abb. 16: European Commission. »Digitalisierungsgrad der EU-Länder nach dem DESI-Index* im Jahr 2019« Statista, Juni 2019 in: https://de.statista.com/statistik/daten/stu die/1016565/umfrage/digitalisierungsgrad-der-eu-laender-nach-dem-desi-index/ (Stand: 6.7.2019).

Abb. 17: Statista: Artificial Intelligence 2019 in: https://de.statista.com/statistik/studie/id/50489/dokument/artificial-intelligence/ (Stand: 6.7.2019).

Abb. 18: Andreas Dohmen

Abb. 19: Statista: 23,4 Millionen deutsche Cyberkriminalitätsopfer, Januar 2018 in: https://de.statista.com/infografik/12706/anzahl-der-von-cyberkriminalitaet-betroffenen/ (Stand: 6.7.2019).

Abb. 20: Statista: Jeder zweite Internetnutzer Opfer von Cybercrime, Oktober 2017 in: https://de.statista.com/infografik/11477/jeder-zweite-internetnutzer-opfer-von-cybercrime/ (Stand: 6.7.2019).

Abb. 21: Andreas Dohmen

Abb. 22: Links: Greenpeace Studie Digitalisierung und Nachhaltigkeit 2017 in: https://www.kar makonsum.de/2017/01/17/greenpeace-studie-digitalisierung-und-nachhaltigkeit/ (Stand 20.7.2019); rechts: Greenpeace: Grüner klicken, 2017 in: https://www.green peace.de/sites/www.greenpeace.de/files/publications/20170110_greenpeacestudie_ gruener_klicken_zusammenfassung.pdf (Stand 20.7.2019).

Abb. 23: Prof. Dr. Alexander Filipović, Hochschule für Philosophie, München